SHEL TRAPP

DYNAMIKEN DES ORGANIZING

MENSCHEN ERMUTIGEN - DIE INNERE HALTUNG STÄRKEN - MACHT AUFBAUEN

*Aus dem Englischen übersetzt
und herausgegeben von:*

*Jane Addams Zentrum e.V. (jaz) &
Forum Community Organizing e.V. (FOCO)*

Bibliografische Information der Deutschen Nationalbibliothek:

Die Deutsche Nationalbibliothek verzeichnet diese Publikation in der Deutschen Nationalbi-
bliografie; detaillierte bibliografische Daten sind im Internet über dnb.dnb.de abrufbar.

Herstellung und Verlag: BoD - Books on Demand, Norderstedt
ISBN: 9783751937047

Herausgegeben von:

Jane Addams Zentrum e.V. (jaz), München
www.jane-addams-zentrum.de

Forum Community Organizing e.V. (FOCO), Saarbrücken
www.fo-co.info

München/Saarbrücken Mai 2020

Übersetzung: Marvin Tobisch
Redaktionelle Bearbeitung:
Hester Butterfield, Thomas Fues, Wencke Lüttich, Hille Richers, Lothar Stock
Layout und Illustration: Lena Kruse
Technische Unterstützung: Anja Jarosch
Foto Umschlagrückseite: © James Warden für die Charles Stewart Mott Foundation

Mit freundlicher Unterstützung der

 Landeshauptstadt
München

Titel des Originals:
Dynamics of Organizing
Buildung Power by Developing the Human Spirit
Shel Trapp
Chicago, Illinois

Inhaltsverzeichnis

Shel Trapp: Dynamiken des Organizing

Wir sagen Danke

An der Übersetzung und Herausgabe der deutschen Fassung des Buches von Shel Trapp haben viele Personen mitgewirkt. Namentlich bedanken möchten wir uns bei Paul Cromwell, Tom Fues, Hanno Güntsch, Anja Jarosch, Annette Keinhorst, Lena Kruse, Wencke Lüttich, Anne-Marie Marx, Bettina Pereira, Angelika Picard, Hille Richers und Marvin Tobisch. Ein besonderer Dank geht an Gordon Mayer in Chicago, der uns bei den zahlreichen Recherchen in Bezug auf die Originalausgabe des Buches eine große Hilfe war, und ebenso an die Familie von Shel Trapp, die uns die Rechte für die Herausgabe der deutschen Fassung übertrug.

Ebenso bedanken wir uns bei all denjenigen, die die Arbeit von jaz und FOCO immer wieder auf vielfältige Art und Weise unterstützen.

Hester Butterfield
Jane Addams Zentrum e.V.
(jaz)

Lothar Stock
Forum Community Organizing e.V.
(FOCO)

Weiterführende Literatur der Herausgeber:

Jane Addams Zentrum e.V. (Hrsg.) (2017): Neue Alte Heimat - Porträt einer sozialen Siedlung. BOD - Books on Demand: Norderstedt.
Bezug: https://www.bod.de/buchshop/neue-alte-heimat-9783746010984 oder über den Buchhandel.

Forum Community Organizing e.V. (FOCO) / Stiftung Mitarbeit (Hrsg.) (2014): Handbuch Community Organizing - Theorie und Praxis in Deutschland. Arbeitshilfen für Selbsthilfe- und Bürgerinitiativen Nr. 46. 2. Auflage. Verlag Stiftung Mitarbeit: Bonn.
Bezug: https://www.mitarbeit.de/publikationen/shop/ oder über den Buchhandel.

Hinweise für die Leser*innen

Bei der Übersetzung eines englischsprachigen Textes in die deutsche Sprache treten immer eine Reihe von Fragen auf. Auf welche Weise werden dabei die verschiedenen Geschlechter berücksichtigt, wenn im Englischen doch ausschließlich die maskuline Form existiert? Wie wird mit den Eigennamen umgegangen und wie eng orientiert sich die Übersetzung insgesamt am Original? Was ist mit Begriffen, die im Deutschen unterschiedliche Bedeutungen haben oder - im Gegensatz zum Englischen - negativ konnotiert sind? Auf diese Fragen soll nachfolgend eine Antwort gegeben werden.

Begriffe, die ohne Übersetzung aus dem Englischen übernommen wurden, wurden ausschließlich in der maskulinen Form verwendet. Gleichfalls wurde hier auch der Genitiv sowie der Plural in der Form des englischsprachigen Originals belassen. Bei Erläuterungen sowie in den eigenen Texten wurde im Hinblick auf eine geschlechtersensible Sprache das Gender* benutzt. Eigennamen verblieben in der Regel ebenfalls in englischer Sprache, in den Fußnoten hierzu finden sich jedoch weitere Erläuterungen. Zudem orientiert sich die Übersetzung nahe an der eigenen Wortwahl von Shel Trapp, auch wenn dessen Sprachstil zuweilen recht ruppig, polarisierend und mitunter auch militärisch geprägt daherkommt (Tom Gaudette, sein großer Mentor im Organizing, diente im Zweiten Weltkrieg in der US-Luftwaffe). Aber nur auf diese Weise ist eine möglichst authentische Wiedergabe seiner Ausführungen und Gedanken möglich.

Erläuterungen zu den im englischsprachigen Original belassenen Begriffen:

Community: Der Begriff hat im Englischen eine sehr vielfältige Bedeutung und meint weit mehr als nur „Gemeinschaft"; vielmehr steht dieser - je nach Kontext - ebenso für eine Nachbarschaft, ein Quartier, einen Stadtteil oder eben auch für Menschen, die sich jenseits geografischer Grenzen zu einem Thema zusammenfinden bzw. sich miteinander solidarisieren.

Community Organization: Zusammenschluss mehrerer Nachbarschaften, um gemeinsam für die Verbesserung ihrer Lebensbedingungen/-verhältnisse zu kämpfen; meist von einem Organizer begleitet.

Community Organizing: Das Organisieren von Nachbarschaften, um gemeinsam für die Verbesserung der Lebensbedingungen/-verhältnisse zu kämpfen. Dabei wird der zunächst meist enge lokale Bezugsrahmen mitunter verlassen und es werden ebenso Themen mit stadt-, landes- und auch bundesweiter Ausstrahlung aufgegriffen. Entsprechend wandelt sich auch die Organisationsform bis hin zur nationalen Ausprägung (so z.B. die von Shel Trapp mitbegründete und über viele Jahre hinweg geleitete National People's Action).

Leader: Meinungsführer*in, Schlüsselperson, einflussreiche Anwohner*in im Quartier, die eine „Gefolgschaft" innerhalb ihrer Community hat. Es kann sich dabei auch um (gewählte) Vertreter*innen bzw. Sprecher*innen handeln. Bei der Übersetzung des Textes wurde der englische Begriff beibehalten, da viele der hierfür möglichen deutschen Bezeichnungen - aufgrund der mit diesen verbundenen historischen Assoziationen - oftmals negativ konnotiert sind. Darüber hinaus hat der Begriff im englischsprachigen Kontext - ebenso wie Organizing - seine eigene Bedeutung entwickelt.

Meeting: Treffen, Versammlung, Sitzung mit drei bis mehreren hundert Teilnehmer*innen. Bei der Übersetzung wurde der Begriff Meeting meist für interne Treffen der Community beibehalten, während mit „Versammlungen" in der Regel öffentlichkeitswirksame Veranstaltungen und Treffen der Community Organization gemeint sind.

Organizer (auch Community Organizer): Berufsbezeichnung für Personen, die die Nachbarschaften organisieren. Ausbildung und Trainings hierzu gibt es mittlerweile auch in Deutschland.

Stimmen zur deutschen Ausgabe

Hester Butterfield

Ah, Shel, so gerne würde ich Dir vom Organizing in der Siedlung Alte Heimat in München erzählen. Sich mit Dir über Strategien auszutauschen, war immer bereichernd. Die Menschenwürde aller war für dich einer der wichtigsten Gründe für Community Organizing - das motiviert mich bis heute.

Damals in den 1980er Jahren bei der Senior Citizens Coalition (SCC) in Cleveland, Ohio, waren Deine Beratungen wegweisend für mich und für die Organisation, die alle möglichen Themen, von bellenden Hunden in der Nachbarschaft bis hin zu einer bezahlbaren Krankenversicherung für alle und Subventionen für Heizkosten, anpackte.

Ich sehe Dich vor mir, auf dem Boden kniend, vor Dir Flipchart-Papier: Zusammen entwerfen wir die Strategie für eine Kampagne. Du fragst: „Worum geht es? Was ist das Thema und wie kann es als Forderung formuliert werden, die umsetzbar ist, die gewonnen werden kann?" Dann fragst Du: „Wer kann uns geben, was wir wollen? Wie machen wir diese Leute auf uns aufmerksam? Wie kann die Forderung bei ihnen Beachtung finden, sie mitziehen?" In diesem Moment spüren wir Deine Begeisterung. Geschichten sprudeln aus Dir heraus. Durch Deine Erzählungen erleben wir, dass unser Vorhaben machbar ist. Es tut uns gut, vom Mut der Menschen in den Nachbarschaften zu erfahren, wir hören von ihren Strategien, effektive Forderungen zu stellen. Deine Erinnerungen waren immer inspirierend, aber auch beruhigend, wohltuend, weil Du von normalen Menschen erzählt hast, die eigene Sorgen und Hindernisse überwunden haben, die durch Organizing an Achtung und Respekt gewonnen haben. Von Menschen, die lernen, wo und wie Macht zu holen ist, und die ihre eigenen Ressourcen entdecken, die dabei Spaß haben. So wie in diesem kleinen Buch.

Als ich ab dem Jahr 2012 mit dem Jane Addams Zentrum e. V. (jaz)[1] in der Siedlung Alte Heimat in München-Laim ein Graswurzel Community Organizing Projekt aufbaute, habe ich immer wieder an Deine Geschichte „Of Bus Lifts and Bureaucrats"[2] gedacht. In der Siedlung Alte Heimat arbeite ich mit vielen Menschen, die einen Rollstuhl oder einen Rollator benutzen - oder wie sie sagen - Menschen, die nicht so gut zu Fuß sind. Manche können nicht hören, manchen geht es nicht gut oder sie werden wegen anderen Beeinträchtigungen von anderen in der Gesellschaft schräg angeschaut.

Diese besondere Siedlung wurde in den 1960er Jahren für im Zweiten Weltkrieg ausgebombte Menschen gebaut. Da laut Siedlungssatzung diese günstigen Wohnungen erstrangig an „bedürftige, betagte oder körperlich und geistig behinderte Menschen"[3] vergeben werden sollen, wurde die Siedlung ohnehin als ein Ort von niedrigem Wert betrachtet. Dazu kam noch der schlechte Zustand der Fassaden der lange Zeit vernachlässigten Gebäude. Hier wohnen auch Vertriebene, Arbeitsmigrant*innen und Geflüchtete. Dort, dachte der Rest des Stadtteils, wohnen sicher die Asozialen, die „Nicht-so-wie-wir", die „anderen", vor denen man*frau zurückschreckt oder für die man*frau Mitleid haben sollte.

In One-on-Ones[4] und in Gruppengesprächen erfuhren wir von jaz etwas völlig anderes: Dass Menschen dort wohnen, die munter, streitlustig und resolut sind, die solidarisch mit ihren Nachbar*innen sind und bereit, für den Erhalt ihrer Wohnanlage zu kämpfen.

Vierzig der 604 Wohneinheiten in der Siedlung standen im Jahr 2012 leer und die Architekten schlugen Alarm, weil sich jederzeit Balkone von den Fassaden lösen und herabstürzen konnten. Die Mieter*innen befürchteten, dass diese Vernachlässigung ein Anzeichen dafür war, dass die Stadt den Abriss ihrer Siedlung plante. Was tun?

---

1 https://www.jane-addams-zentrum.de/ oder http://www.aha-2012.de/
2 „Von Bus-Liften und Bürokraten" (siehe entsprechendes Kapitel in diesem Buch).
3 Satzung der Jubiläumsstiftung der Münchner Bürgerschaft Alte Heimat (gemäß der Beschlüsse des Kommunalausschusses vom 17.07.1979 und 28.11.1989 sowie der Vollversammlung vom 29.11.1989).
4 Einzelgespräche.

„Nicht ohne uns in der Alten Heimat!", sagten uns die Mieter*innen. Zusammen mit ihnen führten wir Gespräche und machten Umfragen, die ihr Thema offenlegten: Sanierung ihrer Häuser, kein Abriss! Um dies zu erreichen, mussten die Mieter*innen eine Mitsprache im Planungsprozess einfordern. Von Dir, Shel, hatte ich gelernt, die Macht- und Entscheidungsstrukturen im Stadtgebiet zu erforschen und konnte so herausfinden, wer den Mieter*innen eine Beteiligung am Prozess ermöglichen könnte. Als ersten Schritt der Kampagne beantragten die Mieter*innen in der Bürgerversammlung 2012, einen „Runden Tisch" mit Planer*innen zu installieren. Durch öffentliche Treffen mit Behördenvertreter*innen, durch Siedlungsbesichtigungen und Besuchen im Stadtrat untermauerten die Mieter*innen erfolgreich ihre Forderung: Im Sommer 2013 gründete die Stadtverwaltung einen monatlichen Jour Fixe für alle Beteiligten.[5] Seitdem ist Vieles, was die Mieter*innen und ihre Bewohner*innen-Initiative als Lebensqualität definierten, umgesetzt worden.

Deine Geschichten inspirieren weiter. Wenn wir nicht weiterkommen, muss ich oft an Deinen Hund denken. So wie er, findet auch die Mieter*inneninitiative, der AHA (Alte Heimat Arbeitskreis), stets viele Wege und Arten, auf sich und seine Forderungen aufmerksam zu machen.

Der AHA hat sich Respekt bei Behörden und Einrichtungen verschafft. Die Mitglieder reden professionell über Baumaßnahmen, organisieren monatliche Mieter*innen-Treffen mit Behörden und Planer*innen sowie soziale Veranstaltungen wie gemeinsame Frühstücke und Feste. Sie unterstützen einander, gehen füreinander einkaufen, sollte Eine*r krank werden, oder leiten Beschwerden über die Müllabfuhr weiter.

Wie in „Of Bus Lifts and Bureaucrats" geht es um Menschenrechte und die uneingeschränkte Teilhabe aller an der Gesellschaft - und zwar mit und ohne Behinderung. Am Organizing in der Siedlung Alte Heimat beteiligen sich Geflüchtete, Senior*innen, Menschen mit eingeschränkter Mobilität, Hörgeschädigte, Menschen mit psychischen Beeinträchtigungen sowie Menschen mit gesetzlicher Betreuung am Meinungsaustausch und an den Entscheidungen.

5 Vgl. https://www.jane-addams-zentrum.de/ oder http://www.aha-2012.de/

Mit Deiner Stimme im Ohr gehen wir, selbstbewusst und strategisch vorbereitet, unserer Vision nach.

Hester Butterfield, 1. Vorsitzende Jane Addams Zentrum e. V. (jaz), langjährige 1. Vorsitzende Forum Community Organizing e.V. (FOCO) und ehemalige Leiterin der Senior Citizens Coalition, einer Community Organization in Cleveland, Ohio

Hille Richers & Thomas Fues

Warum jetzt ein Buch mit Geschichten aus den 1960er bis 1990er Jahren übersetzen?

Wir sind davon überzeugt: Diese Texte von Shel Trapp sind auch heute noch inspirierend und können an Community Organizing Interessierte begeistern! Deshalb haben sich jaz und FOCO an die Übersetzung und Herausgabe einer deutschen Fassung des Buches gemacht!

Natürlich wissen wir, dass die Situation in den USA der 1970er Jahre ganz anders war, als unsere bundesrepublikanische Realität der 2010er Jahre. Aber in Zeiten, in denen die Begeisterung für die Demokratie in Gefahr gerät, in der Politikverdrossenheit und Ohnmachtsgefühle angesichts von Globalisierung und Abbau sozialstaatlicher Standards sich breit machen, lohnt der Blick auf das Community Organizing. So schreibt Jürgen Wiebicke in seinem 2017 erschienenen Buch „10 Regeln für Demokratie-Retter": „Community Organizing ist ein radikaldemokratisches Konzept, das auf die Gestaltungskraft von unten setzt und die Lösung von sozialen Problemen nicht allein dem Wohlfahrtsstaat überlässt ..."[6]. Gerade in einer Zeit, in der (auch) in der Bundesrepublik sozialstaatliche Gewissheiten ins Wanken geraten, eine Umverteilung von Unten nach Oben erfolgt und eine kleine Bevölkerungsminderheit es schafft, ihre Privilegien auf Kosten einer Mehrheit (stillschweigend) durchzusetzen, wird es immer wichtiger, dass Verteilungskonflikte eindeutig benannt werden. Fragen der Vertei-

---

6 Wiebicke, Jürgen (2017): Zehn Regeln für Demokratie-Retter. Köln, S. 39

lungsgerechtigkeit gehören auf die Tagesordnung, gerade jetzt, wo die Politik gerne darauf verweist, dass auch sie kaum noch über Handlungsspielräume verfügt.

Vereinfacht lässt sich Community Organizing als aktivierende Beziehungsarbeit zum Aufbau eigenständiger Interessenvertretungen auf zumeist lokaler Ebene, etwa in einem benachteiligten Stadtteil, beschreiben. Als Forum Community Organizing e.V. (FOCO) setzen wir uns dafür ein, die Menschen und Gruppen zusammen zu bringen, damit diese für ihre eigenen Interessen eintreten und so eine nachhaltige Verbesserung ihrer Lebens- und Arbeitsbedingungen durchsetzen können.[7] Dies kann nur gelingen, wenn die angesprochenen Personen gemeinsam Macht gewinnen und auf diese Weise selbst wieder handlungsmächtig werden. Dabei verstehen wir Macht, ebenso wie Shel Trapp, ganz im Sinne von Martin Luther King:

„Macht richtig verstanden, ist die Möglichkeit etwas zu erreichen. Es ist die Stärke, die man braucht, um soziale, politische oder wirtschaftliche Veränderungen herbeizuführen. In diesem Sinne ist Macht nicht nur erwünscht, sondern auch notwendig, um die Forderungen von Liebe und Gerechtigkeit zu erfüllen. Eines der größten Probleme der Geschichte ist es, dass die Begriffe Liebe und Macht gewöhnlich als polare Gegensätze gegenübergestellt werden. Liebe wird mit dem Verzicht auf Macht und Macht mit der Verneinung der Liebe identifiziert. ... Was wir aber brauchen, ist die Erkenntnis, dass Macht ohne Liebe rücksichtslos und schimpflich ist und dass Liebe ohne Macht sentimental und blutleer ist. Macht im besten Sinne ist Liebe, die die Forderungen der Gerechtigkeit erfüllt. Gerechtigkeit im besten Sinne ist Liebe, die alles ändert, was sich der Liebe entgegenstellt."[8]

Warum Shel Trapp?

Shel Trapp steht als Person ganz besonders für ein Community Organizing, das nicht mit fertigen Konzepten in Quartieren und Städten aufschlägt, sondern die Agenden und Strategien mit den Menschen, mit viel

---

7 Vgl. http://www.fo-co.info/organizing/was-ist-community-organizing/
8 King, Martin Luther (1968): Wohin führt unser Weg? Chaos oder Gemeinschaft. Frankfurt/Main, S. 51.

Humor und Spaß, gemeinsam entwickelt. Dabei arbeitet er nicht nur mit Vertreter*innen von Organisationen, sondern er lässt sich auch ein auf die (noch) „Unorganisierten" in den Nachbarschaften und sucht dann auf dem weiteren Weg die Kooperation mit bestehenden größeren Organisationen, um auch stadt-, landes- und bundesweite Probleme angehen zu können. Immer gehört bei ihm dazu: Keine Angst vor Konflikten, Herausbildung und Förderung von lokalen Schlüsselpersonen („Leaders") sowie die Inszenierung von persönlichen, lösungsorientierten Begegnungen mit Menschen aus Verwaltung, Politik und Wirtschaft. In diesem Buch nimmt er die Leser*innen mit auf die kurvenreichen Wege, voller Achtung und Respekt vor den Menschen und deren Lebenserfahrungen in den benachteiligten Quartieren. Dabei beschreibt er anschaulich und mit inspirierend viel „Chuzpe", wie er die Rolle und Aufgaben eines Organizer sieht.

Warum engagiert sich FOCO als Mitherausgeber?

Als Forum Community Organizing wollen wir Menschen für Community Organizing begeistern und zeigen verschiedene Wege auf, wie Organizing in Deutschland und Europa umgesetzt werden kann. Die Übersetzung von Shel Trapps Buch möge die Perspektiven der Leser*innen weit öffnen, ungeahnte Handlungsspielräume ermöglichen und „Lust" machen, sich auf Community Organizing einzulassen. Ganz im Sinne von Shel Trapp, der Geschichten über Menschen erzählt, „die ihre Fähigkeiten und Kapazitäten durch das Mitwirken im Community Organizing weit übertroffen haben; Geschichten davon, wie der menschliche Geist befreit wird und wie gewöhnliche Menschen Außergewöhnliches leisten." Wir wünschen uns, dass diese Übersetzung dazu beiträgt, dass Menschen sich von Shels „Power" für den Weg des Organizing anstecken lassen!

Hille Richers, FOCO-Gründungsmitglied & Thomas Fues, von Shel Trapp in den 1970er Jahren ausgebildeter Organizer; Freiwilliger der Aktion Sühnezeichen/Friedensdienste

Paul Cromwell

In meinen 25 Jahren als Community Organizer in den USA hatte ich zweimal das Privileg, mit Shel Trapp zusammenarbeiten zu dürfen. In beiden Fällen diente Shel als Berater bei Organisationen, mit denen auch ich arbeitete - in Duluth, Minnesota, und in St. Petersburg, Florida.

Shel war brillant darin, erfolgversprechende Strategien für Themen zu entwickeln, die besonders für einkommensschwache und ethnisch-geprägte Nachbarschaften von Bedeutung waren. Er half beiden Organisationen dabei, Wege zu finden, das Thema so zu formulieren, dass es konkret und gewinnbar war, sowie danach einen Plan für eine Kampagne auszuarbeiten, um die gewünschten Ergebnisse und die dafür benötigten Ressourcen zu bekommen.

Was mich an Shel aber noch mehr beeindruckt hat, war seine Fähigkeit, anderen zuzuhören, und seine Flexibilität darin, mit verschiedensten Gruppen zusammenzuarbeiten. Shel ließ sich nie durch irgendwelche Organizing-Dogmas davon abhalten, Menschen dabei zu helfen, ihre Ziele zu erreichen.

Für mich war Shel Trapp der Beweis dafür, dass es keinen einzig wahren Weg gibt, Community Organizing zu betreiben. Für Shel gab es im Organizing nur eine Regel: Dass es keine Regeln gibt - es kommt einfach darauf an, die im Kontext beste Vorgehensweise für die aktuelle Situation zu finden.

Es freut mich außerordentlich, dass das Werk und die Ideen von Shel Trapp durch diese Übersetzung nun auch ein breiteres deutsches Publikum erreichen und inspirieren werden.

Rev. Paul Cromwell, Community Organizer Trainer und Berater in Kooperation mit Forum Community Organizing e.V. (FOCO) und European Community Organizing Network (ECON)

Gordon Mayer

Kann ein Community Organizer ein Held sein? Ich bin mir ziemlich sicher, dass Shel Trapp „Nein" darauf antworten würde. Trapp, der lieber bei seinem Nachnamen genannt wurde, eine einzelne kurze Silbe, passend zu seinem kugelförmigen Kopf und seiner Statur wie ein Footballspieler, würde sagen, dass die wahren Helden die Menschen sind, mit denen er sein ganzes Leben lang zusammengearbeitet hat: „Die Leaders".

Leaders waren die Menschen, die Trapp ermutigt, gecoached, unterstützt und manchmal auch gedrängt hat, sich für die Rechte ihrer Communities, ihrer Familien und sich selbst einzusetzen. Er konnte dabei sehr überzeugend sein. Eine der Lieblingsanekdoten von George Goehl, der heute die nationale Organisation führt, die Trapp damals gegründet hatte, handelt davon, wie Trapp für ein halbtägiges Organizing-Training in eine Stadt flog und die Teilnehmer noch am Ende desselben Tages dazu brachte, das erworbene Wissen in die Tat umzusetzen.

Manchmal schien es, als ob es Trapp fast egal wäre, woraus die Tat letztlich bestand, solange die Gruppe nur irgendwie aktiv wurde. Es könnten Mieter eines heruntergekommenen Gebäudes sein, die ihrem Vermieter zuhause einen Besuch abstatteten, Rollstuhlfahrer, die das Verkehrsamt ihrer Stadt heimsuchten und barrierefreie Busse verlangten, oder Bauern, die eine Bank stürmten und eine Aufstellung der Kreditvergaben in der Community forderten. Auf das Handeln selbst kam es an, denn Trapp wusste: Wenn die Menschen vom Reden zum Handeln übergegangen waren, hatten sie ihren ersten gemeinsamen Schritt im Leben als Gruppe - und als Community - getan.

Viele gehen diesen ersten Schritt nie. Trapps Aufgabe war es, die Menschen dazu zu bewegen, zur Tat zu schreiten, und ihnen dabei zu helfen, ihren eigenen Weg zu finden, ihre Stimme geltend zu machen - bis man lokale, landesweite und sogar nationale Gesetze und Vorgaben geändert hatte.

Das Schreiben war Teil von Trapps Vorgehensweise und reflektierte seine Art zu denken. Ich lernte Trapp und seine Kollegin Gale Cincotta (ein beeindruckender Leader) ungefähr im Jahr 1993 kennen. Als Redakteur seines Newsletters, den wir sechs Mal pro Jahr herausgaben, gehörte es auch zu meinen Aufgaben, Trapps „Dynamics of Organizing"-Kolumnen zu lektorieren.

Diese Kolumnen folgten alle derselben Formel: Sie waren recht kurz und hatten jeweils ein eindeutiges Thema. So reflektierte Trapp etwa über die Rolle der Konfrontation, wenn man Veränderungen bewirken will, darüber, auf sein Bauchgefühl zu hören oder wie man seine Wut kanalisiert. Inspiration holte er sich vor allem von seiner Zeit bei ADAPT[9] - der Vorreiterbewegung für die Rechte von behinderten Menschen - oder von einer seinen vielen Reisen als Trainer und Berater für Gruppen im ganzen Land.

Trapp begann seine Karriere ursprünglich als Priester, das spürte man auch in seinen Artikeln. Sie lasen sich wie Predigten. Am Ende jeder Geschichte stand eine Lektion. Hinter jedem Wort konnte man Trapps Stimme hören. Eine „Dynamics of Organizing"-Kolumne zu lesen, war genauso gut, wie mit Trapp in einem Raum zu stehen.

Gleichzeitig brachte er aber auch Feingefühl mit ein - seine Artikel waren durchzogen vom Humor eines Menschen, der sich selbst als Schelm auf Lebenszeit beschrieb. Eine weitere Besonderheit: Nur selten stößt man beim Lesen auf das Wort „Ich". Trapp ist fast unsichtbar beim Beschreiben dessen, was ein Organizer wissen muss. Die Kapitel aus der zweiten Hälfte dieses Buches stammen vor allem aus diesen Kolumnen.

Etwa mit 65 Jahren zog sich Trapp aus der alltäglichen Arbeit zurück, obwohl er weiterhin in Chicago und im ganzen Land als Organizer und Trainer aktiv blieb. Er nutzte die Zeit, um seine „Dynamics"-Kolumnen zu einer ausführlicheren Beschreibung seiner Kernlektion auszuweiten: „Im Angesicht der Ungerechtigkeit, greife an!"

9   American Disabled for Attendant Programs Today: Militanter Flügel der US-Behindertenrechtsbewegung.

Ich schätze mich glücklich, ihm bei diesem Projekt geholfen haben zu können. Wir trafen uns mehrere Monate lang einmal die Woche und Trapp erzählte mir die Geschichte seiner Karriere und auch seiner Jugend, die ihn auf diesen Weg brachte. Seine Worte zu übertragen und ihm geschriebene Versionen zum Überarbeiten und Redigieren zu geben, führten zu den Kapiteln der ersten Hälfte dieses Buches.

Wer war also der Held: Die mächtigen Leaders oder der, der ihnen ihre ersten Schritte beibrachte und ihnen als Stratege, Coach und Trainer zur Seite stand? Ein weiterer großartiger Organizer, der eng mit Trapp zusammengearbeitete - Joe Mariano - gab mir einmal eine passende Antwort auf diese Frage: „Beide/Und". Organizer und Leader bewirken Veränderungen gemeinsam.

Trapp schrieb diese Texte, um uns zu zeigen, wie wir diesem Prozess folgen können (und dabei auch noch Spaß haben). Er erzählt uns seine persönliche Geschichte, damit wir besser verstehen, was einen Organizer ausmacht. Ich bin mir sicher, dass er stolz wäre, zu wissen, dass er nun auch Deutsche mit seiner Botschaft inspiriert hat, „den menschlichen Geist zu entwickeln", indem man Menschen zusammenbringt, gemeinsam an Einfluss gewinnt und für soziale Gerechtigkeit kämpft.

Gordon Mayer, Editorial Assistant der originalen englischen Fassung, Chicago, von 1993 - 2000 sowie von 2010 - 2013 Mitarbeiter der National People's Action, Email:gordonmmayer@gmail.com

Shel Trapp:

Dynamiken des Organizing

Vorwort von Regina McGraw[1]

Ich wünschte, Sie könnten Shel Trapp mit eigenen Augen sehen. Der Mann ist ein Symbol eines vergangenen Zeitalters - ein knallharter, rauchender und trinkender Kerl mit einer rauen Stimme. Shel ist ein Mann, der nicht in die heutige Zeit passt. Er denkt, dass Oprah[2] falsch liegt. Shel glaubt, dass es nicht die Individuen sind, die sich ändern müssen - oder dass sie gar ein extremes „Makeover"[3] nötig haben. Er ist davon überzeugt, dass Niedrigverdiener und hart arbeitende Menschen wütend sein sollten auf ein System, das auf Gerechtigkeit spuckt und Unternehmen erlaubt, Profit auf Kosten von Menschen zu machen. Wie Shel selbst sagt: „You can't raise yourself up by your bootstraps if you don't have boots."[4]

Dieses Buch ist eine Sammlung von Shels Geschichten - einige davon sind witzig, einige sind treffend, aber alle haben eine gemeinsame Botschaft: Wenn das System verfault ist, muss man es mit Tomaten bewerfen. Durch all diese Erinnerungen offenbart sich Shel als ein Mann, der die Menschen liebt, der aus tiefstem Herzen daran glaubt, dass die Leute Gerechtigkeit verdienen und dass das Leben nicht lebenswert ist, wenn man auf dem Weg dabei nicht etwas Spaß hat.

Shels Geschichten finden vor dem Hintergrund der Geschichte des Community Organizing statt - sowohl in Chicago als auch im Rest der Nation. Shel ist viel zu bescheiden, um alle Errungenschaften aufzuzählen, von denen er ein Teil war, aber er erwähnt zumindest eine seiner erfolgreichsten Kampagnen, die zu einer der wichtigsten Gesetzesänderungen für Communities mit niedrigem Einkommen führte, dem Community Reinvest-

---

1 Geschäftsführerin und Vorstandssekretärin der Wieboold Foundation, einer Stiftung zur Unterstützung von Community Organizing.
2 Gemeint ist Oprah Winfrey, afroamerikanische Talkshowmoderatorin und Unternehmerin.
3 Professionelle Veränderung des äußeren Erscheinungsbildes eines Menschen.
4 „Man kann sich nicht an dem eigenen Schopf aus dem Sumpf ziehen."

ment Act (CRA)[5]. Im Laufe der letzten 25 Jahre sind allein durch dieses Gesetz mehr als 1,5 Milliarden US-Dollar in einkommensschwache Stadtteile im ganzen Land geflossen.

Shel erinnert sich eher an die Menschen, mit denen er zusammengearbeitet hat, statt an die Probleme, die gelöst wurden. Er erzählt mit Freude von den kreativen und mutigen Leaders aus den Communities, die im Laufe der Jahre an seiner Seite gekämpft haben. Es sind die Bewohner der benachteiligten Quartiere, die für Shel zählen - und die Leaders, die alles gegeben haben, um mit ihm für das Richtige einzustehen.

Es gibt nur wenige Bücher, die über Community Organizing geschrieben wurden, und noch weniger, die einen Einblick in den Alltag der Arbeit gewähren. Shels Reflexionen und Einsichten werfen ein neues Licht auf das Organizing als eine Strategie für soziale Veränderung, die Macht auf Graswurzel-Ebene aufbaut und dabei die Bewohner zum Lösen der Probleme einer Community mit einbezieht. Er ist ein talentierter Organizer und ein ebenso talentierter Geschichtenerzähler, wodurch seine Erzählungen nicht nur zu einer historischen, sondern auch warnenden Lektion für die Zukunft werden.

Dies ist kein Buch für all jene, die glauben, dass mit unserer Nation alles in Ordnung ist. Es ist ein Buch, das vorführt, wie wir erreichen können, was die texanische Politikerin Barbara Jordan[6] einmal „Demokratie, so gut wie ihr Versprechen" genannt hat. Dies ist auch kein Buch für all jene, die glauben, dass man allein durch Höflichkeit bei Unternehmen und Regierungsinstitutionen Veränderungen herbeiführen kann. Shels Lebenslauf im Kampf gegen Slumlords[7], Bankvorstände, Ratsmitglieder oder andere Machtpersonen führt vor, wie man Konflikte, Spannungen und Theatralik erfolgreich dazu nutzen kann, um das Spielfeld zwischen denjenigen, die ein Problem haben, und denjenigen, die es lösen können, auszugleichen. Manche geben dabei schnell klein bei, während man andere mit überzeu-

---

5 Bundesgesetz, das die Beschränkung der Kreditvergabe auf wohlhabende Wohngegenden bzw. Schichten verbietet; 1977 unter Präsident Jimmy Carter verabschiedet und seitdem mit Novellierungen und Überarbeitungen in Kraft.
6 Barbara Jordan (1936 - 1996), US-amerikanische Hochschullehrerin und Politikerin der Demokratischen Partei.
7 Eigentümer*innen heruntergekommener Häuser im Quartier.

genden Taktiken zum Handeln bewegen muss. Während all der Jahre verlor Shel dabei nie das Ziel aus den Augen und trainierte auf dem Weg dorthin Hunderte neue Leaders, die ebenfalls das Versprechen der Demokratie einforderten.

Dieses Buch ist ein faszinierender Lesestoff: Es ist ein lehrreiches Handbuch zur Kunst des Community Organizing und ein einzigartiger Einblick in die Leben derer, die für das Wohl von benachteiligten Communities alles riskiert haben. Und es ist die Geschichte eines Mannes, der sich die Welt so vorstellt, wie sie sein könnte und uns alle dazu ermutigt, eine Rolle in deren Verwirklichung zu spielen.

Geleitwort von Shel Trapp

Was erwartet Sie als Leser in diesem Buch? Gleich vorweg: Sie werden auf den folgenden Seiten nicht lernen, wie man zum Organizer wird. Wenn das Ihr Ziel sein sollte, dann legen Sie das Buch am besten gleich zur Seite. Man kann durch Lesen allein nicht zum Organizer werden, sondern nur, indem man hinaus in die Welt geht und zur Tat schreitet. Das einzigartige Gefühl, einer anderen Person dabei zuzusehen, wie sie ihre Selbstachtung findet, erfährt man nur durch echtes Organizing. Gedruckte Seiten können den süßen Geschmack des Sieges nicht vermitteln. Man muss diesen aus erster Hand erleben.

Dieses Buch ist eine Kombination aus Kriegsgeschichten und Organizing-Strategien, die hoffentlich so beschrieben sind, dass sie einen Einblick in die Welt des Organizing geben und zeigen, wie schön es ist, Menschen dabei zu begleiten, wenn sie über ihre eigenen Erwartungen hinauswachsen und die innere Würde entdecken, die in jedem von uns steckt.

Auf dem Weg gibt es auch einige Widersprüche. Eine Zeile aus dem Lied von Kris Kristofferson[8] „The Pilgrim - Chapter 33"[9] beschreibt es wohl am besten: „Er ist ein wandelnder Widerspruch, halb Wahrheit, halb Fiktion." Widersprüche gehören zur Realität des Lebens dazu, genauso wie zur menschlichen Natur. Sie sind das Yin und das Yang der Existenz.

Auch wenn die Texte dieses Buches zeitweilig an Eloquenz vermissen lassen, so hofft der Autor trotzdem, dass Sie als Leser vor allem eines mitnehmen: Das tiefe und heilige Vertrauen, das man mit den Menschen aufbaut, wenn man sein Leben als Organizer führt.

---

8 Kris Kristofferson (geb. 1936), US-amerikanischer Country-Sänger, Songwriter und Schauspieler.
9 „Der Pilger - Kapitel 33".

Ich muss meiner Frau Anne danken - dafür, dass sie über 34 Jahre des Organizing hinweg stets an meiner Seite stand, all die späten Nächte und verpassten Familientreffen ertragen hat, mir einen sicheren Rückzugsort geboten hat, an dem ich meine Wunden lecken konnte, mir Vorschläge und Ideen geliefert hat, wenn ich nicht weiterkam, mir ein sicherer Hafen war, wenn die See des Organizing rau war und die sich mit mir gefreut hat, wenn wir Siege feiern konnten.

Ich möchte auch den Tausenden anderen Menschen danken, die mir im Laufe meines Lebens zur Seite standen. Einige durch nette Worte oder Vorschläge, andere mit harten Worten und Kritik. Ich will all den Organizers und Leaders danken, die sich während der Jahre selbstlos ihren Organisationen, anderen Menschen und auch mir verschrieben haben. Spezieller Dank für dieses Buch gebührt Gordon Mayer, der sich stundenlang mit mir an den Küchentisch gesetzt und versucht hat, einen Sinn in meinem endlosen Geschwafel zu erkennen; Regina McGraw, die das Vorwort geschrieben hat; Tracy Van Slyke für ihre Hilfe, diese Publikation zu vermarkten; und Sharon McGowan, die sich um die finale Aufbereitung gekümmert hat. Ebenfalls gilt mein Dank der Wieboldt Foundation, dem Woods Fund of Chicago und der Charles Stewart Mott Foundation[10] für ihre Unterstützung bei dieser Arbeit.

10 In den Satzungen aller drei Stiftungen ist die Unterstützung von Community Organizing verankert, insbesondere auch durch die Gewährung von finanziellen Zuschüssen.

Was ich von meinen Hunden gelernt habe
Eine Einführung

Ein Organizer versucht immer etwas Neues zu lernen - auch aus sehr ungewöhnlichen Quellen. Über die Jahre hinweg waren meine besten Lehrer die vielen Hunde, die meine Familie besessen hat. Sie haben mich immer begrüßt, egal wann ich nach Hause gekommen bin, und mir das Gefühl gegeben, dass alles in Ordnung sei, egal ob der Tag ein Reinfall war oder nicht. Beim Organizing sammelt man nicht allzu viele Trophäen - da ist es schön, stets warm willkommen geheißen zu werden, wenn man nach Hause kommt.

Immer wenn einer unserer Hunde hinauswollte, kam die gleiche Taktik zum Einsatz: Er ging zur Hintertür und fing an zu winseln oder zu bellen. Innerhalb einiger Minuten haben wir ihn dann hinausgelassen. Unser derzeitiger Hund, Big Guy, ein 40 kg schwerer Schäferhund, ist da eine Ausnahme. Von all unseren Haustieren ist Big Guy der beste Organizer. Wenn er hinauswill, verhandelt er nicht mit der Hintertür - er verhandelt mit den Personen, die die Hintertür öffnen können. Wenn er hinauswill, kommt er zu uns und macht einen „Bull Rush". Das ist ein Manöver aus dem American Football, bei dem der defensive den offensiven Lineman[11] überrumpelt und so die gegnerische Linie durchbricht. Der Trick ist sehr direkt und sorgt für schnelle Resultate: Big Guy ist innerhalb von 30 Sekunden draußen. An der Hintertür zu winseln statt einen „Bull Rush" zu machen, ist das Gleiche, wie bei einer Bank mit dem Wachposten an der

11 Spieler der defensiven bzw. der offensiven Linie.

Vordertür zu diskutieren, anstatt reinzumarschieren und ein Gespräch mit dem Direktor zu verlangen, der das Tor zu Reinvestitionen[12] in der Nachbarschaft öffnen kann. Big Guy geht direkt zu den Leuten, die die Macht haben, die Tür zu öffnen - ganz ähnlich wie eine Organisation, die nicht winselt oder bellt, sondern direkt zur Quelle der Macht geht und diese konfrontiert. Winseln ist für Memmen, der „Bull Rush" fürs Community Organizing.

Alle Räume in unserem Haus sind durch einen Flur miteinander verbunden. Es gibt keine Möglichkeit, von einem Raum in den anderen zu kommen, ohne da durch zu gehen. Wo setzt sich Big Guy also am liebsten hin? Ganz genau - direkt in die Mitte des Flurs. Er will nichts verpassen. Die strategische Lage erlaubt es ihm sicherzustellen, dass weder ich noch meine Frau Anne das Haus verlassen oder zum Kochen in die Küche gehen können, ohne dass er darüber Bescheid weiß. Auf diese Art ist er Teil von allem, was im Haus passiert. Auch hier kann sich das Community Organizing eine Scheibe von Big Guy abschneiden. Durch das Blockieren von wirtschaftlichen Verkehrsadern macht man sich unübersehbar. Es ist wichtig, sich so in der Community zu positionieren, dass man stets den Überblick über die aktuellen Geschehnisse behält. Eine Organisation sollte immer nahe an der Aktion sein - vielleicht führt dies zu Futter, zum Gassi gehen oder im Fall von Community Organizing zu einem Sieg.

Hier sind noch einige andere Lernerfahrungen, mit freundlicher Genehmigung von Big Guy:

Angriff. Wenn die Tür, das Telefon oder die Eieruhr klingelt, fängt Big Guy an zu bellen und herumzuspringen. Er spürt Gefahr und das instinktive Verlangen, sein Revier und sein Rudel zu verteidigen. Wie ließe sich Community Organizing besser beschreiben? Politikwissenschaftler würden uns gerne glauben lassen, dass es der Job von Politikern und anderen innerhalb der Machtstrukturen von Städten, Bezirken, Schulen, des Staates oder der Regierung ist, die Menschen in ihrer Obhut zu beschützen. Jeder, der das wirklich glaubt, geht wohl noch zur Sonntagsschule. Nur die

---

12 „Reinvestitionen" heißt, dass die Banken dazu verpflichtet sind, proportional zu den Spareinlagen der Bewohner*innen eines Quartiers auch Kredite an diese zu vergeben.

in Gruppen organisierten Menschen in der Nachbarschaft können sich selbst beschützen! Daher muss man sich stets im Angriffsmodus befinden, immer bereit sein zuzuschlagen, wenn der Community eine Gefahr droht.

Ein Kind wurde an einer Straßenecke von einem Auto angefahren. Die Bewohner organisierten eine Petition, um dort ein Stoppschild anzubringen und reichten diese beim Stadtrat ein. Einige Zeit verging und nichts hat sich getan. Als darüber diskutiert wurde, kam man auf neue Ideen und wir entwickelten eine aggressivere Strategie. Am nächsten Tag stand eine Frau mit Kinderwagen an der gleichen Ecke. Im Kinderwagen befand sich ihr „Baby" - eine Fünf-Liter-Flasche voll roter Flüssigkeit mit offenem Deckel. Beim nächsten Auto, das die Straße entlangraste, schob sie den Kinderwagen in den Weg. Die rote Farbe explodierte meterweit und sie schrie: „Mein Baby! Mein Baby!" Dreißig Anwohner kamen schockiert von ihren Terrassen gerannt und versperrten die Straße. Kurz darauf kam auch die Polizei und die Situation wurde aufgeklärt. Am nächsten Tag wurde ein Stoppschild an der Ecke errichtet. Der Angriffsmodus hatte funktioniert.

Ich bin nicht da, wo du mich haben willst. Big Guy hat Angst vor Donner. Er wird dann sehr nervös und springt immer auf unser Bett. Man hat nicht wirklich gelebt, wenn man noch nie von 40 kg purer Unruhe aus dem Tiefschlaf gerissen worden ist. In einer dieser Nächte sperrten wir ihn im Badezimmer ein. Am nächsten Morgen fanden wir eine Schranktür nur noch in Teilen vor und die Badezimmertür war von Kratzern übersät. Er wollte nicht an dem Ort sein, den wir ihm zugewiesen haben, und wir haben den Preis dafür bezahlt. Die Rolle eines Community Organizer ist ähnlich. Die Organisation bleibt nicht da, wo die Machtstrukturen sie gerne hätte, still in einer Ecke oder irgendwo weggesperrt. Sie lässt die Machtstrukturen für den Versuch bezahlen, sie dort hin zu stecken, wo sie nicht sein will.

Wir waren einmal hinter einem Slumlord her - relativ erfolglos, bis wir entdeckten, dass er ein wichtiges Mitglied seiner Kirche war und sonntags die Predigt übernahm, wenn der Pfarrer im Urlaub war. An einem dieser Sonntage gingen wir also zum Gottesdienst und hatten Flyer dabei, die von den zehn Geboten inspiriert waren. „Du sollst nicht falsch Zeugnis reden: Mr. Jones, der gerade die Predigt abhält, lügt, wenn er seinen Mietern sagt, er würde das Gebäude reparieren. Du sollst nicht stehlen: Mr. Jones, der gerade die Predigt abhält, stiehlt von seinen Mietern, indem er ihr Geld nimmt, aber den Müll nicht entsorgt, die Flure nicht aufräumt oder wichtige Reparaturen aufschiebt." An diesem Ort wollte uns Mr. Jones nicht haben. Er musste den Preis bezahlen und begann alsbald mit den Reparaturen am Gebäude. Wenn du still an dem Platz bleibst, den andere dir zuweisen, verlierst du! Wenn du deinen Platz verlässt und deinen Gegenüber dafür bestrafst, gewinnst du. Ich ziehe den Sieg der Niederlage vor.

Wo ich hin will. Beim Gassi gehen mit Big Guy ist jede Ecke eine Herausforderung. Wir haben eine Idee und nachdem er etwas in der Luft geschnüffelt hat, hat er für gewöhnlich eine andere. Schon einmal probiert, einen sitzenden 40 kg schweren Schäferhund zu bewegen? Uns bleibt oft nichts anderes übrig, als uns seinem Willen zu beugen und in seine Richtung zu gehen. Als sein Herrchen bin ich wie die Machtstruktur, die denkt, sie kennt den besten Weg. Die Organisation ist wie Big Guy, der uns partout sagt: „Nein, ich weiß, wohin ich will und ich gehe auch dorthin."

Die Behindertenrechtegruppe ADAPT[13] hat einmal eine Aktion gegen die American Public Transportation Association (APTA)[14] organisiert. Mitglieder von ADAPT fanden heraus, dass APTA eine Busreise entlang eines vierspurigen Highways[15] unternehmen würde, um eine Touristenattraktion zu besuchen. Wir kamen ihnen zuvor und blockierten den Highway mit Rollstühlen. Die Busse waren gezwungen, quietschend anzuhalten. ADAPT sagte: „Nein, nicht auf eure, sondern auf unsere Art." Letztlich haben sie es damit geschafft, die Finanzierung für behindertengerechte Lifte in den Bussen durchzusetzen.

Nur zu meinen Bedingungen. Viele der Hunde, die wir hatten, waren sehr gesellig und wollten immer da sein, wo auch wir waren. Big Guy gibt gerne selbst den Ton an. Nach dem ersten Gassi gehen am Tag und dem Frühstück zieht er sich in den Flur zurück und schläft erst einmal eine

---

13 American Disabled for Attendant Programs Today: Militanter Flügel der US-Behindertenrechtsbewegung.
14 Bundesweiter Interessenverband öffentlicher und privater Anbieter im Bereich des öffentlichen Verkehrs.
15 Hauptverkehrsstraße, die dem Fernverkehr dient.

Stunde. Dann kommt er mit seinem typischen „Bull Rush" zurück, diesmal nicht, um wieder raus zu dürfen, sondern als Aufforderung, seine Ohren gekrabbelt zu bekommen. Das ist ein morgendliches Ritual. Er legt die Zeit fest, wann und wie dies abzulaufen hat. Es geht nach seiner Pfeife. Wenn eine Organisation an Macht gewinnt, können auch die Mitglieder bestimmen, wie die Dinge abzulaufen haben. Wann und wo Meetings stattfinden, welche Forderungen gestellt werden und welcher Preis gezahlt werden muss, wenn der Gegner es versäumt, diese zu erfüllen.

Eine Bürgerrechtsgruppe der amerikanischen Ureinwohner in Nord-Minnesota war einmal in Aufruhr, weil ein örtliches College[16] sein Native American Studies Departement[17] schließen wollte. Die Gruppe hatte mehrere Wochen lang versucht, ein Treffen mit dem College-Vorstand zu arrangieren, bekam aber immer nur zu hören, der Präsident sei gerade nicht in der Stadt. Jemand in der Gruppe erkannte, dass man mit höflichen Anfragen nicht weiterkam und schlug vor, dass man einfach zum Verwaltungsgebäude marschieren sollte, um ein Gespräch zu verlangen. Als sie im Gebäude die Rezeptionistin fragten, ob sie wüsste, wo sich das Büro des Präsidenten befindet, antwortet sie etwas naiv: „Sicherlich, folgen Sie mir einfach." Was für eine Überraschung es für den Präsidenten - der eigentlich gar nicht in der Stadt war - gewesen sein muss, als dreißig Mitglieder der Gruppe einen symbolischen Stammestanz vor seinem Schreibtisch aufführten. Sie haben ihre Forderungen präsentiert und erlangten am Ende den Sieg. Native American Studies bleibt Teil des Curriculums. Sie haben die Rahmenbedingungen ihres Handelns selbst festgelegt und gewonnen.

Leg dich nicht mit mir an. Wenn wir mit Big Guy einen Spaziergang machen und er Leute sieht, die uns entgegenkommen, fängt er an zu bellen. Dann überqueren sie für gewöhnlich die Straße und weichen uns weiträumig aus - es sei denn, sie mögen Hunde; dann gibt es Streicheleinheiten. Sie zeigen ihm dabei Respekt und das mag er. Community Organizations müssen die gleiche Botschaft senden: Du solltest dich nicht mit uns anlegen, solange du uns nicht respektierst. Beim Community Organi-

16 Einrichtung des tertiären Bildungsbereichs, die auf dem sekundären Bildungssektor aufbaut.
17 Abteilung zum Studium der indianischen Nationen und Kulturen.

zing geht es vor allem um den Respekt vor der Community. Mir ist es wirklich egal, ob die Stadt meine Organisation mag. Wichtig ist, dass sie uns und unsere Macht respektiert. Andernfalls wird sie diese zu spüren bekommen.

Eine örtliche Community Organization, die wir beraten haben, protestierte gegen das Vorhaben der Stadt, eine kleine Wohngebietsstraße in eine Einbahnstraße umzuwandeln, um den Autofahrern so eine schnelle Umgehung einer überfüllten Kreuzung in Richtung Stadtzentrum zu ermöglichen. Besorgt über die Kinder, die gerne auf der Straße spielten und querfeldein zu Fuß zur Schule gingen, hielten die Anwohner mehrere Meetings ab und demonstrierten gegen die Entscheidung, allerdings ohne Erfolg - die Nebenstraße wurde zur Einbahnstraße. Also platzierten die Anwohner eines späten Sonntags mehrere Schrottwagen mitten auf der Straße. Am nächsten Morgen dauerte es nicht lange, bis der Verkehr auf der Straße im Berufsverkehr hoffnungslos zum Erliegen gekommen war, Stoßstange an Stoßstange mit schallendem Hupen. Die Polizei brauchte vier Stunden, um die Autos zu beseitigen und den Verkehr wieder zu entknoten. Zwei Tage später kamen die sichtlich genervten städtischen Verkehrsingenieure erneut zu einem Meeting, wo sie auf einmal davon überzeugt waren, dass die Sicherheit der Kinder absoluten Vorrang gegenüber jeder Umgehung hat. Sie hatten gelernt, dass man die Community respektieren muss, und der Verkehrsfluss wurde wieder in den Originalzustand versetzt.

Nach all den Geschichten drängt sich vielleicht die Frage auf: „Warum schlägst du dich überhaupt noch mit dem Biest herum? Er ist stur, aufdringlich und macht, was er will." Aber er hat uns auch viel über das Leben und über das Organizing beigebracht. Wie eine Community Organization ist er ein Beschützer, der sich immer durchsetzt. Er ist ein Lehrer. Ein guter Organizer versucht also, von allen Quellen zu lernen - von der Natur, von den Kindern, von Büchern und ja, auch von Haustieren.

Teil 1:

Ein Leben
fürs Organizing

Grün hinter den Ohren

Organization for a Better Austin

Tom Gaudettes Rede ist das Einzige, an das ich mich von der 1964er Methodisten-Konferenz für städtische Pastoren noch erinnere. Er stand vor einer ganzen Gruppe von Geistlichen und fluchte, als ob es kein Morgen gäbe. Er war unhöflich und alles andere als ein netter Kerl - und alles, was er über die Notwendigkeit, an das Eigeninteresse der Menschen zu appellieren, sagte, leuchtete mir absolut ein. Am meisten ist mir seine Antwort auf einen bestimmten Pfarrer im Kopf geblieben. Der fragte: „Wie soll mir Eigeninteresse dabei helfen, meine Gemeinde sonntags in die Kirche zu bekommen, statt zuhause zu bleiben und das Auto zu waschen?" Die Schimpfwörter sprudelten nur so aus Gaudette hervor und er schloss mit dem Kommentar: „Nichts von dem, was ich gesagt habe, ist zu euch durchgedrungen - ich habe gerade eine Stunde meines Lebens vergeudet!" Es war nicht an mir vergeudet. Ich ging an diesem Abend nach Hause und sagte zu meiner Frau Anne: „Ich glaube, ich habe gerade jemanden getroffen, der mein Leben verändert hat."

Anfang 1966 beschloss ich, meinen netten, sicheren Job als Pfarrer bei der Kirche in Lake View, Chicago, aufzugeben. Ein Freund erzählte mir damals, dass Gaudette eine Organisation in Austin starten würde, einem Stadtteil im Westen von Chicago. Mit etwas Arroganz und reichlich Angst rief ich Gaudette an, um ihn um einen Job zu bitten. Den bot er mir tatsächlich auch an und ich ergriff die Chance sofort - die beste Entscheidung, die wir beide je getroffen haben.

Gaudette war bei der Industrial Areas Foundation (IAF) für viele Jahre Saul Alinskys[18] rechte Hand und hat dabei 1960 die Northwest Community Organization (NCO) in Chicago ins Leben gerufen. Alinsky hatte eine Regel: „drei Jahre, dann raus". 1963 wollte er, dass Gaudette nach Kansas City zog, aber Gaudette sah die Dinge anders und blieb bis 1965 bei NCO. Danach trennte er sich von der Industrial Areas Foundation und gründete Organization for a Better Austin (OBA), für die er auch mich rekrutierte. Der erste Vorgesetzte, wenn er etwas taugt, ist der wichtigste Mentor, den ein Organizer in seinem Leben je haben wird, und das war auf jeden Fall auch bei mir so. Später gerieten unsere Egos beim Organizing aneinander, aber für mehr als fünf Jahre war Gaudette mein wichtigster Einfluss und Lehrer.

Bei meinem ersten Tag im Büro fuhr mich Gaudette durch die Straßen von Austin. Obwohl er sonst recht gesprächig war, sagte er während der ganzen Fahrt kein einziges Wort. Als wir wieder im Büro waren, fragte er mich: „Was hast du gesehen?" Nicht ganz sicher, was ich denn gesehen haben sollte, war ich ziemlich verwirrt und dachte schon, das war es mit dem Job. Er wartete ein paar Sekunden und schrie: „Hast du die ganzen 'Zu Verkaufen'-Schilder gesehen?" Austin ist eine sich ethnisch wandelnde Community. „Hast du das baufällige Gebäude an der Ecke Quincy und Lavergne gesehen?" Seine Fragen schossen wie Kugeln aus einem Maschinengewehr. Mein Training hatte begonnen. Eben dachte ich noch, ich wäre nach zwei Stunden am ersten Tag schon wieder gefeuert worden. Stattdessen war ich froh, die Worte „Bis morgen. Geh nach Hause und schlaf dich aus, du wirst es brauchen" zu hören. Es war ein prophetischer Ratschlag. Teambesprechungen fanden jeden Montag, Mittwoch und Freitag von zehn Uhr abends - nachdem der Block Club[19] und andere

---

18 Saul D. Alinsky (1909 - 1972) wird mit dem von ihm im Jahr 1938 in Chicago initiierten Back of the Yards Neigborhood Council (im Deutschen oftmals mit „Gewerkschaft der Hinterhöfe" übersetzt) allgemein als Begründer von Community Organizing betrachtet. Die ebenfalls von ihm im Jahr 1940 gegründete Industrial Areas Foundation wirkt noch heute als eine Art Schulungszentrum und Dachorganisation für Organizers.
19 Selbstorganisierter, meist informeller Zusammenschluss von Bewohner*innen eines Straßenzugs; oft mit dem Ziel die Sicherheit im Quartier zu erhöhen.

Community Meetings vorbei waren - bis um vier Uhr morgens statt. Wir hatten dienstag- und donnerstagabends auch Meetings in der Nachbarschaft - daher kamen wir kaum jemals vor ein Uhr nachts ins Bett.

Als ich anfing, war meine Vorstellung vom Organizing wie folgt: Man trommelt ein paar Leute zusammen und bringt sie dazu, gemeinsam Aktionen durchzuführen, die die Community verbessern. Klingt einfach, nicht? Jeder Organizer wird wohl bestätigen, dass das nicht so einfach ist, wie es sich anhört. Man braucht eine Menge Talent, um dabei nirgends auf die Nase zu fallen - vom Analysieren und Zuhören, was die Community gerade denkt, bis zum Verstehen, wer die Macht besitzt und wie man diese ihm am besten streitig macht. Die Meetings und die Straße waren meine Klassenzimmer. Nach acht Jahren im Pfarramt fühlte ich mich wie ein Welpe vor seinem Essensnapf, der gierig jeden Bissen herunterschlang, den er kriegen konnte.

In den nächsten vier Jahren versuchten wir das sogenannte „Panic Peddling"[20] in den Wohnblöcken zu verlangsamen, so dass die Bewohner genug Zeit hatten, sich gegenseitig kennenzulernen und gemeinsam Probleme anzugehen. Wir haben auch die Infrastruktur für Block Clubs, Straßenclubs und Gruppen der Zivilgesellschaft aufgebaut, die das Rückgrat der brandneuen Organisation bildeten, und setzten als erste in der Geschichte von Chicago Buslinien mit Liften für Rollstuhlfahrer durch. Dadurch waren wir nicht nur schneller als das Chicago Board of Education[21], sondern auch als der damalige Bürgermeister Old Man Daley.

Gaudette wies mir als erstes ein Gebiet im Norden, in North Austin, zu, was zu der Zeit immer noch größtenteils „weiß" war und in dem die Folgen des schleichenden Wechsels der Hautfarbe bisher nur indirekt zu spüren waren. Um ein Beispiel davon zu geben, wie grün ich damals noch hinter den Ohren war: Ich dachte, wir hatten einen massiven Sieg errungen, als wir es schafften, ein leerstehendes Haus wieder hergerichtet zu be-

20 Gängiger Vorgang in den 1960er/1970er Jahren als Immobilienmakler*innen bei Hausbesitzer*innen ungefragt an die Tür klopften, um diese dazu zu bewegen, ihr Haus zu verkaufen, z.B. mit den Worten: "Wenn Sie heute nicht verkaufen, ist Ihr Haus schon morgen weniger Wert, weil Schwarze hier in das Quartier ziehen."
21 Vom Bürgermeister ernanntes Leitungsgremium, das die Aufsicht über die öffentlichen Schulen innehat.

kommen. Wir hatten sogar eine Party, um das zu feiern; und der Hausbesitzer kam nicht nur vorbei, er brachte gleich noch eine Schachtel Schokolade mit. Später dämmerte es mir: Wenn er uns immer noch genug mochte, um uns Pralinen mitzubringen, hatten wir ihn offensichtlich nicht ausreichend eingeschüchtert oder hatten nicht genug gefordert.

Erst ein paar Monate später, als mich Gaudette in den Süden, nach South Austin, versetzte, fing ich wirklich an zu begreifen, was es heißt, im Organizing tätig zu sein. South Austin war der Alptraum eines jeden Organizer. Jeder Block hatte ein anderes Problem - verlassene Autos, heruntergekommene Gebäude, Wohnstraßen ohne Stopp-Schilder. Junge schwarze Familien zogen hierher in dem Glauben, dass sie ein Leben im Paradies beginnen würden, nur um herauszufinden, dass die Hölle direkt vor ihrer Haustür wartete. Aber sie nahmen diese Hölle in Angriff - durch die Kraft der Gemeinschaft und ihrer eigenen Würde.

Obwohl es bei weitem nicht das einzige Problem in der Gegend war, wollten wir uns zunächst um das Panic Peddling kümmern. Panic Peddler waren Immobilienmakler, die ungefragt mit 20.000 Dollar[22] bei den Leuten an der Haustür klopften und ihnen sagten: „Wenn ihr heute nicht verkauft, komme ich morgen mit 19.000 Dollar zurück." Alinsky hat einmal gesagt, dass die Integration in Chicago mit der ersten schwarzen Familie in einer Nachbarschaft anfängt und mit der letzten weißen Familie aufhört, die von dort wegzieht. Er hatte Recht. Es dauerte im Schnitt vier Monate, bis sich ein Block von komplett „weiß" zu komplett „schwarz" gewandelt hatte.

Die Immobilienmakler machten dabei ein Vermögen. Sie kauften Häuser von weißen Familien für ca. 20.000 Dollar und verkauften diese in derselben Woche für 30.000 Dollar an schwarze Familien weiter. Anders gesagt, sie machten einen Profit von 50 Prozent auf Kosten von beiden Seiten. Vertreter gingen jeden Tag von Tür zu Tür, müllten nachmittags die Briefkästen mit ihren Angeboten zu, bedrängten abends die Leute per Telefon und sagten: „Jetzt ist die beste Zeit zum Verkaufen. Ihr wisst schon, wer bald in die Nachbarschaft einzieht." Nur, dass sie die Worte „Ihr-wisst-

---

22 Shel Trapp schreibt im englischen Original immer nur von Dollar; dies wurde in der Übersetzung so beibehalten, gemeint sind damit stets US-Dollar.

schon-wer" nie direkt aussprachen. Nur vier Makler waren in den 1950ern im Telefonbuch von Austin eingetragen; Ende 1960 waren es 76. Die Leute konnten ihren Augen nicht glauben, als wir ihnen den Zuwachs der letzten 15 Jahre verdeutlichten. Wir hatten eine Kassettenaufzeichnung von einem Makler, der einer Familie, die acht Blocks westlich von der St. Thomas Aquinas Catholic Church wohnte, weismachen wollte, dass „Nigger" dort Nonnen vergewaltigt hätten, und sie daher besser „sofort" verkaufen sollten. Wir brachten die Aufzeichnung zur staatlichen Behörde für Makler und haben zugesehen, wie sie eine Anhörung nach der anderen über ihn abhielten - denen wir auch alle beiwohnten. Zwar haben wir ihm einen Strich durch seine Geschäfte gemacht, aber seine Lizenz hat er trotz allem nie verloren.

Panic Peddling war ein ohnehin empfindliches Thema. Es war schwierig, dagegen zu agitieren, ohne den Eindruck bei manchen Leuten zu erwecken, dass wir nur die Schwarzen aus der Nachbarschaft raushalten wollten. Aber wir wussten, dass wir den ethnischen Wandel verlangsamen mussten, um eine Organisation von schwarzen wie weißen Menschen aufzubauen, die sich gegenseitig kannten. Das wurde mir nie klarer als bei einem der Block Club Meetings: Als jemand verkündete, dass eine Familie, die als Grundpfeiler und Ansprechpartner der Community fungierte, plötzlich an eine schwarze Familie verkauft hatte, war das Band der Community zerrissen. Als sie wegzogen, wollten alle anderen auch wegziehen. In vielen „weißen" Teilen von South Austin gab es scheinbar nur noch ein Thema: „Wie schnell kann ich mein Haus verkaufen?"

OBA brauchte Zeit, um dieses Band wieder zusammenzunähen. Der Trick dabei war, die Anwohner dazu zu bringen, sich nicht mehr gegenseitig als Feind, sondern die Makler als gemeinsamen Feind zu sehen. Die Schwarzen kamen an Bord, da sie beim Kauf der Häuser reingelegt wurden. Die Weißen kamen aus einer ganzen Reihe von Gründen an Bord. Einige wollten einen fairen Preis für ihre Häuser, andere mochten nicht, dass Makler ständig an ihren Türen klingelten, wieder andere waren ehrlich und wollten „die" einfach aus der Nachbarschaft halten. So schufen wir eine Koalition aus Weißen und Schwarzen, die zusammen gegen Panic Peddling vorgingen. Sie kämpfen Seite an Seite und reparierten so das Band, das die Community zusammen hielt - vermutlich ganz ohne es zu merken. Es war das erste von vielen Beispielen meines Lebens, in dem sich Menschen unterschiedlicher ethnischer Gruppen für ein gemeinsames Ziel die Hand reichten, und dabei die Leute aufhielten, die ihre Nachbarschaft „vergewaltigen" wollten.

Wir machten unser neues Gesetz für Austin bei öffentlichen Meetings, durch Newsletter und Flyer und auch von Tür zu Tür bekannt: Keine Hausangebote in unserer Gemeinde. Wir betonten es so oft und eindringlich, dass die Leute wirklich anfingen, daran zu glauben. Die Menschen verinnerlichten das Mantra, dass diese Leute kein Recht hatten, an ihrer Tür zu klingeln, ihnen Post zu schicken oder bei ihnen anzurufen. Danach folgte der spaßige Teil. Einige Leute organisierten Panic Peddler Partys: Nachdem sie von einem Makler besucht worden waren, riefen sie ihn zurück und baten um eine Schätzung ihres Hauses. Wohl schon mit Dollarnoten in den Augen kam der Makler für eine Tour zurück und wurde schließlich in den Keller geführt. Der Glückspilz hatte sich seinen Profit innerlich vermutlich schon ausgerechnet, ging nach unten, fand aber zu seinem Schock zwanzig Leute vor, die ihm immer und immer wieder „Raus aus unserer Nachbarschaft!" entgegenriefen. Dies ging für mehrere Minuten so. Erst dann wurde ihm erlaubt, über die Treppe zu seinem Auto zu flüchten. Im Anschluss wurden zur Feier oft Barbecues veranstaltet, bei denen man miteinander über die Aktion redete und lachte.

Wir hatten auch eine andere Taktik, die wir Panic Peddler Bombing nannten. Dabei wurde ein Immobilienmakler zu einem Haus eingeladen, während sich eine Reihe von Nachbarn im Gebüsch und hinter Bäumen versteckte. Als er dann auf dem Weg zur Tür war, fand er sich in einem Hagel aus Tomaten und Eiern wieder. Zweifellos musste sein Anzug am nächsten Tag in die Reinigung - von seinem Auto ganz zu schweigen.

Diese Aktionen waren grobschlächtig und nicht gerade subtil, dafür entging Austin aber den schlimmsten Aufständen, die einige Jahre später folgen sollten. Und obwohl es immer noch eine schwierige Gegend ist, sind die Häuserpreise in Austin nie annähernd so tief gefallen, wie in den anderen Gebieten von Chicago. Das ist dem neuen Gemeinschaftsgefühl geschuldet, bei dem Schwarze und Weiße zusammen gegen den unkontrollierten ethnischen Wandel vorgingen. Aus Angst vor den Anwohnern hielten sich die Makler in Zukunft fern, und dies gab den Menschen ein Gefühl der Kontrolle über ihre Community.

Leider waren die Immobilienmakler nicht das einzige Problem. Wenn man ein „Zum Verkaufen"-Schild sieht, denkt man sich noch nichts dabei. Aber wenn man zwanzig davon sieht, denkt man sich schnell: „Wenn alle verkaufen, sollte ich mich besser anschließen, bevor mein Haus gar nichts mehr wert ist." Das spielte den Immobilienmaklern natürlich in die Hände, die den Verkäufern weismachten, dass man bei einem so großen Angebot nur noch unter Wert verkaufen könnte. Auf der anderen Seite sagten sie zu den schwarzen Familien: „Kauft jetzt oder nie. Der Markt wird nicht lange so bleiben." Also gingen wir zum Chicago City Council[23] und beantragten eine Verordnung, die „Zum Verkaufen"-Schilder komplett verbieten sollte. Die kam sogar durch, aber später wurde das Urteil von der Immobilienmaklerindustrie bis zum Supreme Court[24] angefochten und letztlich in den 1970ern widerrufen, da es für verfassungswidrig gehalten wurde. Aber wir hatten damit Zeit gewonnen, die wir genutzt haben, um den ethnischen Wandel zu verlangsamen und um eine der hartnäckigsten multikulturellen Organisationen aufzubauen, die die Stadt je gesehen hat.

Die Arbeit mit OBA in dieser Zeit war wie das Leben im Wilden Westen. Während wir viel im Rahmen von städtischen Verordnungen organisierten, nahmen ein paar Leaders und Mitglieder die Dinge auch in die eigene Hand. Jeden Freitag trafen sich 15 oder 20 von uns nachts bei der Resurrection Church für eine „Zum Verkaufen"-Schild-Abrissparty. Wir pflückten so viele Schilder wie wir nur konnten aus den Vorgärten und brachten sie zurück zum Pfarrhaus, um sie dort zu verstecken. Eines Nachts hatten wir ein Problem: Bei einem Wohnhaus brachte der Makler das Schild oben an der Seite des Hauses an. „Kein Problem", sagte Pater Ed McKenna, der bei unseren Freitagsaktionen Stammgast war. Er ging zum Pfarrhaus und kam kurze Zeit später mit einer Leiter zurück. Danach gesellte sich auch dieses Schild zu all den anderen.

23 Stadtrat.
24 Oberstes Gericht.

Jede Woche verloren die Makler so um die einhundert Schilder, die pro Stück 20 Dollar wert waren. Kein Wunder also, dass sie darüber nicht gerade erfreut waren. Sie trafen sich mit dem örtlichen Polizeichef und verlangten an Freitagen zusätzliche Patrouillen. Glücklicherweise hatte Pater McKenna Beziehungen zur Polizeistation. So wussten wir genau, welche Straßen nachts wann patrouilliert werden würden und machten einfach einen großen Bogen darum.

Die Aktion ging einige Zeit so weiter, bis wir einen zehn Quadratmeter großen Raum im Keller des Pfarrhauses mit „Zum Verkaufen"-Schildern gefüllt hatten. Dann wurde der Gemeinde ein neuer Pfarrer zugewiesen, Pater Frank Phelan. Er rief an und sagte: „Shel, hier gibt's ein Problem. Kannst du bitte vorbeikommen?" Er brachte mich in den Lagerraum, der zum Bersten mit Schildern gefüllt war. „Weißt du, warum die hier sind?", fragte er mich. „Ich habe keinen blassen Dunst, Pater. Aber warum verkaufen Sie sie nicht als Altmetall und tragen den Gewinn als Spende für die Kirchengemeinde ein?" Er grinste und mir war sofort klar, dass ihn mein unschuldiger Blick nicht täuschen konnte. Aber er verkaufte die Schilder und die Kirchengemeinde war um etwa 400 Dollar reicher.

Panic Peddling war eines der größten Themen, die OBA je bekämpft hatte - aber das heißt nicht, dass es das einzige Thema war. Wir arbeiteten außerdem noch daran, die Zahl von verlassenen Autos auf den Straßen zu reduzieren, versuchten Slum-Gebäude zu renovieren und setzten uns für mehr Stopp-Schilder an Kreuzungen ein. Das war die Art von Themen, für die wir Block Clubs ins Leben gerufen haben. Gaudette war in dem Bereich ahnungslos. Ich frage mich, ob er überhaupt jemals einen Block Club organisiert hat. Bei NCO hatte er hauptsächlich mit institutionellen Gruppen zu tun wie Kirchen, Bürgervereinigungen oder ethnischen Gruppierungen. Block Clubs waren schon immer eine traditionell „schwarze" Form des Organizing, also haben wir das Konzept einfach aufgegriffen und für unsere Zwecke erweitert. Ich kann mich noch daran erinnern, wie kaum jemand seine Nachbarn kannte, da zum Kennenlernen beim ganzen Hinzu- und Wegziehen keine Zeit blieb. Ich habe oft einfach Flyer ausgehändigt, auf denen stand: „Kommt und trefft eure neuen Nachbarn." Dreißig Leute kamen zum Treffen, wir sprachen über alle möglichen Probleme der Nachbarschaft und gingen anschließend los, um beim Bürgermeister zu protestieren oder uns einen Slumlord vorzuknöpfen.

An anderen Tagen organisierten wir größere Aktionen zum Wohle der Gemeinde, etwa als wir uns ein Arsenal von Besen von der Stadt geborgt haben, um gemeinsam die Straßen zu fegen. Am Ende der Straße hatten wir eine Kiste Bier und Limonade und als wir mit dem Fegen fertig waren, kamen wir alle zusammen und redeten darüber, wie man den Block noch weiter verbessern konnte. Die Straßenfegeaktionen brachten die Menschen zusammen und halfen dabei, Ideen und Motivation für weitere Maßnahmen zu finden. Das klappte so effektiv, dass sogar die Stadt Angst bekam. Als wir anfingen, war ganz South Austin noch ein großer Bezirk unter Stadtrat Thomas Casey. Später wurde das Gebiet von der politischen Maschinerie in vier Bezirke aufgeteilt, in der Hoffnung, so unsere Macht untergraben zu können. Sie dachten wohl, wir wollten einen schwarzen Stadtrat oder Bürgermeister an die Macht bringen.

Wie ich bald herausfinden sollte, war das Problem mit Block Clubs, dass sobald alle Schlaglöcher gefüllt, ein Stopp-Schild errichtet oder ein Slum-Gebäude renoviert wurde die Clubs eher zu harmlosen sozialen Treffpunkten wurden. Also gründeten wir zusätzlich Street Clubs[25], die aus den Bewohnern vier nebeneinander liegender Blocks zusammengesetzt waren und aktiv gegen die dortigen Probleme vorgingen. Diejenigen, die nur soziales Zusammensein wollten, blieben zuhause, und die Kämpfer, an denen wir eigentlich interessiert waren und die das Rückgrat von OBA bildeten, kamen zu den Street Club Meetings. Darüber hinaus breiteten wir unser Netz mit den sogenannten „Civics" weiter aus, die je acht Blöcke umfassten und sich einmal im Monat mit gut einhundert Leuten trafen, um nachbarschaftsergreifende Angelegenheiten zu besprechen. Von Cicero[26] bis zu den Central Avenues und von Madison Street bis zum Eisenhower Expressway bauten wir 48 Block Clubs, zwölf Street Clubs und eine Civic auf, die sich alle je einmal im Monat trafen. Also gab es eine Menge Meetings: mindestens eines pro Nacht, normalerweise eher zwei oder drei.

25 Straßenclubs.
26 Stadt westlich angrenzend an Chicago.

Gleich am Anfang informierte ich die Anwohner, dass ich an keinem Meeting sonntagnachts teilnehmen würde. Die Meetings fanden trotzdem statt. Nach etwa vier Monaten sagte ich, dass ich außerdem auch samstagnachts nicht mehr dabei sein würde. Sie ließen sie auch samstags ohne mich stattfinden. So viel zur Rolle des Organizer. South Austin war wie ein Bienenstock, jede Nacht ein paar Meetings und wenigstens einmal die Woche eine Aktion. Stadtrat Casey hatte sein Büro nördlich der Lake Street und wir schickten fast jeden Montagabend eine Delegation dahin - der Tag, an dem er Besuche von Wählern empfing. Einmal kam ich gerade zurück ins Büro für ein Meeting und Gaudette fragte mich: „Ich hab gehört, dass heute fünfzig Leute im Büro des Stadtrats waren. Wer hat das organisiert?" Ich war es jedenfalls nicht. Es wurde wirklich eine Graswurzel-Sache, bei der Leute nicht erst auf den Organizer warteten, sondern einfach selbst loszogen und die Dinge in die Hand nahmen! Mein Gott, es war großartig!

Es brauchte etwa drei Monate des Organizing in South Austin, bevor wir eine Gruppe dazu bewegen konnten, zum Haus eines Slumlord zu marschieren. Es fanden Telefonate statt und Briefe wurden geschrieben, aber er weigerte sich weiterhin zu einer Versammlung zu kommen. Vor dem dritten Treffen schlug dann jemand vor, dass ihn fünf Leaders nacheinander anrufen sollten, um zu fragen, ob er diesmal kommen würde. Mit jedem Anruf verschlimmerte sich seine Laune. Der letzte Anruf ging der Gruppe schließlich zu weit. Er beschimpfte eine der Frauen, die ihn anriefen, als Kommunistin. Diese Frau hatte ihren Sohn im Vietnam-Krieg verloren. Sie kam diese Nacht zum Meeting mit einer dieser Flaggen mit goldenem Stern, die die Menschen im Fenster aufhingen und damit signalisierten, dass man ein Familienmitglied im Krieg verloren hatte. Sie schrie: „Dieser Typ hat mich eine Kommunistin genannt. Unser Sohn starb beim Kampf gegen den Kommunismus!" Innerhalb von 30 Minuten standen wir vor seiner Haustür. Erst verlangten wir eine Entschuldigung für die Frau, die er beleidigt hatte. Dann erinnerte sich jemand, dass wir auch eine Renovierung für das Slum-Gebäude wollten. Wir bekamen beides.

Danach fingen wir an, sogenannte „Kangaroo Courts"[27] abzuhalten. Wir luden fünf bis sieben Slumlords zu einem Meeting samstagmorgens ein. Die Regel war, wenn du nicht mindestens zehn Leute deines Blocks zu einem Kangaroo Court zusammentrommeln konntest, könne man sich nicht um deinen Slumlord kümmern. Wir hatten es so organisiert, dass ein Mitarbeiter die Slumlords begrüßen und zu einem Raum im Pfarrhaus führen würde, in dem Donuts und Kaffee serviert wurden. Nach ein wenig Süßholzgeraspel vom Organizer fühlten sie sich dann schnell sehr sicher. Sie konnten nicht ahnen, dass die Schlachtbank auf sie wartete. Einer nach dem anderen wurde in den großen Meetingraum geführt, wo sie mit 70 bis 100 Leuten konfrontiert wurden. Das jeweilige Leader-Team, das den Slumlord hierhergebracht hatte, bestand eigentlich nur aus einer überschaubaren Zahl von Bewohnern seines Wohnhauses und des anliegenden Blocks. Doch jeder Slumlord dachte natürlich, die ganze Halle sei wegen ihm und seinem Haus hier. Nach etwa 20 Minuten der Forderungen, des lauten Geschreis und des Fluchens unterzeichneten die meisten Slumlords einen Reparaturvertrag und schon am nächsten Montag waren die ersten Arbeiter am Gebäude zu sehen.

Wir hatten auch unsere Methoden, uns um diejenigen zu kümmern, die nicht zu den Meetings kamen oder sich schlicht weigerten, die Abmachung zu unterzeichnen. Es gab immer einen mit Sandwiches und Limo ausgerüsteten Bus, der für den Fall gescheiterter Verhandlungen schon auf uns wartete. Die Anwohner und Nachbarn des Problemgebäudes - samt vielen, die vom Meeting aus einfach mitkamen - stiegen ein und fuhren auf eine Mission. Zunächst ging es zum Haus des Slumlord. Wir verteilten Flyer bei seinen Nachbarn, auf denen stand: „Ihr Nachbar Joe Jones [mit seiner Adresse und Telefonnummer] ist der Grund, warum wir heute hier sind. Wenn ihr uns nicht wiedersehen wollt, ruft ihn an und sagt ihm, er soll die Wohnungen seiner Mieter reparieren." Wenn er nicht zuhause war oder nicht zur Tür kam - viele schickten auch ihre Frauen oder Kinder vor - oder sich immer noch weigerte, eine Abmachung zu unterzeichnen, gingen wir alle in den Park und aßen erst einmal zu Mittag. Diese Art von Aktion fand typischerweise in einer „weißen" Vorstadt statt, in der eine

27 Englischsprachiger Ausdruck für „Scheingerichte".

Gruppe von dreißig Schwarzen im Park schnell ein Polizeiauto anrücken ließ. Einer der Leaders ging dann zu den Polizisten, erklärte die Situation mit Bildern des Slum-Gebäudes und schloss mit dem Kommentar: „Würden Sie in so einem Gebäude leben wollen? Oder es in Ihrer Nachbarschaft dulden? Wir sind heute hier, weil sich Mr. Jones bei dieser Adresse nicht mit uns treffen will. Könnten Sie ihn hierherholen und umstimmen?"

Das war in den späten 1960ern. Die Polizei war so froh, dass wir nicht vorhatten, in ihre Vorstadt zu ziehen, dass sie oft loszogen und den Kerl direkt in einem Streifenwagen zu uns lieferten. Einer der Polizeibeamten sagte zu uns: „Nein, ich würde diesen Haufen Dreck nicht in meiner Nachbarschaft dulden. Kommt, ich gebe euch eine Eskorte." So fuhren wir mit Blaulicht und Martinshorn zum Haus des Slumlord. Mit der ganzen Nachbarschaft in Aufruhr und als Zeuge unterzeichnete er den Vertrag in etwa 30 Sekunden und das Gebäude wurde repariert.

Die Kangaroo Courts und Samstagsaktionen liefen etwa sechs oder acht Monate so weiter. Danach wurden die Gebäude von ganz allein, meist einen Tag nach der Einladung zu einem Meeting mit einem Slumlord, repariert. Ein Block-Leader fragte mich: „Wann machen wir denn mal wieder so ein Meeting mit Trip in den Park?" Ich musste ihr antworten „Das können wir nicht mehr. Jedes Mal, wenn wir einen Brief mit einer Einladung verschicken, reparieren sie sofort das Gebäude." Das war wohl der Preis des Sieges. Ich bin einmal mit einem anderen Organizer die Quincy Street entlanggefahren und habe auf dem Weg 14 Trucks von Baufirmen gezählt, einige davon vor Gebäuden, die wir eigentlich gar nicht so schlimm fanden.

Direkte Aktionen wie diese sind heute noch kontrovers - und waren es damals umso mehr. Ein Panic Peddler, Jerry Keefe, verklagte uns 1967 für das Verteilen von Flyern in seiner Vorstadt und Kirche. Ein Richter schickte uns eine Unterlassungsklage, also ließen wir ihn in Frieden - aber das hielt uns nicht davon ab, derweil auf andere Panic Peddler Jagd zu machen. Die American Civil Liberties Union (ACLU)[28] nahm es später mit Keefe auf und brachte die Angelegenheit vor den Obersten Gerichtshof der USA. Dort

28 1920 gegründete Nicht-Regierungsorganisation, die sich für Bürgerrechte und generell für liberale Werte einsetzt.

wurde unser Recht, Kontrahenten zuhause zu besuchen, bestätigt. Das Gericht sagte: „[OBA-Leaders] machten die Öffentlichkeit deutlich und energisch auf die Praktiken des Antragsgegners als Immobilienmakler aufmerksam. Diese Praktiken waren für sie anstößig, genauso wie die Ansichten und Praktiken von Aktivisten anstößig für andere sein dürften. Doch solange die Mittel friedlich sind, muss die Kommunikation keine Standards für deren Akzeptanz erfüllen" (in: OBA vs. Keefe, 402 U.S. 415, 419[1971]).

Ein weiteres Thema, mit dem sich OBA damals beschäftigt hat und das ein Schwerpunkt meiner dreißig Jahre als Organizer werden sollte, waren Probleme mit staatlich versicherten Immobiliendarlehen. Die Federal Housing Administration (FHA)[29] erweiterte ihr Versicherungsprogramm auf urbane Nachbarschaften nach einer Welle von Aufständen im Jahr 1968. Die FHA wurde 1935 gegründet, kam aber erst nach dem Zweiten Weltkrieg wirklich zur Geltung, als sie es Veteranen ermöglichte, Häuser mit niedriger Anzahlung in den Vorstädten zu kaufen. Die FHA half den Familien, indem sie ihnen garantierte, die Kredite an die Kreditgeber zurückzuzahlen, wenn die Schuldner ihre monatlichen Zahlungen nicht erbringen konnten.

Vor 1968 kam man in der Stadt überhaupt nicht an einen FHA-Kredit. Erst Präsident Johnson öffnete das Programm auch für schwarze und multikulturelle Nachbarschaften, mit dem Hintergedanken, dass es weniger Aufstände geben würde, wenn die Menschen sich eigene Häuser leisten könnten. Er konnte wohl nicht ahnen, dass er damit dem Betrug Tür und Tor geöffnet hatte. Immobilienmakler und Kreditbanker stürzten sich auf das Programm wie Löwen auf ein Stück Fleisch. Sie zogen immer wieder die gleiche Masche ab: Die ersten paar Jahre eines Darlehens zahlte der Schuldner dabei im Grunde nur den Zins ab, während der eigentliche Kredit kaum getilgt wurde. Wurde dann eine Zwangsvollstreckung eingeleitet, sprang die staatliche Versicherung ein und bezahlte dem Gläubiger fast die gesamte Kreditsumme zurück. So bekamen Kreditgeber nicht nur

---

29 Behörde des U.S. Department of Housing and Urban Development (Ministerium für Wohnungsbau und Stadtentwicklung), die Gelder für den Hausbau und den Erwerb von Wohneigentum zur Verfügung stellt.

das geliehene Geld zurück, sondern verdienten auch noch tausende Dollar an Zinsen in sehr kurzer Zeit - mit der Chance, den Trick bei demselben Haus mit neuem Schuldner vielleicht nochmals anzuwenden. In einem Gespräch mit einem Kreditbanker haben wir tatsächlich einmal zu hören bekommen, dass „ein guter Kredit daran zu erkennen ist, dass man innerhalb der ersten fünf Jahre eine Pfändung durchführen kann. Ein schlechter Kredit läuft sein Leben lang."

Immobilienmakler und Kreditbanker taten sich zusammen und schwatzten Familien Häuser auf, die sie sich eigentlich nicht leisten konnten, um ihnen diese schnellstmöglich wieder streitig zu machen. Zum Beispiel wurde den Leuten erzählt, dass sich ihre Zahlungen nur auf 120 Dollar pro Monat belaufen würden, ohne dabei zu erwähnen, dass auch noch zusätzliche Versicherungen, Betriebskosten, Steuern und anderes auf sie zukamen. Bei einem weiteren typischen Trick wurden sogenannte „Lemon Homes"[30] verkauft. Dabei wurde einer Familie bei der Hausbesichtigung beispielsweise weisgemacht, dass man nicht in einen bestimmten Raum gehen könne, da dort gerade „ein krankes Kind schläft". Als sie später einzogen, stellte sich heraus, dass in dem Raum ein Loch in der Decke zum freien Himmel klaffte - das Resultat eines Feuers.

Während dieser Zeit waren FHA-Darlehen eine der wenigen Optionen, die schwarzen Familien offenstanden. Die FHA war auch der einzige Weg, um ein Immobiliendarlehen in einer Nachbarschaft zu erhalten, die entweder als „schwarz" oder „im Wandel" eingestuft wurde. Ich kann mich noch an ein weißes Paar erinnern - beides Professoren - das in South Austin ein Haus kaufen wollte. Sie verdienten ganz offensichtlich gut und wollten einfach ein konventionelles Darlehen - also einen Kredit von einer Bank, der nicht vom Staat versichert war. Keine einzige Bank ließ sich darauf ein. Sie mussten zur FHA gehen, da keine Bank ein klassisches Darlehen für diese Gegend akzeptierte. Das Gebiet war zu diesem Zeitpunkt bereits durch und durch „schwarz" und die Banker konnten einfach nicht verstehen, warum ein weißes Paar dort hinziehen wollte. Andere taten es ihnen gleich und gingen ebenso zur FHA für ihre Kredite, wieder andere

---

30 Ein „Lemon Car" ist ein sogenanntes „Montagsauto". Der Begriff wird hier sinngemäß auf Häuser mit großen Mängeln angewandt.

gaben auf und zogen stattdessen in andere Stadtgebiete. Viele Menschen fielen auf den Betrug herein, weil sie einfach keine andere Wahl hatten. Die Makler nutzen auch das naive Vertrauen der Menschen in Schlipsträger aus; das Vertrauen, das entsteht, wenn man gesagt bekommt, dass alles in Ordnung sei - ganz ähnlich wie Kredithaie es heute machen.

Wenig überraschend wurden immer mehr Familien aus ihren Heimen rausgeworfen. Die leerstehenden Häuser waren notdürftig verschlossen, wurden häufig geplündert und wurden in schlechterem Zustand denn je weiterverkauft, nur um erneut eine Zwangsvollstreckung bei einer weiteren ahnungslosen Familie durchzuführen. Die Probleme häuften sich, da die Stadt Häuser nicht einfach abreißen konnte, auf die die FHA Anspruch erhoben hatte. Die FHA wollte diese im Rahmen finanzieller Schadenskontrolle lieber endgültig verkaufen. Also wuchs die Zahl leerstehender, heruntergekommener Häuser in den Nachbarschaften immer weiter.

Da die Stadt die verlassenen Häuser nicht abreißen konnte, mussten wir uns etwas Kreativeres ausdenken. In meinen letzten Jahren bei OBA kümmerten wir uns um ebenso ein Haus, das als Resultat eines FHA-Darlehens übriggeblieben war. Schließlich entschlossen wir uns nach Monaten ergebnisloser Anstrengungen durch die normalen Kanäle, dass wir den Abriss in die eigenen Hände nehmen mussten. Ich kramte meine alte Priesterrobe heraus und gab sie einem der Leaders zum Tragen, da er so wie ein Richter aussah. Nach etwa dreißig Minuten der „Verhandlung" schlug unser Richter mit dem Hammer auf den Boden und rief: „Ich verurteile dieses Gebäude nun zum Abriss!" Natürlich wussten wir rein gar nichts über das Abreißen von Gebäuden. Wir gingen unter dem Dach mit Vorschlaghämmern, Sägen und Äxten ziemlich unkoordiniert ans Werk. Dann dämmerte es mir, dass wir uns nur selbst begraben würden, wenn wir zu den Tragebalken gelangen würden. Mittlerweile war aber schon die Presse da. Wir zerkleinerten das Haus also soweit wir konnten, ohne uns dabei selbst umzubringen. Türen, Toiletten, Sperrholz und mehr - alles landete auf einem Mietlaster, mit dem wir anschließend zum Büro des Stadtrats fuhren und die Überreste vor der Tür abluden. Das war an einem Samstag. Am Sonntag darauf waren bereits die ersten Arbeiter zugange, um uns den Rest des Abrisses abzunehmen. Direkte Aktionen funktionieren nicht? Sagen Sie das mal den Menschen, die ein Teil davon waren.

Von Einkaufswägen und Schulbussen

Integration in Chicagos öffentlichen Schulen

Im Herbst 1967 war ich als Organizer bei OBA schon nicht mehr ganz so grün hinter den Ohren. Ich ging in der Van Buren Street von Tür zu Tür und versuchte einige meiner Themen zu „verkaufen". Ich wusste, dass drei Häuser im Block vor kurzem von Weißen für weniger als 20.000 Dollar verkauft und keine zwei Wochen später für mehr als 30.000 Dollar an Schwarze weitergereicht wurden. Ich wusste, dass die May Elementary School[31] für 800 Schüler gebaut worden war, derzeit aber ganze 1600 Schüler eingeschrieben waren. Ich wusste auch von einem Kind, das in der Nähe eines Slum-Gebäudes lebte und eine Bleivergiftung hatte. Ich erzählte den Leuten von all diesen Dingen, aber keiner war wirklich daran interessiert.

Eine Organisation muss immer in Kontakt mit den Anwohnern bleiben, um die Interessen der Community verstehen zu können. Was wollen die Leute wirklich geändert oder verbessert sehen? Die meisten Community Organizations sind sich darüber einig, dass Hausbesuche die beste Methode sind, um sich diesen Input zu holen. Wenn sich bei Ihnen ein anderer Weg bewährt hat, auch gut. Als Organizer hat man etwa 30 Sekunden, um sich vorzustellen, den Sinn und Zweck des Besuchs zu erläutern und den Anwohner zu überzeugen, dass man kein Vertreter oder Bibelverkäufer ist. Bei diesen Rundgängen durch die Nachbarschaft nimmt man, was man an Informationen kriegt, und testet diese an anderen Leuten aus. Wenn man drei- oder viermal vom gleichen Problem hört, sagt man das

31 Elementary School: Grundschule bis zur 6 oder 8. Klasse; je nach Schulbezirk unterschiedlich.

nächste Mal: „Okay, lasst uns doch ein Meeting dazu abhalten." Man fällt nicht selbst die Entscheidung, was behandelt wird, sondern angelt sich die Themen aus Gesprächen mit den Anwohnern. Und wenn auch andere dasselbe Interesse an einer Lösung zeigen, knöpft man sich die Sache gemeinsam vor. Ich nenne diesen Prozess „Fishing"[32]. Im Gegensatz dazu steht das „Pushing"[33], bei dem man ebenfalls von Tür zu Tür geht, aber die Anwohner von einem vorgegebenen Thema oder einer Aktion überzeugen will. Wie ich 1967 gelernt habe, ist Pushing deutlich weniger effektiv, besonders wenn man sich im Block noch keinen Namen gemacht hat.

Zum selben Schluss kam ich auch in der Van Buren Street. Als niemand Interesse für die Themen zeigte, die ich vorgeschlagen hatte, fing ich schließlich damit an, die Leute zu fragen, wie sie denn selbst die Community verbessern würden. Die meisten hatten darauf keine Antwort. Eine Frau antwortete mir allerdings, dass sie die vielen Einkaufswägen störten, die die Straßen verschmutzten. Die Leute klauten sie einfach aus dem A&P Supermarkt an der Ecke und ließen sie wahllos in der Gegend zurück. Kinder würden damit spielen und parkende Autos verkratzen - beinahe wäre sogar einmal ein Kind mit einem Einkaufswagen angefahren worden. Außerdem, fügte sie hinzu, könnte man gar nicht mehr ungestört durch die Straßen fahren. Man müsste ständig aussteigen und die Wagen zur Seite räumen. Ich erwähnte das Einkaufswagen-Problem an der nächsten Tür. „Die Dinger sind das Schlimmste, was der Nachbarschaft je passiert ist!", schallte es mir entgegen. Ich war so wütend darüber, dass diese Idioten mehr um Einkaufswägen besorgt waren, als um all die Themen, die ich ihnen vorgestellt hatte, dass ich an dem Abend in die nächstbeste Bar ging, um mich zu betrinken. Dabei habe ich gelernt, dass dich Alkohol mit zweierlei Problemen zurücklässt: Erstens mit einem gehörigen Kater und zweitens mit dem Problem, weswegen du dich überhaupt erst betrunken hast.

Also ging es zurück zum Block, um wieder über Einkaufswägen zu reden. Wir organisierten ein Meeting im Haus der ersten Frau, die mir davon erzählt hatte. Drei Leute kamen. Wir beschlossen, in der Nachbarschaft

32 „Fischen".
33 „Vorantreiben".

Flyer für ein zweites Meeting zu verteilen. Diesmal kamen zwölf Leute. Sie verbrachten eine Menge Zeit damit, darüber zu diskutieren, dass die Chicago Bears dieses Jahr einen schlechten Kader hatten. Nachdem ich die Unterhaltung wieder aufs Wesentliche geleitet hatte, entschlossen wir uns, am nächsten Samstag zu sechst zum Supermarkt zu gehen und den Manager um ein Gespräch zu bitten. Fünf tauchten am Samstag schließlich auf, den sechsten holten wir auf dem Weg zum Markt ab, wo uns der Manager erst einmal 30 Minuten hat warten lassen. Als unser Komitee ihm das Problem erklärte, schaute er in Richtung der Schwarzen in der Gruppe und sagte: „Das Problem hatte ich nicht, bevor Euresgleichen hierhergezogen ist." Das Gespräch endete in Beschimpfungen und er warf uns aus dem Gebäude. Wir entschieden uns, ein weiteres Meeting abzuhalten.

Dieses Mal waren es schon 21 Leute. Wir berichteten von unseren Erfahrungen mit dem Manager und schlugen einen neuen Plan vor: Im Laufe der Woche sollte jeder bei A&P einkaufen und einen Einkaufswagen mit nach Hause nehmen. Am folgenden Samstag würden wir dann damit einen großen Umzug in den Straßen abhalten und alle auf einmal zurückbringen. Das hat so viel Spaß gemacht, dass A&P gegen Ende der Woche mit einer echten Einkaufswagen-Knappheit zu kämpfen hatte. Am Samstag marschierten wir dann mit 75 Menschen und ebenso vielen Einkaufswägen durch die Community. Der Manager sah uns kommen und rief panisch bei der Polizei an. Wir hießen die Beamten willkommen und erklärten ihnen, dass die herrenlosen Einkaufwägen den Straßenverkehr störten und wir nur das Eigentum des Geschäftes zurückbrachten. Danach schlug sich auch die Polizei auf unsere Seite. Urplötzlich war auch der Manager an unserer Sache interessiert. Er rief bei seinem Vorgesetzten an und erhielt das Versprechen, dass am folgenden Montag Absperrpfosten an der Einfahrt zum A&P errichtet werden würden, sodass man das Grundstück mit den Einkaufswägen nicht verlassen konnte.

In der nächsten Woche wurden die Pfosten errichtet. Wir hatten mit den Einkaufswägen einen großen Sieg errungen. Ich holte eine Kiste Bier und wir veranstalteten eine Feier im Block. „Wir sollten auch etwas gegen die überfüllten Schulen unternehmen!", rief eine Frau überraschend. „Wenn wir A&P schlagen konnten, dann können wir auch den Bildungsausschuss schlagen." Ich konnte meinen Ohren nicht glauben. Das war dasselbe Thema, das ich vor ein paar Wochen selbst erfolglos gepusht hatte. Diese Gelegenheit ließ ich mir nicht entgehen. Ich stoppte sofort die Party und fragte in die Runde: „Okay, wie gehen wir das an?" Ich kann mich nicht mehr genau an das Gesagte oder die vorgeschlagenen Ideen erinnern. Was zählte war, dass die Leute endlich motiviert genug waren, um eine Woche später ein erstes Meeting zum Thema Überfüllung in Schulen abzuhalten.

Was wir von den Einkaufswägen gelernt haben ist, dass ein Organizer die Menschen immer dort abholen muss, wo sie gerade stehen. Man muss erst kleine Siege erringen, bevor man sich größeren Schlachten widmen kann. Die Leute haben sich selbst gesagt: „Wenn wir mit den Einkaufswägen gewinnen können, dann schaffen wir das auch mit überfüllten Schulen." Das war eine recht arrogante Annahme, aber ich würde sie ihnen niemals ausreden wollen.

Wir haben auch gelernt, den richtigen Moment beim Schopfe zu packen und die Leute nicht vom Haken zu lassen. In der Sekunde, wo das Thema der überfüllten Schulen erwähnt wurde, unterbrachen wir die Party und fingen mit dem Planen einer Bus-Kampagne an. Auch wenn man hören sollte: „Meine Güte, wir sollten uns wirklich mal um die ganze Katzenscheiße kümmern", sollte man das Thema als Organizer sofort aufgreifen und die Leute zum Diskutieren bringen. Man sagt niemals: „Naja, lasst uns nächste Woche mal bei einem Meeting über die Katzenscheiße beraten", denn nächste Woche wird die Hälfte der Gruppe schon vergessen haben, dass das Thema je angesprochen wurde. Wenn es eine Woche später zu einem Treffen der Leaders kommt, verläuft der Plan vielleicht etwas anders, als es anfangs geplant war, aber die Gruppe hat das Momentum. Es gibt genug Interesse und Aufregung, dass die Leute bereit sind, wieder zum nächsten Treffen zu kommen. Diese Lektionen haben wir uns bei unserer Buskampagne zu Herzen genommen.

Ich habe Gale Cincotta das erste Mal im Keller der Mandell Methodist Church kennengelernt, als das mit den Bussen gerade losging. Sie sollte für die nächsten 30 Jahre eine enge Arbeitspartnerin werden, in denen wir zusammen die National People's Action (NPA) und das National Training and Information Center (NTIC) gründeten. Sie war die taffste, klügste und gewiefteste Person, mit der ich je das Privileg hatte, zusammenzuarbeiten. Sie war in der Gegend aufgewachsen, ging früher in die Austin High School[34] und stieß als Präsidentin der Parent Teacher Association[35] der May School, wo Jimmy, der jüngste ihrer vier Söhne gerade eingeschrieben war, zu OBA. Die Schule mit der Adresse 512 S. Lavergne wurde für 800 Schüler gebaut, beherbergte aber damals ganze 1600 Schüler. Essenszeit im Löwenkäfig war eine ruhige Angelegenheit im Vergleich zur May School. Jede Klasse war gefüllt mit 75 Schülern, es wurde in Putzräumen unterrichtet, es gab nur veraltete Lehrbücher und vieles mehr. Cincotta war wütend. Bereits ab dem ersten Tag war sie immer wütend, auf eine gute Art - wütend und wild auf Veränderung.

Cincotta war eine sehr einschüchternde Frau. Sie hatte schon ganz allein gegen die Überfüllung der Schulen gekämpft, aber da sie keinen Organizer im Rücken hatte, fiel es ihr schwer, mehr Truppen zu mobilisieren. Nachdem sie zu OBA kam, änderte sich das alles. Sie war bei fast allen Mitarbeiterversammlungen dabei. Sie brachte dabei immer zwei Flaschen Vodka mit - eine für uns und eine für sich selbst. Nachdem sie mit ihrer fertig war, hätte man glauben können, es wäre nur Wasser gewesen. Man spürte keine Betrunkenheit, kein Lallen, gar nichts. Sie machte einfach weiter.

Es fühlte sich ganz natürlich an, wenn sie bei Mitarbeiterversammlungen dabei war. Es kommt selten vor, dass jemand aus der Community bei solchen Meetings dabei ist, und nicht irgendwann den Ablauf stört. Aber sie fügte sich einfach als weiteres Mitglied ein, das Ideen einwarf und konstruktive Kritik übte. Ich kann mich an einen speziellen Vorschlag von ihr erinnern, bei dem sowohl Gaudette als auch ich eingeworfen haben, dass das so nicht funktionieren wird, dass wir damit nichts bei dieser Person erreichen werden. Sie antwortete: „Mein Gott, das weiß ich doch. Es wird aber die Kampferfahrung unserer Truppen verbessern." Sie dachte nicht nur ans Gewinnen, sondern auch an die Ausbildung weiterer Leaders!

<hr>

34 Weiterführende Schule mit den Klassen 9 - 12.
35 Formelle Organisation, die es an jeder Schule gibt. Sie setzt sich aus Eltern, Lehrer*innen und Mitarbeiter*innen zusammen, die, um die Schule zu unterstützen, gemeinsam verschiedene Aktivitäten sowie Spendenveranstaltungen organisieren.

Gaudette hat daraufhin immer wieder neue Mitglieder in ihr Gebiet geschickt - mit dem Hintergedanken, dass sie sie vermutlich genauso gut ausbilden konnte wie wir.

Während des Kampfes um die Busfahrten arbeitete sie 40 Stunden die Woche als Freiwillige, aber innerlich haben wir sie längst als weiteres Team-Mitglied betrachtet und auch entsprechend behandelt. Darüber hinaus war sie der beste Leader, den Gaudette oder ich je gesehen hatten. Sie boxte Sachen durch, die Gaudette bei anderen Mitgliedern nie erlaubt hätte - alles dank ihres Instinkts, ihrer Stärke und ihren Fähigkeiten. Vor einem Treffen mit dem damaligen Schulbezirksdirektor James Redmond hat Gaudette mit Cincotta über ihre Pläne gesprochen. Sie hatte geplant, den Direktor mit dreizehn unterschiedlichen Forderungen zum Thema Busfahrten zu konfrontieren. „Das ist doch lächerlich, mach daraus drei", sagte Gaudette zu ihr. „Du kannst ja nächsten Monat mit mehr Forderungen zurückkommen, aber den Direktor jetzt mit allen auf einmal zu überhäufen, wird nicht klappen." In den meisten Organizing-Szenarios war es auch so: Zwei oder drei Forderungen auf einmal, damit man sich auf das Wesentliche konzentrieren und für jeden Punkt eine verpflichtende Zustimmung einholen konnte. In diesem Fall sagte Cincotta aber, dass alle wichtig wären, und weigerte sich die Liste zu ändern. Danach holte sie Zustimmungen für alle dreizehn ein. Sie war einfach so unglaublich gut darin!

Cincotta und ich fingen an, ein Team aus Leaders zusammenzustellen und Veranstaltungen in der Nachbarschaft abzuhalten. Wir hatten den Plan, schwarze Kinder mit Bussen in die weißen Nachbarschaften der Northwest Side[36] zu fahren und sie dort in Schulen mit ungenutzten, leeren Klassenzimmern einzuschleusen. Die Idee stieß sogar innerhalb unserer Gruppe zunächst auf Widerstand, wurde aber nach und nach immer populärer. Es war einfach der einzige logische Schritt. Die Frage im Raum war: „Wie schaffen wir es, genug Druck auf den Bildungsausschuss und den Rest der Stadt aufzubauen, dass das Vorhaben zur Realität wird?" Und damit fing der Spaß erst richtig an.

---

36 Zu einem Stadtbezirk zusammengefasste Stadtteile im Nordwesten Chicagos.

Wir schnappten uns ein paar schwarze Eltern und fuhren zu einer der Schulen der Northwest Side. Wir besichtigten die erste und sahen sofort, dass die Böden sauber waren, dass den Kindern brandneue Lehrbücher zur Verfügung standen und dass viele der Klassenzimmer einfach leer waren. Bei unserem zweiten Besuch hatte es sich bei den Schuldirektoren bereits herumgesprochen, was wir vorhatten, und sie ließen uns nicht mehr hinein. Wir gingen ums Gebäude herum und sahen uns die leeren Klassenzimmer stattdessen durch die Fenster an. Einmal haben wir sogar beobachtet, wie ein Lehrer die Kinder von Zimmer zu Zimmer gescheucht hat, um uns glauben zu lassen, dass alles schon belegt sei. Aber da wussten wir längst, dass es keine zwei Meilen nördlich von unseren überfüllten Schulen reichlich leere Klassenzimmer gab - und wir wollten diese haben!

Die simpelste Lösung wäre es gewesen, einfach dasselbe wie jede andere schwarze Nachbarschaft in Chicago zu tun: Auf temporäre Wohnanhänger als Klassenzimmer ausweichen. Die wurden „Willis Wagons"[37] genannt, nach dem vorherigen Schulbezirksdirektor. Aber wir sagten „Nein" zu den Willis Wagons. Wir sagten auch „Nein" zu Teilzeitunterricht in unseren Schulen, der die Lernzeit der Schüler geschmälert hätte. Und „Nein" zur Änderung der Schulgebietsgrenzen, was das Problem nur verschoben, anstatt gelöst hätte. Wir konnten bereits beweisen, dass freie Klassenräume verfügbar waren, als wir beim Bildungsausschuss einen Antrag auf Busfahrten in die Northwest Side Schulen einreichten - und wir beharrten auf diesen Busfahrten. Damals war das so, als ob man den Papst gefragt hätte, ob man die Jungfrau Maria in den Hintern kneifen darf.

Als nächstes konfrontierten wir die Mitglieder des Bildungsausschusses direkt. Wir gingen bei einem offiziellen Treffen des Ausschusses auf sie zu und sprachen den Irrsinn an, dass unsere Schulen alle überfüllt waren, während keine zwei oder drei Meilen nördlich die Klassenzimmer leer standen. Unsere Leute fragten den Ausschuss: „Wo ist da bitte die Logik?"

Eine unserer Strategien war das Boykottieren des Unterrichtes an jedem Mittwoch. Andere schwarze Communities hatten das schon vorher versucht und sind an mangelnder Teilnahme gescheitert, also waren wir

---

37 „Willis Wagen".

vor dem Stichtag schon gehörig nervös. Eigentlich hatten wir eine Todesangst, denn wenn das nicht klappte, wären wir erledigt gewesen. An der May School blieben an diesem Tag 97 Prozent aller Schüler zuhause. An der Spencer School waren es 93 Prozent. Die Stadt hatte noch nie so einen Protest gesehen! Nach dem zweiten Mittwoch, der ähnlich erfolgreich verlief, dachten wir uns: „Hey, wir haben über 2000 Kinder, die mittwochs nur zuhause herumsitzen. Warum geben wir ihnen nicht etwas zu tun, um den Druck auf die Stadt noch zu erhöhen?"

Also wurde der Mittwoch nicht nur ein Boykott-Tag, sondern auch ein Ausflug-Tag für die Schüler. Museen, der Zoo, jeder Ort, der mit 500 - 600 Kindern zurechtkam, wurde der unfreiwillige Gastgeber unserer kleinen Armee. Einmal wurde ich von einem Wachmann darüber informiert, dass auf alle zehn Kinder mindestens ein Erwachsener kommen muss. Das war, nachdem erst zwei Busse angekommen waren. Ich sagte ihm, dass die Erwachsenen alle im letzten Bus sind und bald da sein würden. Die Kinder sollten so lange im Foyer warten. Natürlich war das frei erfunden. Ich rannte die Treppen herunter und sprang in den nächstbesten Bus, der mich dort wegbrachte. Wenig überraschend war schließlich auch der letzte Bus bis oben mit Kindern gefüllt - und ich wollte nicht mit 500 Kindern auf der Straße festsitzen, statt ihnen den Tag im Museum zu gönnen. Es scheint im Nachhinein ein wenig wie ein Wunder, dass wir auch ohne Begleitpersonen nie auch nur ein Kind je verloren haben. Tatsächlich bekamen wir oft sogar Komplimente von den Eltern, deren Kinder ihnen erzählt haben, wie viel Spaß sie mit den „Ausflügen" hatten. Einige haben vielleicht ein Problem damit, Kinder derart politisch einzusetzen. Aber man denke nur an Dr. Martin Luther King Jr., der 1963 ebenfalls Kinder zum Treffen mit „Bull" Connor[38] in Birmingham mitgebracht hat. Wir kämpften nicht für uns, sondern für den Geist unserer Kinder; damit sie eine faire Chance auf Bildung haben konnten.

38 Theophilus Eugene „Bull" Connor (1897 - 1973): US-amerikanischer Politiker der Demokratischen Partei. Als Kommissar für Öffentliche Sicherheit in Birmingham, Alabama, ließ er im Mai 1963 Bürgerrechtsaktivist*innen mit Wasserkanonen und Hunden angreifen.

Die Menschen aus der Northwest Side waren dabei unser größter Feind. Sie waren der Brunnen, aus dem Bürgermeister Daley seine Macht schöpfte. Ich glaube - ehrlich gesagt - nicht einmal, dass überhaupt ein Organizer bei ihrem Widerstand gegen unsere Buskampagne beteiligt war. Alles, was es brauchte, waren Angst, Unsicherheit und Vorurteile. Fast alle örtlichen Politiker und sogar Kongressabgeordnete stellten sich uns in den Weg, weil wir „diese Leute in ihre Nachbarschaft bringen würden". Eine Gruppe aus der Northwest Side organisierte sogar ein großes Treffen, um den Widerstand besser zu organisieren. Ich stattete dem Meeting einen Besuch ab und erhielt eine Broschüre mit ihren Zielen. Eines davon war das Verbot von Bustransporten, die schwarze Kinder in ihre Nachbarschaft fuhren. Ich dachte mir, dass sich das gut als Munition für unsere eigenen Zwecke eignen wird, also nahm ich es mit zurück zum Büro von OBA und versammelte dort ungefähr zwanzig Leute. Wir fuhren alle zurück zur Halle, in der das Meeting stattfand, gingen hinein und marschierten mitten durch den Raum bis zur vordersten Reihe, in der wir direkt vor 800 Leuten saßen. Wir kamen kurz vor dem Gastredner an, dem Kongressabgeordneten Frank Annunzio, der gerade das Podium betreten wollte. Als er uns sah, verließ er das Gebäude sofort, da er, wie er der Presse später berichtete, „um sein Leben fürchtete". Es war das letzte Treffen, das die Gruppe je abgehalten hat.

Manch einer wird sagen, dass es nicht gerade nett ist, die Anstrengungen gegnerischer Organizer zu untergraben. Aber wenn es das Ziel dieser Community ist, für den eigenen Überfluss Kindern aus meiner Community die Schulbildung zu stehlen, dann haben sie sich selbst auf die Abschussliste gebracht.

In diesem Winter haben wir eine große Demonstration für unsere Buskampagne an einem der wichtigsten Hotspots[39] der Nachbarschaft geplant - der Resurrection Catholic Church am Jackson Boulevard. Ich wusste, dass es dem Bildungsausschuss leichtfiel, uns zu marginalisieren, solange der Großteil der Teilnehmer schwarz war, genauso wie sie es schon zuvor mit anderen Gruppen der South Side[40] getan hatten. Eine

39 Orte, die ein hohes Konfliktpotential in sich bergen bzw. von hoher Brisanz sind.
40 Zu einem Stadtbezirk zusammengefasste Stadtteile im Süden Chicagos.

gemischte Gruppe aus Weißen und Schwarzen würde sie allerdings nicht nur verwirren, sondern ihnen auch die breite Unterstützung der Menschen für unser Vorhaben vor Augen führen. Eine kleine Gruppe von Leaders ging mit mir zusammen zu einer griechischen Kirche in der Nähe, die Cincotta häufig besuchte. „Wir haben keine sechs Blocks von hier massive Probleme mit überfüllten Schulen", sagten wir dem Pfarrer. „Entweder ihr schickt uns 400 Gemeindemitglieder als Unterstützung zu unserer Demonstration oder wir statten auch eurer Schule einmal einen Besuch ab." Am Tag der Aktion platzte die Resurrection Hall dank über 1000 Teilnehmern aus allen Nähten. Mehr als 350 davon waren Griechen. Am Ende sangen wir alle Arm in Arm „We Shall Overcome"[41]. Die Griechen machten einen sehr verwirrten Eindruck; sie dachten wohl, wir hielten eine Art merkwürdiges Ritual ab. Aber die Presse schluckte das Schauspiel und berichtete, dass es sich hierbei nicht um ein "schwarzes", sondern um ein Nachbarschaftsproblem handelte.

Also entschloss sich letztlich auch der Bildungsausschuss dazu, dass das Thema Bustransporte eine Anhörung verdient hatte. Zunächst in der Northwest Side, dann in Austin. Die erste Anhörung in der Northwest Side war mit 3000 Menschen völlig überlaufen. Die Anhörung bei uns in Austin sollte in der Austin High School mit 1200 Sitzen stattfinden. Wir hätten sie unmöglich füllen können. Also erklärten wir die Anhörungen für einen Schwindel, riefen einen Boykott aus und schickten nur einen einzigen Sprecher. Wie sich herausstellte, war das eine weise Entscheidung, denn die Versammlung fand an einem der kältesten Tage im Januar statt, an dem die Menschen keinen Fuß vor die Tür gesetzt hätten. Also schickten wir nur einen einzigen Leader, Jesse Madison (der später noch eine lange Karriere in der Politik haben sollte), und ließen 25 weitere mit Protestschildern draußen patrouillieren. Drinnen fand man nur Jesse, den Bildungsausschuss und 1200 leere Stühle. Die Presse konnte es kaum fassen und interpretierte die komplette Abwesenheit von Besuchern - genauso wie auch der Bildungsausschuss - als Zeichen unserer Macht. Als Beweis dafür, dass wir genug Einfluss hatten, um die Leute vom Teilnehmen abzuhalten.

---

41 "Wir werden (es) überwinden"; Protestlied der US-amerikanischen Bürgerrechtsbewegung.

Als nächstes nahmen wir die regelmäßigen Sitzungen des Bildungsausschusses aufs Korn. Dabei hatten wir es oft mit 1000 Leuten aus der Northwest Side zu tun. Wir waren 50 oder 60. Bevor wir in den Bus bei der Resurrection Church gestiegen sind, bereitete ein Leader die Leute darauf vor, was auf sie zukommen würde: „Seid bereit, Nigger genannt zu werden. Seid bereit, dass man auf euch spuckt. Wenn ihr damit nicht klarkommt, dann steigt nicht in den Bus. Denn hier geht es um die Bildung unserer Kinder." Ich habe in meinem Leben noch nie so disziplinierte Menschen gesehen, denn all das trat auch ein - aber niemand brach zusammen. Die Menschen aus der Northwest Side waren einfach unfassbar. Sie spuckten auf uns. Wir bekamen in den Sitzungen jede rassistische Beschimpfung, die man sich nur vorstellen kann, früher oder später zu hören. Einmal hat uns die Polizei sogar eingesperrt. Die Sitzung dauerte ungefähr fünf Stunden und nicht jeder hielt es so lange auf seinem Sitz aus. Wer aber auf die Toilette gehen wollte, bekam von der Polizei zu hören, dass er danach nicht wieder reingelassen würde. Also suchten wir im Versammlungsraum nach Alternativen und fanden ein paar Mülleimer, die unsere Leute benutzten, um sich Abhilfe zu verschaffen. Das ist kein Witz. Wir weigerten uns zu gehen - und das um jeden Preis.

Wir führten die Aktionen, Demonstrationen und zahllosen Versammlungen fort. Das muss ich der Presse lassen - der Druck wurde immer größer, insbesondere dank eines ganz bestimmten Reporters. Chris Chandler von der Chicago Sun-Times rief oft bei mir an und fragte: „Okay, was können wir tun, um euch auf der Titelseite zu halten?" Einmal kam er extra mit einem Fotografen im Schlepptau zu einer Versammlung, die ein kompletter Reinfall war. Wir waren acht Leute, obwohl es dreißig hätten sein sollen. Die Fotos wurden trotzdem veröffentlicht, so zusammengeschnitten, dass es wie eine Menschenmenge aussah, mit der Überschrift „South Austin Leaders planen Strategie". Es war unwirklich, einen Reporter an seiner Seite zu haben, der in diesem Maße mit einem zusammenarbeitet. Er schaffte es immer wieder, die Story nah an der Titelseite zu halten, auf der wir im Verlauf von fünf Monaten auch ungefähr einmal die Woche landeten.

All diese Aktivitäten zwangen den Bildungsausschuss im frühen Februar 1968 zu einer Abstimmung, ob Schüler von South Austin in einige Northwest Side Schulen gefahren werden dürfen (unser Vorschlag). Damit war es an der Zeit, die Anzahl der Nasen auf unserer Seite des Zauns zu zählen. Mittlerweile war das May/Spencer-Schulkomitee eine gefürchtete Organisation im Stadtraum von Chicago. Es schien, als ob es nichts gäbe, was wir nicht tun könnten und würden, wenn es um unsere Buskampagne ging. Mit diesem Ruf im Hinterkopf besuchten wir jedes Mitglied des Bildungsausschusses bei sich zuhause. Das war so noch nie vorgekommen. Wir jagten ihnen damit eine Heidenangst ein.

Als es schließlich zum Tag der Abstimmung kam, wussten wir, dass wir alle Stimmen in der Tasche hatten, die wir brauchen würden. Es gab zwölf Mitglieder und wir waren uns sicher, dass sieben davon in unserem Interesse abstimmen würden. Aber das einzige schwarze Mitglied des Bildungsausschusses - eine Frau, die den Sitzungen mit weißen Handschuhen und Puder-Make up beiwohnte, um weißer zu wirken - hat uns entweder hintergangen oder war verwirrt (ich habe nie herausgefunden, was es war) und stimmte gegen uns - also haben wir verloren. Ich war am Boden zerstört.

Cincotta war sich sicher, dass es einen Weg geben musste, eine Notversammlung des Ausschusses einzuberufen. Zurück in unserem Büro in der Mandell Methodist Church rief sie Schulbezirksdirektor Redmond an und verlangte genau das. Er sagte: „Vielleicht. Aber ich würde mich zuerst mit Ihren Leaders treffen wollen." Wir stimmten einem Meeting am nächsten Tag zu. Jeder von uns studierte die Sätze ein, die er sagen würde. Als es zum Treffen kam, spielte jeder seine Rolle perfekt. Trotzdem drangen wir nicht wirklich zu ihm durch. Plötzlich stand ein älterer schwarzer Mann auf, den ich vorher noch nie gesehen hatte. Er trug ein weißes Shirt, das am Kragen ausgefranst war, zusammen mit einer Krawatte. Er war ein wirklich gebrechlicher, alter Kerl. Er sagte: „Dr. Redmond, meine Großeltern waren Sklaven, meine Eltern waren Sklaven, ich war mein Leben lang ein Hausmeister - aber meine Kinder werden keine Hausmeister sein. Ich sage es Ihnen gleich, wenn sich die Bustransporte nicht durchsetzen, wird Chicago brennen. Und ich werde die erste Fackel anzünden."

Man hätte meinen können, jemand hätte Redmond in den Bauch getreten. Er ließ sich sofort entschuldigen und kam erst 15 Minuten später zurück. Er sagte: „Es wird am Montag eine Notversammlung geben und ich werde es den Mitgliedern sehr nahelegen, im Sinne der Bustransporte abzustimmen." Ich schätze, sie hatten genug! Bei dieser Notversammlung gewannen wir das Votum zehn zu zwei. Wir haben einen verdammt guten Job als Organizer gemacht, aber dieser alte Gentleman hat letztlich den Tag gerettet. Sogar ich habe ihm geglaubt, dass er die erste Fackel anzünden würde.

Mir wurde gesagt, dass ich eine fantastische Siegesfeier verpasst habe, mit wilden Geschichten, Trinkgelagen, Tanzen und viel Lachen. Aber ich war völlig am Ende und schlief schon ganz am Anfang der Party an einem Tisch ein. Unser Kampf für die Bustransporte fing am Montag vor Thanksgiving[42] an. Die Entscheidung des Ausschusses zu unseren Gunsten fiel Monate später am 5. März. Während dieser ganzen Zeit hatte ich nur zwei Tage wirklich frei - Weihnachten und Silvester. Die Buskampagne lief sieben Tage die Woche. Überall um uns herum hörte man von Vietnam-Protesten und Bürgerrechtsbewegungen. Aber ich war wie ein Pferd auf der Farm meiner Großmutter - mit Scheuklappen links und rechts, um das Getöse auszublenden. Das alles forderte seinen Tribut. Es wäre unmöglich gewesen zu versuchen, die Anzahl der Meetings, Aktionen und Stunden zusammenzuzählen, die in diese Kampagne geflossen sind. Wir hatten fast keine Aussicht auf Erfolg und haben trotzdem gewonnen.

Yvonne Jackson, eine der vielen Leaders dieser Kampagne, fasste es am besten zusammen als sie aus dem Gebäude des Bildungsausschusses herauskam, nachdem wir das Votum gewonnen hatten. Sie umarmte Cincotta und rief: „Wir haben die Bastarde besiegt und wir werden sie immer wieder besiegen!" Sie, genauso wie viele andere von uns, entdeckte an diesem Tag die Selbstachtung und Hoffnung, die mit einem Sieg einhergeht. Bis heute halte ich die Buskampagne für den Höhepunkt meiner Karriere als Organizer.

42 Erntedankfest; Staatlicher Feiertag, der in den USA am vierten Donnerstag im November gefeiert wird.

Die ersten Busse sah man am 5. Mai auf den Straßen. Ich werde diesen Tag nie vergessen, da es auch der Geburtstag meiner Frau war (ein weiterer Tag, den ich nicht mit meiner Familie verbringen konnte). Wir standen um sieben Uhr morgens draußen, um die Busse anfahren zu sehen. Die kleinen schwarzen Kinder - Mädchen, die alle hübsche Röcke trugen, Jungen, die mit weißen Shirts und Krawatten glänzten - stiegen allesamt in den Bus. Die Polizei war überall. Der Polizeichef von Austin (der später ins Gefängnis musste und nach seiner Freilassung in mafiaähnlicher Art ermordet wurde) wartete bei einer der Schulen, zu denen die Busse fuhren. Als ich mit einem Kollegen schließlich auch ankam, nachdem wir sichergestellt hatten, dass alle Kinder an verschiedenen Haltestellen in Austin sicher abgeholt wurden, rastete er völlig aus. Er wollte wissen, was wir hier verloren hätten. Es fühlt sich merkwürdig gut an, von gewissen Leuten nicht gemocht zu werden. Denn das ist ein Indiz dafür, dass man einen guten Job gemacht hat. Was für ein süßer Sieg!

Ich denke, niemand hätte mehr geschockt sein können als ich, als das Thema der überfüllten Schulen das erste Mal auf unserer Siegesfeier zu den dämlichen Einkaufswägen zur Sprache kam. Aber beim Organizing muss man erst mit kleinen Problemen anfangen. Man muss Schlaglöcher füllen, die Ratten austreiben, Stopp-Schilder installieren - oder eben Einkaufswägen von den Straßen räumen, denn mit diesen Problemen leben die Leute Tag für Tag. Der Kampf gegen Slumlords und kleinere Probleme wie Schlaglöcher waren der Zement, auf den OBA aufgebaut wurde. Ein heruntergekommenes Wohnhaus wieder hergerichtet zu bekommen, ist eine sehr greifbare Sache. Viele der Leaders sagten Dinge von der Art: „Ich habe es dem Besitzer dieser Todesfalle gezeigt und wegen meinen Aktionen wird das Haus jetzt repariert! Ich will Teil dieser Organisation bleiben, weil sie die Nachbarschaft sichtbar verschönert." Aber für mich sind indirekte Verbesserungen wie die Bustransporte oder der Kampf gegen Panic Peddling wichtiger als Einkaufswägen oder Slumlords. Nachdem wir die Bustransporte endlich durchgesetzt hatten, dünnten sich unsere Truppen stark aus, obwohl auch einige blieben und dauerhaft Leaders bei OBA wurden. Dies ist einfach eine Tatsache, mit der man beim Organizing seinen Frieden schließen muss. Nach einem Sieg werden immer einige gehen, während andere die Organisation auf der Reise zu weiteren Siegen begleiten.

Genauso wichtig wie der Sieg an sich war der fantastische Grad an Selbstachtung, die die Menschen bei unserer Buskampagne für sich entdeckten. Yvonne Jackson, der alte Gentleman und viele weitere fanden etwas in sich selbst, wovon sie gar nicht wussten, dass es da war. Vince Lombardi, der berühmte Football Trainer der Green Bay Packers[43], sagte es am besten: „Gewinnen ist nicht alles - es ist das Einzige!".

Eine weitere Lektion, die wir von all dem gelernt haben, ist, dass wir als Organizers den Leuten nicht vorschreiben, sondern sie fragen müssen, welche Probleme angegangen werden sollen. Die Bewohner sind die eigentlichen Experten. Sie haben bereits von zu vielen anderen gehört: „Lass mich dir erzählen, was hier falsch läuft ..." Ein Organizer findet durch Zuhören heraus, was die Menschen wirklich belastet, und findet dann einen Weg, diese Sorgen in einen Drang zum Handeln, zum Gewinnen und zur Verteidigung der eigenen Würde zu verwandeln.

43 Football-Team von Green Bay, Wisconsin.

Eine Organisation zu leiten, kann furchteinflößend sein

Northwest Community Organization

Anfangs konnte ich es mir bei OBA erlauben, auf die Straße zu gehen, mit den Menschen zu reden und an direkten Aktionen teilzunehmen, ohne mir große Gedanken darüber machen zu müssen, woher das Geld dafür eigentlich kam oder wie man ein Team von Angestellten verwaltet. Aber nach vier Jahren voller Meetings und Aktionen war ich langsam bereit für neue Herausforderungen. Meine Optionen waren damals entweder eine Organisation in Baltimore zu übernehmen oder der Direktor der Northwest Community Organization, kurz NCO, zu werden - einer Gruppe, die Gaudette zehn Jahre zuvor gegründet hatte. Ich entschied mich für Chicago.

Der Zuständigkeitsbereich von NCO war absolut riesig: Der Kennedy Expressway im Osten, Lake Street im Süden, Kedzie Avenue im Westen, Fullerton Avenue im Norden - alles zusammen ungefähr fünf Quadratmeilen mit einer Bevölkerung von fast 100.000 Menschen. Das Herz unseres Reviers, an dem sich der Großteil unserer Macht konzentrierte, reichte von der North Avenue zur Lake Street und von der Kennedy zur California Avenue. Das war auch das Hoheitsgebiet von Stadtratsmitglied Tom Keane, seiner Zeit der mächtigste Politiker der ganzen Stadt. In Chicago hieß das, dass sein Wort dort quasi Gesetz war.

Die folgende Anekdote vermittelt einen kleinen Eindruck davon, wie mächtig aber auch NCO damals war: Eines Tages gingen wir zum Stadtrat, um gegen problematische Baubeschränkungen zu protestieren. Ein Ratsmitglied fragte uns: „Wen vertretet ihr eigentlich?" Keane schüttelte sofort den Kopf und versuchte die Frage durch Gestikulieren zu verhindern. Zu dieser Zeit konnte NCO mit Fug und Recht von sich behaupten, mehr als 70 örtliche Organisationen zu vertreten, darunter 27 katholische und zwölf evangelische Kirchengemeinden, neun Bürgergruppen und endlos viele Block Clubs. Und wir zählten sie alle auf - unsere Antwort nahm einfach kein Ende. Keane sackte auf seinem Stuhl zusammen und legte den Kopf auf den Tisch. Er wusste, dass er geschlagen war. NCO's Macht, gekoppelt mit unserem Motto „Leg dich mit uns an und du wirst es bereuen", machte uns zur meistgefürchtetsten Organisation in Chicago. Die Woodlawn Organization[44] kümmerte sich zu diesem Zeitpunkt fast nur noch um die Entwicklung von Bauvorhaben und andere Arten von Projekten. NCO war die einzige Organisation, die noch richtig hartes Organizing in der Stadt durchzog. Als ich ankam, hatte sich NCO schon den Ruf aufgebaut, ihre Feinde auf die Hörner zu nehmen, wenn sie nicht freiwillig an den Verhandlungstisch kamen. Durch die Arbeit mit Gaudette kannte auch ich mich bereits bestens mit dieser Art der Verhandlungsführung aus und setzte die Tradition bei NCO nahtlos fort.

Als ich bei NCO anfing, dachte ich, der Job würde ein Zuckerschlecken. Ich sollte mich gewaltig täuschen. Während des Bewerbungsgesprächs kam mir nicht im Entferntesten in den Sinn, dass der Vorstand die Interessen der Nachbarschaft vielleicht nicht vertreten würde. Aber ich fand schon bald heraus, dass sich unter den 21 Vorstandsmitgliedern nur ein einziger Lateinamerikaner befand - und das, obwohl Lateinamerikaner ein Drittel aller Bewohner der Gegend ausmachten. An Tag sieben oder acht meines neuen Jobs erhielt ich eine Mahnung von unserer Bank. Wie sich herausstellte, befanden sich auf unserem Konto keine 70.000 Dollar, wie es mir mein Vorgänger weisgemacht hatte. In Wahrheit waren wir absolut pleite. Keine Panik, dachte ich mir, schließlich hatten uns eine Reihe örtlicher Geschäfte finanzielle Unterstützung zugesichert. Durch ein paar

---

44 Von Saul D. Alinsky gegründete Community Organization im Süden Chicagos.

Anrufe wurde schnell klar, dass es keine solchen Zusicherungen gab. In der folgenden Woche kam dann noch der Vorsitzende einer protestantischen Kirchengemeinde auf mich zu und forderte, dass wir ihm ein Darlehen von 10.000 Dollar zurückzahlten. Auch das war mir neu. Ich war zu naiv gewesen, um einen genaueren Blick in die Buchhaltung zu werfen, bevor ich die Position akzeptierte. Vielleicht hatte der vorherige Direktor wirklich daran geglaubt, dass die Geschäfte und Firmen ihm Geld geben würden. Aber die sahen das eindeutig anders.

Bei derartigen Geldproblemen war es gewissermaßen ein Segen, dass alle Mitarbeiter bis auf einen an meinem ersten Tag gekündigt hatten. Mein angenehmer Ruf eilte mir wohl schon voraus und die Kollegen hatten keine Absicht für jemanden zu arbeiten, der sie dazu zwingen würde, echtes Organizing zu betreiben und an drei Meetings in der Woche teilzunehmen, von denen jedes um zehn Uhr abends anfing. Angesichts unserer Finanzkrise befürchtete ich, dass mein Name fortan nur noch mit Versagen assoziiert werden würde. Ich dachte wirklich, dass wir die Türen bald schließen müssten. Der September 1969, als ich NCO übernommen hatte, gehörte nicht gerade zu meinen Glanzmonaten. Meine Familie nannte ihn auch den „Monat des Magens", da mein Magen Essen zu dieser Zeit regelmäßig ablehnte.

Wie so oft in meiner Zeit als Organizer, löste sich das Problem durch Menschen, die engagiert zur Tat schritten. Am Ende eines Meetings mit Mirta Ramirez, eine der Leaders bei NCO, erzählte ich ihr, dass NCO am Ende war. Sie war entsetzt, dass ich die Geldprobleme nicht früher erwähnt hatte. „Ich kann das Problem lösen", sagte sie. Ramirez hatte eine Freundin, die sich als einzige Lateinamerikanerin im Vorstand einer Schule befand und sie konnte ihr die Idee schmackhaft machen, von NCO für ihre Leistungen geehrt zu werden.

Sie verschickten Einladungen für die Veranstaltung an alle Schulen in der Nähe. Die Tickets verkauften sich bei den Lehrern und Direktoren wie warme Semmeln. Der Abend fand im November statt und bescherte uns 4000 Dollar. Das war genug, um all unsere Rechnungen zu begleichen, und ermöglichte es sogar, mir ein Gehalt zu zahlen. Wir konnten so auch etwas Zeit schinden, um noch mehr Geld aufzutreiben. Der Direktor vom Erie

Neighborhood House[45] und Mitgründer von NCO rief seinen Vorstand zusammen und hielt für uns eine Rede über die Geschichte und die Wichtigkeit von NCO, während ich über unsere jüngsten Projekte und unsere Geldprobleme berichtete. Am Ende des Abends waren wir um rund 10.000 Dollar reicher. Und auf die Chance hin, dass eine protestantische Kirchengemeinde die arme, kleine NCO nicht verklagen würde, ignorierten wir unsere Schulden bei ihnen, und die Sache fiel im Laufe der Jahre tatsächlich unter den Tisch.

Je mehr Geld in die Kassen kam, desto ruhiger wurde auch mein Magen. Ich verbrachte weniger als drei Jahre bei NCO, aber meiner Familie kam es wie 60 Jahre vor - einfach weil wir nie zur Ruhe kamen. Es gab kein Thema, mit dem wir es nicht aufnahmen: Wohnen, Stadterneuerung, Jobs, Bildung, Sozialhilfe. Ich war für gewöhnlich nur sonntags zuhause. Solange es nicht gerade Weihnachten war, kam es mir überhaupt nicht in den Sinn, je auch nur einen Samstag frei zu nehmen. Ich bekomme heute noch zu hören, wie unsere älteste Tochter Kathy, die damals in der zweiten Klasse war, in der Schule die Aufgabe bekam, ihre Eltern zu zeichnen - und mich dabei schlafend im Bett porträtierte. Die Lehrerin rief bei uns zuhause an, um zu fragen, ob mit unserem Familienleben alles in Ordnung sei. Selbst als meine Frau Anne ihr erklärte, dass ich nachts und fast auch den ganzen Tag arbeitete, blieb sie skeptisch.

In meinen ersten drei Monaten entließ ich drei Büroleiter, bevor ich Anne-Marie Douglas einstellte. Sie übernahm schon bald die Buchhaltung sowie das Büro und gründete einige Jahre später mit mir und Cincotta das National Training und Information Center (NTIC). Wir bauten uns einen Mitarbeiterstab von vierzig Leuten mit einem Budget von 45.000 Dollar auf. Douglas, Oscar Lopez, Don Elmer und ich waren die einzigen mit einem festen Gehalt. Sechs Organizers wurden von Wohlfahrtsorganisationen finanziert, aber mit der Abmachung, dass sie ihre Aufträge ausschließlich von mir empfingen. Weitere Mitarbeiter kamen über Agenturen, die Organizers an Nachbarschaftsgruppen vermittelten. Der Löwenanteil bestand aber aus Praktikanten und Studenten, die sozial aktiv werden woll-

---

45 Ältestes Nachbarschaftshaus von Chicago (gegründet 1870); im Stadtteil Erie in der Weststadt gelegen.

ten. Sie kamen über spezielle Programme zu uns, als religiöse Freiwillige oder einfach indem sie durch die Vordertür schritten. Organizing lag damals voll im Trend. Nach der Ermordung von Dr. Martin Luther King Jr. verlor die Bürgerrechtsbewegung an Schwung und viele Städte gingen zunehmend den Bach hinunter. Die jungen Leute wollten etwas dagegen unternehmen.

Eine der ersten Aktionen bei NCO wendete sich gegen meinen eigenen Vorstand, der jedes Gefühl für die Community verloren hatte. Es führte kein Weg daran vorbei, den Vorstand aufzulösen und völlig neu zu ordnen, um die Bewohner besser repräsentieren zu können, die zu 30 Prozent lateinamerikanisch und zu fünf Prozent schwarz waren. Oscar Lopez traf sich jeden Morgen um acht Uhr eine Stunde lang mit mir, um zu überlegen, wie wir die lateinamerikanischen Stimmen in der Community und im Vorstand stärken konnten. In den Büchern fand sich schließlich eine Regel, die besagte, dass jedes Vorstandsmitglied, das drei Sitzungen ohne Anruf oder schriftliche Nachricht versäumte, seines Amts enthoben und ersetzt werden konnte. Ich machte mir über einen Zeitraum von fünf Monaten Notizen zur Anwesenheit und fand tatsächlich drei Vorstandsmitglieder, die dafür in Frage kamen.

Ich ging zu Lopez und bat ihn, mit dreißig Leaders zum nächsten Vorstandsmeeting zu kommen und drei auszuwählen, die sich gut im Vorstand machen würden. Er brachte ganze fünfzig mit. Ich verkündigte, dass drei Vorstandsmitglieder aufgrund mangelnder Anwesenheit ersetzt werden würden. Lopez stand schon mit seinen Kandidaten bereit, die sich selbst nominierten. Der Vorstand war dermaßen geschockt und eingeschüchtert, dass sie der Wahl sofort zustimmten. Kurz darauf verließen vier weitere Vorstandsmitglieder freiwillig ihre Posten, weil sie nicht mit „diesen Leuten" assoziiert werden wollten. Lopez fackelte nicht lange und füllte die nächsten vier Positionen auch gleich noch mit weiteren Kandidaten aus. Am Ende des Meeting hatte sich die lateinamerikanische Quote im Vorstand von fünf Prozent auf 35 Prozent gesteigert - eine Tatsache, die uns bei den kommenden Aktionen sehr zugute kam, etwa beim Bau der Roberto Clemente High School im Herzen der größten puerto-ricanischen Community von Chicago.

Wohnungsbau und Stadterneuerung

Der Ausdruck „urban issues"[46] wurde geradezu für die Art von Problemen erfunden, die uns täglich bei NCO begegneten. Die Geschäfte und Jobs verließen die Gegend, die Schulen waren überfüllt, Drogen und Banden hielten Einzug. Kein Wunder, dass die Gegend den Stadtplanern ins Auge fiel. Das größte Problem war aber das Wohnungswesen. Verlassene Gebäude waren das erste große Problem, mit dem ich es bei NCO zu tun bekam. In den 1990ern wurden die Wohngebiete im Herzen unseres Reviers wie Bucktown, Wicker Park und West Town sehr beliebt bei jungen, gebildeten Menschen. Aber in den 1970ern wollte dort noch niemand leben. Burnouts (Versicherungsbetrug durch das absichtliche Abfackeln des eigenen Hauses) waren damals gang und gäbe. Zudem kümmerten sich die jungen Erben nicht um die Häuser ihrer verstorbenen Verwandten. Wir haben alles Mögliche versucht, um der Probleme Herr zu werden - von Besuchen beim Bauamt bis hin zum Weg über Wohngerichte - aber nichts hat funktioniert.

Das Problem war größer als alles, was wir je gesehen hatten, und die städtischen Behörden hatten keinen Schimmer, wie man dagegen vorgehen sollte. Wir starteten eine Kampagne, die sich um die 30 oder 40 schlimmsten Gebäude kümmern sollte. Unser erstes Meeting allein zog 250 Leute an. Wir hatten bereits eine genaue Vorstellung davon, wie das Meeting ablaufen würde. Nach zwei Stunden voller Horrorgeschichten über die Gebäude würde eine von uns platzierte Person aus der Menschenmenge heraus aufstehen und dazu aufrufen, Bürgermeister Daley einen Besuch abzustatten. Aber nach einer einzigen Geschichte (samt einer Menge heißer Luft von einem Repräsentanten des Bauamts) schallte es zu unserem Erstaunen schon nach 20 Minuten von weit hinten: „Wir müssen zu Daleys Büro gehen!"

Da es der Plan eigentlich vorsah, dass der Aufruf erst viel später kommen sollte, wenn die Leute so richtig aufgewiegelt sind, sah ich mich wütend nach dem Kollegen um, der den Ablauf vermasselt hatte. Aber tatsächlich kam der Ruf von einer Person aus dem Publikum, die einfach aus

---

46 „Städtische Streitfragen".

ihrem Bauchgefühl heraus agierte. Und manchmal ist es zum Besten, wenn penible Pläne von den Anwohnern selbst überrumpelt werden - der Organizer weiß eben doch nicht immer alles besser.

Vierzig von uns, darunter auch ein Priester, der ein ausgebranntes Haus direkt neben seinem Pfarramt sowie Probleme mit Banden im Block hatte, trafen sich mit Bürgermeister Daley. Wir präsentierten ihm eine Liste von verlassenen Gebäuden und beschrieben alle unsere bisherigen Anstrengungen beim Bauamt und bei den Gerichten für Wohnungsfragen. Daley sagte: „Ich schaue mir die Sache an." Das ist alles, auf das man bei ihm hoffen konnte. Aber wenn man ihn überhaupt einmal soweit brachte, konnte man sich sicher sein, dass man gewonnen hatte. Zwei Tage später kam ich zur Arbeit und sah, dass alle fünf Telefonleitungen wie Weihnachtsbäume aufleuchteten. Es waren Nachrichten von Leaders aus den Nachbarschaften, die uns davon berichten wollten, wie der Bürgermeister in seiner Limousine all die Adressen abgeklappert hat, die wir ihm gegeben hatten.

Gegen zehn Uhr früh hörte der Aufruhr im Büro langsam auf. Aber schon am nächsten Morgen war es wieder das Gleiche. Dieses Mal riefen die Leute an, um uns davon zu berichten, wie die Feuerwehr nebenan ein Haus abriss. Oder wie im Park District plötzlich ein Kran stand, der ein anderes Haus dem Erdboden gleich machte. „Das kann nicht sein", sagte ich zu Anne-Marie Douglas. Wir machten uns auf den Weg, um die Sache mit eigenen Augen zu sehen. Und tatsächlich: Da standen Feuerwehrmänner mit Äxten. „Warum macht ihr das?", fragte ich einen der Männer. „Das würde ich auch gerne wissen", antwortete er mir. „Wir bekamen einen Anruf vom Bürgermeister, der sagte, dass wir das Haus hier abreißen sollen." Und auch beim nächsten Haus gingen Arbeiter mit einer riesigen Abrissbirne ans Werk. Ich frage einen der Männer: „Sowas macht ihr normalerweise doch nicht, oder?" und einer antwortete: „Nein, aber der Bürgermeister rief an und wollte es so." Innerhalb von fünf Tagen war von all den verlassenen Häusern auf der Liste nur noch Schutt und Asche übrig. Ein paar Jahre später hätten wir vielleicht sogar noch eine Restaurierung gefordert, aber damals war der Abriss schon ein großartiger Sieg.

Mit dem Kampf gegen verlassene Gebäude machten wir auch unsere ersten Schritte im Bereich der Stadterneuerung. Das war damals eine große Sache. Der von der Stadt veröffentlichte Plan sah vor, alles in Wicker Park rund um die North Avenue bis zu Division, und südlich von Division alles von Ashland bis zum Kennedy Expressway, abzureißen. Das Ganze wurde von einem Bürgerkomitee unterstützt, das natürlich vom Bürgermeister handverlesen war und die Nachbarschaft überhaupt nicht widerspiegelte. Der einzige Zweck dieses Komitees war es, die fertig vorbereiteten Pläne der Stadt öffentlich abzusegnen. Also hielten wir unsere eigenen Anhörungen ab, um herauszufinden, was die Leute über Stadterneuerung in ihrer Nachbarschaft wirklich dachten. Es stellte sich heraus, dass die Menschen keine Probleme damit hatten, weiterhin in der Nachbarschaft zu leben. Wir entwickelten unsere eigenen Richtlinien, die besagten, dass kein Block abgerissen werden durfte, solange mindestens 30 Prozent der Häuser durch Restaurierungen gerettet werden konnten. Eine weitere Regel verbot Straßenverbreiterungen, um sicherzustellen, dass deswegen niemand sein Haus verlieren würde. Aus all den Anhörungen und Richtlinien entwickelten wir einen zehnseitigen Plan. Damit gingen wir schließlich zu den öffentlichen Treffen des Ausschusses, welcher die Stadterneuerung zum Thema hatte, um unsere Alternative zum Plan der Stadt vorzustellen.

Oftmals schafften wir es, die Kontrolle in den Sitzungen komplett an uns zu reißen - zumindest solange wir überhaupt hineinkamen. Andernfalls umzingelten wir das Gebäude. Irgendwann gab Lew Hill, der Hauptverantwortliche für Stadterneuerungen, nach und stimmte einem Treffen zu. Er hielt uns aber zwei oder drei Monate mit Verhandlungen hin, die zu nichts führten. Wir mussten uns dringend etwas einfallen lassen, um wieder Bewegung in die Sache zu bekommen und um Hill klarzumachen, dass er uns entweder ernst nehmen müsse oder die Konsequenzen zu spüren bekommen würde.

Ein paar unserer Leute verkleideten sich daher als Bauarbeiter und stellten in der Wohngegend von Hill Vermessungsgeräte auf, sodass es so aussah, als ob wir die Häuser seiner Nachbarn technisch begutachteten. Nach einer Weile kamen die ersten neugierigen Anwohner heraus und fragten uns, was wir da tun. Wir antworteten: „Nun ja, Ma'am, es wird hier bald ein neuer Expressway gebaut und wie es aussieht, wird der direkt durch Ihr Grundstück verlaufen. Sie werden Ihr Haus wohl behalten können, aber leider ist die Garage im Weg. Wie Sie sicher wissen, ist Lew Hill Ihr Nachbar. Er lebt direkt dort drüben und hat die Pläne dazu persönlich verfasst." Das ging etwa zwei bis drei Stunden so weiter. Hill rief uns an, noch bevor wir ins Büro zurückkamen, um sich darüber zu beschweren, dass seine Frau den ganzen Morgen lang von Anrufen belästigt wurde. Bei der nächsten Verhandlung einigten wir uns schließlich auf einen Kompromiss: Die Stadt durfte ein Hochhaus in Milwaukee und Division mit der Bedingung bauen, dass das Gebäude genossenschaftlich genutzt werden würde (daraus wurde die Noble Square Cooperative in der 1165 North Milwaukee Avenue). Wir holten uns zudem die Zusage ein, dass die Stadt den Rest der Nachbarschaft nicht anrühren würde.

Zu dieser Zeit verbrachte der Wohnungsausschuss viel Zeit damit, Gebäude abzureißen. Der Vorsitzende des Ausschusses, Jack Irving, teilte mir eines Tages mit, dass er genug vom Zerstören hatte und lieber etwas errichten würde. Er startete die Bickerdike Redevelopment Cooperation, eine Organisation, die sich der Förderung und Verwaltung von Sozialwohnungen verschrieben hatte (und dies auch heute noch tut).

Bickerdike hatte seinen ersten großen Kampf, als Irving nach Downtown[47] fuhr, um sich mit Mitarbeitern des U.S. Department of Housing and Urban Development (HUD) zu treffen. Er wollte sich damals das Budget für sogenannte „Section 235"-Häuser sichern. Dies war ein Programm der FHA, das den Bau neuer Sozialwohnungen finanzierte, die hauptsächlich für die Vorstädte geplant waren. (Die Vorstadt von South Harvey[48] wurde zum Beispiel fast ausschließlich mit 235ern gebaut. Mit der Zeit bekamen sie einen schlechten Ruf: Die Gebäude waren oft von minderwertiger Qualität und waren bekannt dafür, schon im ersten Jahr auseinander zu fallen.)

Die HUD-Beamten verweigerten Bickerdikes Anfrage, weil ihrer Ansicht nach niemand in die Near Northwest Side ziehen würde. Als Irving zurückkam und uns davon erzählte, verteilten wir Flyer in 23 Kirchen in

47 Stadtzentrum, Geschäftsviertel.
48 Südlicher Vorort Chicagos.

NCO's Revier. Mehr als 1000 Familien schrieben uns zurück, dass sie gerne ein Haus in der Near Northwest Side kaufen würden. Dann verweigerten sich die Beamten, weil Bickerdike angeblich zu wenig Erfahrung vorzuweisen hatte. Etwa eine Woche später besuchten wir HUD mit neunzig Leuten. Wir behaupteten, dass wir nichts mit Bickerdike zu tun hatten (was gelogen war) und verlangten, dass es der Organisation ermöglicht werden solle, neue Häuser zu bauen. HUD gab nach und versprach, Bickerdike die nötigen Zertifikate auszustellen, um fünf Häuser zu errichten. Das war schon einmal ein Anfang.

Um den Abschluss des ersten Baus in der Erie Street zu feiern, ließen wir einen Priester kommen, der das Haus mit den neuen lateinamerikanischen Eigentümern segnete. Nach der Zeremonie heulte Irving wie ein kleines Kind. Er sagte mir, dass er nie an den Tag geglaubt habe, an dem ein Section 235-Haus mitten in NCO's Revier gebaut werden würde. Im nächsten Jahr sicherte sich Bruce Gottschall, ein Organizer, der später Direktor von Bickerdike werden sollte (und daraufhin Neighborhood Housing Services ins Leben rief, eine weitere Organisation zum Bau von Sozialwohnungen), die Zusage für den Bau 25 weiterer Häuser, da die ersten fünf einfach fantastisch waren. Später stellte HUD Bickerdike regelrecht auf ein Podest, als Beispiel dafür, wie Section 235-Häuser zu bauen sind. Während meiner Zeit bei NCO baute Bickerdike 65 Häuser, von denen 28 an Sozialhilfebedürftige gingen, die sich den Häuserkauf durch Wohnzuschüsse leisten konnten.

Uns erinnerte die Beziehung von NCO und Bickerdike immer an den Film „My Bodyguard"[49]. NCO kämpfte in den Hintergassen, während Bickerdike mit Krawatte und Anzug zur Tat schritt. Es war eine wunderbar symbiotische Beziehung - einfach auch, weil Gottschall so gut in dem war, was er tat. Immer wenn er auf ein Problem stieß, kam er damit zu uns. Zum Beispiel: Etwa im zweiten Jahr von Bickerdike erwähnte er bei einem Meeting ein Problem mit einem Vertragspartner, der an allen Ecken und Enden gepfuscht hatte. Am nächsten Sonntag stattete NCO ihm mit fünfzig

---

49 US-amerikanisches Komödiendrama aus dem Jahr 1980.

Leuten in seiner Kirche einen Besuch ab. Danach gab es nie wieder ein Problem. Erstaunlicherweise fiel es während all der Zeit nie jemanden auf, wie stark NCO und Bickerdike verknüpft waren.

Jobs, Bildung, Sozialhilfe

Obwohl wir stets mit Wohnungsproblemen zu kämpfen hatten, gab es auch andere Themen, mit denen wir uns auseinandersetzten. Darunter war vor allem die Spanish Jobs Coalition, die mit ihrer ersten Kampagne 3000 Jobs für Latinos[50] bei einer Telefongesellschaft durchsetzte. Eines Tages besuchte uns jemand von Illinois Bell[51] in unserem Büro mit einer 200-Dollar-Spende. Er erwähnte, dass die Firma auf der Suche nach lateinamerikanischem Personal war. Ich war völlig außer mir, da so viele von unseren Leuten die Arbeit wirklich gebrauchen konnten. Oscar Lopez, unser führender Mitarbeiter in der lateinamerikanischen Community, stimmte zu, fortan Mitglieder seiner Block Clubs an Illinois Bell zu verweisen.

Nach etwa drei Wochen bekam ich die Nachricht von Lopez, dass die Jobinitiative ein Schwindel war. Die Firma lehnte alle ab, die nicht hellhäutig und akzentfrei waren. Wir riefen jede Latino-Organisation, die wir finden konnten, zusammen und gründeten gemeinsam die Spanish Jobs Coalition. Wir entwarfen einen Briefkopf für die neue Organisation, in dem etwa dreißig Unterstützer-Organisationen aufgelistet waren. Die meisten dieser Gruppen konnten kaum fünf Leute vorweisen, aber dank unserer eigenen Truppenstärke in Kombination mit der scheinbaren Legitimität der Coalition, erweckten wir den Eindruck, als hätten sich alle Lateinamerikaner aus Chicago auf einmal zusammengetan.

Wir griffen die Telefongesellschaft mit der Forderung an, innerhalb der nächsten drei Jahre zehn Prozent ihrer Jobs oder 3000 Positionen mit Lateinamerikanern zu besetzen. Eine weitere Forderung war ein Meeting mit Charlie Brown, Illinois Bells CEO[52]. Wir begannen die Kampagne da-

---

50 Personen mit lateinamerikanischer Herkunft.
51 Lokale Telefongesellschaft.
52 Chief Executive Officer: Hauptgeschäftsführer, Generaldirektor, Vorstandsvorsitzender etc.

mit, indem wir mit Bussen nach Downtown fuhren und dort massig Bewerbungen in Spanisch ausfüllten. Unsere Aktionen vor Ort beim Hauptquartier von Illinois Bell zeigten aber nur wenig Wirkung und Brown ging uns konsequent aus dem Weg. Also wurden wir kreativer: Wir schickten einen Praktikanten im Anzug und mit einem Klemmbrett unter dem Arm nach Lake Forest, wo Brown wohnte. Er gab sich als Seminarstudent aus, der gerade eine Umfrage zum Verhalten von Vorstadtbewohnern abhielt, und stellte dafür zehn Fragen. Die einzigen beiden von Bedeutung waren aber: „Zu welcher Kirchengemeinde gehören Sie?" und „Planen Sie nächsten Sonntag den Gottesdienst zu besuchen?" Wer auch immer uns damals die Tür geöffnet hatte, sagte uns, dass er der First Presbyterian Church of Lake Forest angehöre und in der Tat vorhatte, die Kirche am Wochenende zu besuchen. Den Termin merkten auch wir uns im Kalender vor.

Aus irgendeinem Grund war auch das Fernsehen an jenem Sonntag da, um den Gottesdienst zu filmen. Als wir ankamen, schickte der Pfarrer das Fernsehteam hinaus, wo es gleich eine große Auseinandersetzung vor der Kirche zu sehen bekam. Das war der erste Schlag unserer Kampagne, der richtig gesessen hat. Aber Brown hielt uns immer noch hin, sodass wir als nächstes die Aufsichtsratsmitglieder von Illinois Bell aufs Korn nahmen. Wir fanden heraus, dass der Präsident von Ryerson Steel[53] auch im Vorstand von Illinois Bell saß. Wir schickten zehn erfahrene Leaders mit einem Bus und einer Lautsprecheranlage zur Division Street. Während sie die Straße entlangfuhren, schallte der Aufruf „Wer einen Job will, kommt an Bord!" durch die Blocks. Der Präsident von Ryerson hatte gerade Mittagspause, als unsere Leaders und eine große Gruppe Jobsuchender bei seinem Büro ankamen. Die Sekretärin gab irgendwann nach und rief ihren Boss im Restaurant an - in etwa mit den Worten: „Sie bezahlen mir nicht genug für diese Art von Beschimpfungen. Entweder sind Sie in zehn Minuten wieder im Büro, oder ich bin es nicht mehr." Kaum später stand er vor uns. Unsere Forderung an ihn war, Charlie Brown anzurufen und uns ein Meeting mit ihm zu verschaffen. Dem leistete er sogar direkt vor unseren Augen Folge und sagte am Telefon: „Charlie, ich habe hier eine Gruppe von Spin... Leuten in meinem Büro stehen. Sie wollen sich mit dir treffen und

---

53 Metalldistributor und Metallverarbeiter mit Hauptsitz in Chicago.

verdammt nochmal, den Gefallen musst du mir einfach tun." In dem Meeting mit Brown kamen wir tatsächlich zu einer Übereinkunft und 3000 Lateinamerikaner fanden in den nächsten drei Jahren bei Illinois Bell Arbeit.

Einen weiteren harten Kampf lieferten wir uns um die Roberto Clemente High School. Damals wollten wir, dass eine neue High School für die wachsende puerto-ricanische Community in der Gegend errichtet wird - was wir am Ende auch durchsetzen konnten. In einem von vielen Beispielen davon, dass die Community selbst am besten weiß, was gut für sie ist (und nicht sogenannte Experten), haben wir das geplante Aussehen der Schule ändern lassen. Die ursprünglichen Baupläne sahen vor, dass die Ostseite der Schule vom Boden bis zum Dach aus purem Glas bestand. Darauf waren die Architekten besonders stolz. „Habt ihr eine Ahnung davon, was die Kinder damit anrichten werden?", fragten ein paar Leute. „Sie werden Steine darauf werfen!" Also änderten die Architekten ihre Pläne. Ab sofort waren die ersten paar Geschosse aus Backstein und nur der Rest aus Glas.

Die Gentrifizierung in Lincoln Park (einer anliegenden Nachbarschaft) veränderte das Revier von NCO genauso wie Block-Busting[54] Austin verändert hat - wenn auch etwas langsamer. Das war einer der Hauptgründe, warum so viele Lateinamerikaner umzogen. Wie so oft war auch hier eine Community Organization als erste zur Stelle, um sich mit der Veränderung auseinanderzusetzen. Obwohl die spanischsprachige Bevölkerung sehr schnell zunahm, gab es in der Notaufnahme des St. Mary's, einem katholischen Krankenhaus, keinerlei spanischsprachiges Personal. Wir luden die Verwaltungsleiterin - eine arrogante, altbackene Nonne - zu einem öffentlichen Treffen ein und forderten sie auf, neues Personal einzustellen, das Lateinamerikaner und ihre Gesundheitsprobleme betreuen konnte. Sie weigerte sich und stürmte mit den Worten „Ihr müsst doch nur Englisch lernen!" aus dem Gebäude. Mein erster Vorschlag an die Leaders war eine

---

54 Mit Block wird im Englischen die kleinste Einheit im Wohnquartier bezeichnet, etwa ein Straßenzug oder ein Karree. Block-Busting ist eine Strategie oder Kampagne von Makler*innen und Bauunternehmen, um weiße Hausbesitzer*innen dazu zu bewegen, ihre Häuser möglichst schnell zu verkaufen, bevor diese an Wert verlieren, weil Afroamerikaner*innen in den Block einziehen.

Aktion vor dem Haus des Bischofs. Das ging vielen zu weit, da der Großteil katholisch war. Dann schlug jemand vor, dass wir uns stattdessen das Kloster vornehmen sollten, aber auch daraus wurde nichts. Wir schafften es einfach nicht, diese Leute gegen die katholische Kirche zu mobilisieren.

Ich dachte schon, das Thema wäre erledigt, da wir einfach kein Ziel hatten, das wir unter Druck setzen konnten, als jemandem die Idee kam, uns stattdessen auf die Ärzte des St. Mary's zu konzentrieren. Wir fanden heraus, dass viele dieser Ärzte ihre Büros in der Michigan Avenue hatten, also klapperten wir eines nach dem anderen ab. Immer wenn unsere Leute in die Wartezimmer hinein marschierten, brauchte man nicht lange zu warten, bis alle Patienten mit Fell- und Kaschmirmänteln das Zimmer verließen.

Wenig überraschend musste unsere Delegation nie lange warten, bis sie an der Reihe war. Wir verlangten, dass die Ärzte die Verwaltungsleiterin des St. Mary's anrufen und die Forderung nach mehr Übersetzern weiterreichen sollten. Wir besuchten den ersten Arzt und er machte einen Anruf. Wir besuchten einen zweiten Arzt und auch er machte einen Anruf. Beim dritten wurde uns gesagt: „Die Schwester hat mir bereits mitgeteilt, dass ab sofort 24 Stunden am Tag Übersetzer in der Notaufnahme bereitstehen werden." Glücklicherweise war NCO zu dieser Zeit finanziell längst wieder über Wasser, denn nach dieser Kampagne mussten wir auf unsere jährliche 4000-Dollar-Spende des St. Mary's verzichten. Aber gutes Organizing lässt sich von Geldfragen nicht aufhalten.

In diesen Jahren veranstalteten wir unser erstes Bank-in[55] (erfunden von NCO-Vorstandsmitglied Josephine Koziol), organisierten gegen hohe Verbrechensquoten und verhalfen den Nachbarschaften zu mehr Sozialhilfe. Wir gründeten die West Side Coalition, die mehrere Community Organizations unter einem Banner vereinte, darunter NCO, OBA (wo Cincotta nun Präsidentin war), die Gruppe des Organizer Al Velto aus der Our Lady of Angels Catholic Church in der Mitte zwischen unseren Gebieten und eine Gruppe aus der St. Sylvester's Catholic Church beim Logan Square im Nordwesten.

---

55 Aktionsform, die in einer Bank stattfindet; analog zu „Go-in oder Sit-in (Sitzstreik).

Das Ganze erinnerte schon etwas an die UN. Bei uns gab es Lateinamerikaner, Schwarze, die größte Ansammlung von Polen außerhalb von Polen,
Ukrainer und Italiener. Es war einfach traumhaft dabei zuzusehen, wie
NCO diesen Menschen dabei half, ihre Unterschiede durch gemeinsame
Ziele zu überwinden und zusammenzuarbeiten. Die folgende Geschichte
illustriert das ganz gut: Einer unseren italienischen Leaders, der nicht gerade für seine Offenheit in der Rassenfrage bekannt war, kam eines Tages
in mein Büro. „Trapp, ich habe hier ein echtes Problem", sagte er. Unsere
Bewohnergruppe kämpft gerade gegen einen spanischen Slumlord und
ich weiß genau, dass wir dabei wie ein Haufen Rassisten aussehen werden. Kannst du ein paar Spanier davon überzeugen, uns zu helfen?" Ich
sagte „Nein" und setzte ihn an einen Schreibtisch mit einem Telefon und
einer Liste lateinamerikanischer Leaders. Er hatte eine Heidenangst,
wusste aber, dass er sie brauchte. Aus Loyalität zu NCO nahmen zwanzig
Lateinamerikaner an der Kampagne teil und die Gruppe schaffte es, ihre
Forderungen durchzusetzen.

Nach dem Meeting kamen die lateinamerikanischen und italienischen
Leaders ins Gespräch und vereinbarten, dass ihre Initiativen jeden Monat
Repräsentanten zu den Treffen der jeweils anderen Gruppe schicken würden. Eines Nachts verpasste die lateinamerikanische Gruppe ein Treffen
der Italiener wegen einer großen Aktion zu einem anderen Thema. Am
nächsten Morgen stürmte der als Rassist geltende italienische Leader in
mein Büro und fragte: „Habe ich etwas falsch gemacht?" Es war faszinie-
rend dabei zuzusehen, wie er sich von einer zähneknirschenden Bitte
nach Hilfe bis hin zu „Habe ich etwas falsch gemacht?" weiterentwickelt
hat. Das war während meiner Zeit bei NCO einer der Höhepunkte: Leute
dabei zu beobachten, wie sie zusammenkommen und entdecken, dass sie
alle im gleichen Team sind; zu sehen, wie sie nicht nur Respekt und Würde
für sich selbst entdecken, sondern auch für die Menschen aus anderen
Kulturen.

Bevor der Spaß anfing

Erwachsen werden

Die Eltern meines Vaters besaßen eine Farm, etwa 40 Meilen östlich von Rochester in Minnesota. Dort gab es Rinder, Schweine, Hühner und viel Weizen. Ich ging dort viele Sommer hin und half bei der Ernte und dem Heu. Ich kann mich auch daran erinnern, dass die Scheune zwar fließendes Wasser hatte, das Wohnhaus aber nicht. Wenn man zur Toilette wollte, musste man zum Plumpsklo hinausgehen und sich den Hintern mit Seiten aus dem Sears Roebuck[56] Katalog abwischen.

Ich verbrachte auch den Sommer meines zwölften Lebensjahres auf der Farm - das Jahr, in dem mein Vater starb. Mein Cousin holte mich ab und war derjenige, der mir die Nachricht überbrachte. Ich konnte es einfach nicht glauben. Ich weiß noch, dass ich geantwortet habe: „Das ist nicht wahr. Dad ist nicht tot." Jemand aus der Kirchengemeinde meines Vaters hatte ihn für einen Angeltrip hoch zu den Boundary Waters[57] engagiert. Ich kann mich daran erinnern, wie mein Vater - der kein sonderlich athletischer Mann war - als Vorbereitung dafür Liegestütze gemacht hatte, um in Form zu kommen. Anscheinend ist sein Kanu in einen Seitenarm des Flusses gedrängt worden, der zu einem See führte. Dort gab es einen Sturm, wodurch sein Kanu kenterte. Er und die anderen steckten in der Mitte des Sees drei Stunden lang fest. Mein Vater starb an einem Herzinfarkt im Wasser.

---

56 1893 in Chicago, gegründetes Handelsunternehmen.
57 Boundary Waters Canoe Area Wilderness: Wildnisgebiet im Nordosten von Minnesota zwischen der kanadisch-amerikanischen Grenze und dem Nordufer des Lake Superior.

Danach zogen wir um - von dem Pfarrhaus in St. Paul, in dem wir wohnten, als mein Vater noch am Leben war, in ein kleines Haus. Meine Mutter nahm einen Job als Sekretärin an. Als ich 16 Jahre alt war, starb auch mein Bruder Rollie. Er besuchte zu der Zeit das Priesterseminar und war unterwegs zu etwas, was man damals einen „Studentenauftrag" nannte. Eine kleine Gemeinde bezahlte dabei die Studenten dafür, dass sie sonntags zu ihnen kamen und eine Predigt abhielten. Ein Truck überquerte gerade einen Hügel und erfasste ihn frontal. Danach waren es nur noch ich und meine Mutter gegen den Rest der Welt - und wenn es nach ihr ging, würde die Welt verlieren.

Das waren nicht die glücklichsten Zeiten. Das Geld war knapp. Ich weiß noch, wie ich einmal die Einkäufe nach Hause brachte und eine Flasche Milch fallen ließ. Meine Mutter, die damals jeden Penny zweimal umgedreht hat, sagte mir, dass ich damit mein Taschengeld für diesen Monat verbraucht hätte. Damals bekam ich 40 Cent die Woche. Ich dachte, das ist nicht fair, aber es hat mir beigebracht, in Zukunft vorsichtiger zu sein - und auch, dass meine Mutter nicht mit sich spaßen ließ. Ich nahm einen Job als Zeitungszusteller an und fuhr später die größte Route in ganz St. Paul. Ich verbrachte jeden Sonntagmorgen und -nachmittag zwei Stunden damit, Zeitungen einzusammeln und auszuliefern. Dafür bekam ich 100 Dollar pro Monat, was zu dieser Zeit eine Menge Geld war - erst recht für einen Teenager.

Der Tod eines Familienmitglieds ist tragisch. Im Nachhinein scheint jedoch der dritte Schicksalsschlag, der mich heimsuchen sollte, wie ein Segen in Verkleidung: Mein Haarausfall. Es war mir hochnotpeinlich als schon während der High School mein Haar nach und nach verschwand. Die verantwortliche Krankheit dafür heißt Alopecia Areata[58]. Mein Bruder Rollie hatte sie auch. Meine Eltern gaben Unmengen an Geld für Rollie aus. Sie brachten ihn mehrmals zur Mayo Clinic[59] und besuchten alle möglichen Ärzte. Es war zwecklos, die Krankheit steckte in den Genen. Was ich

58 Kreisrunder Haarausfall.
59 Klinik mit interdisziplinärem, integriertem Versorgungsansatz sowie ganzheitlicher Sichtweise; nicht gewinnorientiert.

mit der Zeit aber gelernt habe war, dass sich die Welt an mich anpassen musste, nicht umgekehrt. Ich bin der, der ich bin, und du kannst mich einmal, wenn dir das nicht gefällt. Aber damals hatte ich einfach nur Angst.

Wenn ich an meine Zeit im North Central College in Naperville, Illinois, zurückdenke, kommen mir zwei Dinge in den Sinn: Football und Streiche. Ich habe in der High School nie Football gespielt. Ich hatte einfach keine Zeit dafür, wegen meines Jobs als Zeitungsausträger. Aber ich habe immer davon geträumt. Als der Coach mich am Ende meines ersten Jahres darauf ansprach, dass ich starke Beine hätte und mal beim Training vorbeischauen sollte, war ich wie auf Wolke sieben. Ich fing im Juli mit Kurzstreckenspurts an und übte später den Langlauf auf der Außenbahn. Ich habe solange Liegestütze trainiert, bis ich 175 Stück schaffte. Beim ersten Mannschaftstraining brachen um mich herum alle zusammen und übergaben sich, während ich nur noch mehr wollte. Der Coach sagte mir, dass ich in guter Form sei. Das konnte ich nicht recht glauben. „Schau dir die ganzen Kerle an, die sich hier übergeben", sagte er. Ich antwortete: „Ich schätze, ich habe einen starken Magen."

Obwohl wir fast jeden Samstag verloren, habe ich auf dem Football-Feld etwas sehr Wichtiges entdeckt: Dass ich hier dem Konflikt nicht aus dem Weg gehen konnte. Entweder ich ramme meinen Gegner um oder er mich. Football hat mir dabei geholfen, mich zu demjenigen zu machen, der ich heute bin. Auch wenn meine athletischen Fähigkeiten nicht ganz mit meinen Ambitionen mithalten konnten, blieb ich auch noch während meines Junior und Seniorjahres[60] im Team. Wir schafften gerade einmal sechs Siege in drei Jahren - und das vor allem gegen kleinere Teams aus Colleges im mittleren Westen. Ich blieb für gewöhnlich die ganzen 60 Minuten über auf dem Platz, was bei nur 21 Leuten im Team leicht vorkam. Besonders in der Offensive musste ich mich oft mit Typen messen, die 100 bis 150 Pfund schwerer waren als ich. Ich wurde ein guter Blocker, weil ich gelernt habe, ihnen allen die Knie wegzureißen.

60 Drittes bzw. viertes Studienjahr.

In der High School hatte ich einen sehr regelmäßigen Tagesrhythmus: Morgens zur immer gleichen Uhrzeit auftauchen und nach der Schule direkt nach Hause gehen. Im College war das anders. Wir verbrachten eine Menge Zeit mit einigen sehr aufwändigen Streichen. Das lag wohl in der Familie. Mein Bruder besuchte auch das North Central College und erzählte mir einmal, wie er mit einigen Klassenkameraden irgendwie eine Kuh die zwanzig Treppenstufen im Campusgebäude hochgeführt, sie vor der Tür des Präsidenten angebunden und ihr dann einen Einlauf gegeben hat. Das war der einzige Streich, von dem er mir erzählt hat. Bei meiner berühmtesten Unternehmung haben wir Stühle aus der Kantine geklaut und oben auf das Dach des Hauptgebäudes gestellt. Am Rand gab es einen 60 Zentimeter breiten Vorsprung, auf den wir sie alle platziert haben. Wir fingen mit der Aktion um Mitternacht an und waren um vier oder fünf Uhr morgens fertig. Wir konnten froh sein, dass niemand in den Tod gestürzt ist.

Ich war kein sonderlich guter Student. Das erste Jahr war die reinste Hölle. Die Hausaufgaben, die in der ersten Woche verteilt wurden, erledigte ich nicht. In der High School hatte ich das auch nie getan, warum sollte ich also jetzt damit anfangen? Man kann sich meinen Schock vorstellen, als ich in die Klasse zurückkam und der Professor es damit doch tatsächlich ernst gemeint hatte. Ich rief meine Mutter an und sagte ihr, dass ich nach Hause kommen wolle. Ihr Antworte lautete in etwa: „Sicher, aber dann findest du besser einen anderen Ort zum Wohnen. Denn Verlierer wohnen in diesem Haus nicht." Sie war wirklich streng.

Da ich vorher nie wirklich gelernt hatte, war es kein Wunder, dass meine Noten am Ende des Semesters alle im Bereich von „C-" und „D+" waren - und das auch nur, weil mich die Professoren nicht gleich mit einem „F" im ersten Jahr demoralisieren wollten. Am Ende des ersten Jahres steigerte ich mich in die Liga von „B-" und „C+"[61], wodurch ich mich auch für das Football-Training im nächsten Herbst qualifizierte.

61 Im US-amerikanischen Notensystem ist A die beste Note, zu Deutsch = 1; B = 2; E und F bedeuten durchgefallen. Für die Teilnahme an einem Team in der Schule oder Hochschule ist meistens C erforderlich.

Zwischen dem College und meinem ersten Jahr im Theologischen Seminar machten etwa dreißig von uns eine Reise nach Europa. Darunter war auch meine zukünftige Frau Anne. Es war ein toller Trip. Wir überquerten den Atlantik in einem alten Liberty-Schiff[62], reisten zwei Monate lang und mussten einen Monat lang arbeiten. Anne tat das in einem Krankenhaus. Ich half dabei, eine Jauchegrube in einem deutschen Jugendcamp auszuheben. Auf der Rückreise setzte ich mich im Bus neben Anne und bemerkte, was für eine fantastische Frau sie war. Eine Sache, die mir sofort positiv auffiel, war, dass es sie scheinbar nicht störte, mit mir in der Öffentlichkeit gesehen zu werden. Wir kamen heim und ich meldete mich im Theologischen Seminar an, um Pfarrer zu werden. Welche Wahl hatte ich schon? Mein Vater war Pfarrer, mein Onkel war Pfarrer und mein Bruder war auf dem besten Weg dahin. Es schien einfach das Richtige zu sein. Während des Seminars habe ich Anne geheiratet.

Nach meinem Abschluss erhielt ich meine Ordination und wurde nach Minnesota geschickt, um dort eine sogenannte „Double Charge"[63] anzutreten. Ich sollte mich um zwei Kirchen zugleich kümmern, eine in Le Sueur mit 120 Mitgliedern und eine andere in Le Center[64] mit ungefähr fünfzig. Beide lagen etwas südlich von St. Paul[65]. In einer Stadt wie Le Sueur gibt es nicht sonderlich viel zu tun. Die meisten Kirchenbesucher waren Bauern. Eine Predigt dauerte etwa 20 Minuten, aber ich verbrachte jede Woche 20 Stunden damit, diese vorzubereiten. Die Kirchengemeinde vor mir kam freiwillig in meine Kirche, also wollte ich sicherstellen, dass sie etwas zu hören bekamen, für das sich der Weg auch lohnte. Den Rest der Woche besuchte ich Gemeindemitglieder und brachte das Abendmahl - in unserem Fall Traubensaft - zu jedem, der es sonntags nicht in die Kirche schaffte. Wenn jemand im Krankenhaus lag, stattete ich auch der Person einen Besuch ab. Ich leitete Beerdigungen und traute Ehepaare bei Hochzeiten.

62 Stückgut-Frachter.
63 Wörtlich: „Doppelte Ladung".
64 Beides Kleinstädte in Minnesota mit ca. 4.000 bzw. 2.500 Einwohner*innen.
65 Hauptstadt von Minnesota, ca. 290.000 Einwohner*innen.

Während all dieser Zeit fing ich damit an, mich selbst mit religiöser Literatur weiterzubilden. Das Seminar war sehr konservativ. Ich bekam dort in diesen drei Jahren Reinhold Niebuhr, Dietrich Bonhoeffer oder Paul Tillich nicht zu lesen, obwohl diese zu den bekanntesten religiösen Autoren von Texten zu sozialen Themen dieser Zeit gehörten. Das hat mich im Nachhinein am Seminar gestört: Diese fantastischen Texte der großen Theologen warteten nur darauf gelesen zu werden, aber ich wurde ihnen nie vorgestellt. Indem ich sie in meiner eigenen Freizeit las, begann ich zu begreifen, worum es beim Evangelium eigentlich ging. Durch Bonhoeffer und Niebuhr wurde mir schlagartig klar, dass es darauf ankommt, wie man heute und in diesem Moment sein Leben führt. Der Heilige Geist kann dann später entscheiden, was passiert, wenn der letzte Vorhang fällt.

Ich begann Religion nicht als etwas zu verstehen, das mich auf eine andere Welt vorbereiten sollte oder mir einen Haufen Richtlinien für Höflichkeit präsentierte, sondern als Leitfaden für Konfrontationen. Denn die sah ich plötzlich überall im Neuen Testament. Es ist eigentlich unfassbar, dass die Kirche immerzu versucht, diese Tatsache mit der Betonung auf Frieden, Brüderlichkeit oder Höflichkeit zu verstecken. Welche Konfrontation ist größer als die, bei der man am Ende an ein Kreuz genagelt wird? Jesus nahm es mit dem damaligen religiösen Establishment auf und warf alles über den Haufen.

Ich hatte es mir in den Kopf gesetzt, dass ich unbedingt als Pfarrer in einer Innenstadtgemeinde eingesetzt werden wollte, da ich davon ausging, dass man dort sozial etwas bewegen konnte. Es gibt keine Innenstadt in Le Sueur. Ich habe versucht, einer Kirche in einer schwarzen Gemeinde zugewiesen zu werden, die der Vorstand der Gemeinde schließen wollte. Die Gemeinde war dabei, sie einem schwarzen Pfarrer zu verkaufen und die Kirchengemeinde in die Vorstadt zu verlegen. In einem kleinen Komitee, das darüber entscheiden sollte, was mit der Kirche geschehen sollte, war ich der Einzige, der sich gegen die Schließung einsetzte.

Am nächsten Tag fuhr der Superintendent (mein direkter Vorgesetzter) 50 Meilen, um mich persönlich darum zu bitten, meine Stimme zu ändern, so dass die Entscheidung einstimmig wäre. Ich weigerte mich. „Wir haben keine Wahl", sagte er. „Wen können wir schon in der Nachbarschaft einsetzen?" Ich antwortete: „Mich." Er sagte mir, dass wir die Tochter eines Bischofs (meine Frau) nicht derart in Gefahr bringen konnten. Also sagte ich: „Das reicht. Ich verschwinde von hier." Ich schaute mich nach passenden Innenstadtkirchen um und nahm einen Job in einer kleinen Kirchengemeinde in Lakeview, Chicago, an. Außer einer japanischen Familie waren alle 120 Familien weiß. Es gab sogar noch diese „Wir sprechen Deutsch"-Schilder, die an vielen Schaufenstern der Geschäfte hingen.

Kurz nachdem ich dort ankam, sagte mir die Vorsitzende des Kirchenvorstandes: „Junge Typen wie Sie kommen und gehen, aber ich bin immer geblieben." In genau diesem Moment entschied ich, dass ich diese Arroganz nicht ausstehen konnte und sie ignorieren würde. Also gründete ich das sogenannte „Gemeindekomitee", eine Gruppe von sechs handverlesenen Mitgliedern der Kirche, die nicht Teil des Ausschusses waren, und brachte sie alle dazu, jeden Mittwochabend zwei Stunden für ein Treffen zu opfern. In der ersten Stunde studierten wir die Bibel und in der nächsten diskutierten wir darüber, was wir mit der Gemeinde erreichen wollten. Innerhalb eines Jahres waren alle sechs Teil des Ausschusses, und von der Frau, die behauptet hat, sie würde ewig bleiben, fehlte jede Spur.

Der Übergang zum Organizing hatte damit schon begonnen, ohne dass ich es bemerkt hatte. In den letzten zwei Jahren meiner Zeit als Pfarrer benutzte ich die Kanzel überhaupt nicht mehr. Stattdessen hielt ich meine Predigt ohne Notizen direkt unten inmitten der Gemeinde ab. Es war ein Dialog. Ich erzählte einige Dinge, zeigte dann auf einen Kirchgänger und fragte: „Wie denkst du darüber?" Das mochten die Leute überhaupt nicht. Sie wurden wirklich wütend auf mich. Ich schätze, ich kann es ihnen nicht verübeln. Sie gingen in die Kirche, um eine Predigt zu hören und plötzlich mussten sie vor allen anderen selbst Antworten geben? Ich wusste nicht wirklich, was ich damals tat, aber es schien deutlich besser zu sein, als da oben zu stehen und die Menschenmenge mit einer Predigt zum Einschlafen zu bringen. Ich weiß nicht, ob es ihnen tatsächlich etwas gebracht hat, aber mir ging es dabei besser, weil wir alle auf dem gleichen Niveau waren und es deutlich mehr Interaktionen gab, als wenn ich alleine die Rede hielt.

Wir waren in Chicago, als ich zum ersten Mal Dr. Martin Luther King Jr. und die Bürgerrechtsbewegung sah. Ich kann mich daran erinnern, wie ich Aufnahmen der Polizei in Birmingham sah, in denen sie Hunde auf Menschen losließen. Ich war außer mir bei dem Gedanken, dass ein Mensch einem anderen so etwas antun konnte. Das war der Moment, in dem mir klar wurde, dass ich die Bürgerrechtsbewegung unterstützen musste. Ich nahm unsere Kirchenjugend mit zu einer Rede von James Bevel, einem Mitarbeiter von Martin Luther King Jr., weil ich glaubte, dass es wichtig sei, dass gerade weiße Kinder diese Seite des Konflikts kennenlernten. Ich kann mich daran erinnern, wie ich mit tausenden von Menschen und Dr. King den Balbo Drive im South Loop[66] entlang marschierte. Das war eine Lektion der Bibel: Zu Taten zu schreiten, statt Predigten zu halten. In diesem Sinne besuchten ich und sieben weitere Priester aus Chicago im Jahr 1965 auch ein Methodisten-College in Jackson, Mississippi.

Wir kamen um ungefähr acht Uhr abends an. Die Studenten gaben uns eine 15 Minuten lange Vorführung darüber, wie man sich schützt, wenn man verhaftet wird - mit einer Hand vor dem Schritt und der anderen auf dem Nacken. Am nächsten Morgen - einem Sonntag - wollten wir in der Methodisten-Kirche eine Predigt abhalten. Unser Fehler war, die Predigt zusammen mit einem Schwarzen abhalten zu wollen. Als wir bei der Kirche ankamen, wurden wir von einer Phalanx aus Amtsdienern begrüßt, die uns Schulter an Schulter den Weg versperrten. Wir gingen auf sie zu und sagten, dass wir gerne zur Kirche durchwollten. Sie antworteten: „Eure Art ist hier nicht willkommen." Wir ließen uns nicht einschüchtern und warteten ab. Danach kam die Polizei. Wir verbrachten eine Woche im Gefängnis, bis uns William Kunstler, unser Anwalt, herausholte. Es gab keine Möglichkeit, im Gefängnis mit der Außenwelt zu kommunizieren. Anne war zuhause mit unseren beiden Kindern in Windeln und wusste nicht, was los war. Ich trank Getreidekaffee und aß Rückenspeck. Im Nachhinein bin ich froh, dass ich es getan hatte, aber ich würde es nicht wieder tun. Ich hatte in meinem Leben noch nie so viel Angst.

66 Downtown-Bezirk von Chicago; zweitgrößter Geschäftsbezirk der USA.

Auf der Heimfahrt von Jackson fühlte sich die Überquerung der Grenze von Mississippi so an, als wären wir wieder im Land der Freiheit - ein fantastisches Gefühl. Wir hatten immer noch Angst, dass uns ein Autobahn- oder Bundespolizist oder jemand anders im letzten Moment abfangen würde. Kurz nachdem wir wieder zuhause waren, las ich in einem Kirchenmagazin einen Brief von einem Methodistenprediger aus Jackson, der unsere Aktion verurteilte: „Wir brauchen keine Yankees, die hier herunterkommen und die Farbigen völlig aufwühlen", schrieb er. „Sie kennen ihren Platz und mögen es da." Aus den Gesprächen mit den schwarzen Leuten auf der Fahrt gewann ich aber nicht den Eindruck, dass sie ihren Platz besonders mochten. Erst als sie den ihnen zugedachten Platz verließen, errangen sie Siege und fanden ihre Selbstachtung.

Eine etwas subtilere Anprangerung meiner Aktionen erwartete mich zuhause. Mein Vorgesetzter sagte mir, dass das, was ich getan hatte, kein Weg sei, um einmal eine Vorstadtkirche zu bekommen - was dank des hohen Gehalts und der ebenso hohen Lebensqualität in seinem Weltbild wohl das ultimative Ziel eines jeden jungen Priesters sein sollte. Sein Kommentar war der Anfang vom Ende für mich. An diesem Tag begann ich, nach anderen Jobs zu suchen, und landete beinahe bei der Chicago Commission on Human Relations[67]. Zum Glück lief ich stattdessen Gaudette in die Arme und fing bei Organizing for a Better Austin an.

67 Die Kommission ist für die Einhaltungen der Verordnungen zu Menschenrechten und Wohnen verantwortlich.

Über den Tellerrand hinausschauen

West Side Coalition

Obwohl lokales Organizing fast jede freie Minute meiner Zeit bei NCO ausfüllte, pflegte ich dennoch den Kontakt zu Gale Cincotta, die mittlerweile Präsidentin von OBA geworden war. 1971 fingen wir damit an, uns auch regelmäßig in Meetings zu treffen, um mit zwei weiteren Communities über den Wohnungsbau zu reden. Das war zum einen die Our Lady of the Angels Church, die von meinem Ex-Kollegen bei OBA, Al Veto, auf die Beine gestellt wurde und sich genau zwischen den Revieren von NCO und OBA befand, und zum anderen eine Gruppe von Lateinamerikanern, die von der St. Sylvester's Church im Norden aus operierten. Das Ganze war ziemlich revolutionär, da die gängige Praxis damals war, die Organisation möglichst kompakt zu halten und eindeutige kartographische Grenzen zu ziehen. Sich auf ein konkretes Revier zu konzentrieren, war das oberste Gebot, damit die Organisation sich nicht verzettelte oder sich gar aufmachte, um die ganze Welt zu retten. Damals sagten sich viele der Graswurzel-Gruppen in Chicago: „Lasst den Rest der Stadt brennen, solange wir das bekommen, wofür wir in unserer Nachbarschaft kämpfen.“

Aber Anfang der 1970er Jahre bemerkten wir, dass dies nur die halbe Wahrheit war. Denn sich auf ein spezifisches Gebiet zu begrenzen, bringt auch Einschränkungen mit sich. Umso komplexer die Thematik wurde, desto mehr wurde uns bewusst, dass wir Koalitionen bilden mussten, um größeren Problemen Herr zu werden. Dazu gehörte unter anderem das sich epidemisch ausbreitende Block-Busting, Redlining[68], die verlassenen Gebäude, die aus den vielen Skandalen der Federal Housing Administration entstanden waren und der Chicago Building Court[69], der so korrupt war, wie es nur ging.

Damals hatte noch niemand etwas von Koalitionen über Gebietsgrenzen hinweg gehört, also mussten wir vieles lernen - durch Bauchgefühl und oft auch durch Erfahrung. Es gab kein Vorbild, in dessen Fußstapfen wir einfach wandeln konnten, also hinterließen wir stattdessen unsere eigenen. Eine der Herausforderungen, die wir dabei überwinden mussten, war, dass jede Gruppe eine eigene Geschichte hatte und jede sich ihren eigenen Ruf aufbauen wollte. Es war aber jedem Mitglied der West Side Coalition klar, dass man alleine nur „Krümel“ gewinnen würde, obwohl das Ziel der ganze Kuchen war. Und so arbeitete man zusammen - auch wenn der Grund dafür dem Eigeninteresse galt - und opferte einen Teil der eigenen Individualität.

Seit Anfang Herbst beobachte ich Anne dabei, wie sie einen Pullover für unsere Enkeltochter als Weihnachtsgeschenk strickte. Das ist dem Aufbau einer Koalition gar nicht so unähnlich. Sie fängt mit vielen unterschiedlich gefärbten Knäueln an, jedes davon einzigartig, aber nicht sonderlich nützlich - außer vielleicht als Spielzeug für die Katze. Beim Stricken werden die Knäuel zu etwas gänzlich Neuem, das mehr als die Summe seiner Teile ist. Das Ergebnis vereint die Eigenschaften von jedem und schützt den Träger zusätzlich noch vor Kälte. Das Gleiche gilt auch für die West Side Coalition. Jeder von uns ist anders, aber durch das Zusammenstricken bildeten wir eine neue Gemeinschaft, die Dinge erreichen konnte, von denen wir einzeln nur träumen konnten.

Die West Side Coalition nahm ihren Anfang in den ersten Versammlungen dieser vier lokalen Nachbarschaftsgruppen. Durch Informationsaustausch fanden wir bald heraus, dass wir lange Zeit die gleichen Ziele unabhängig voneinander anpackten. Das änderte sich mit unserer ersten

---

68 Die Banken zogen auf einem Stadtplan rote Linien um solche Gebiete, in denen sie keine Kredite vergeben wollten; meist handelte es sich dabei um einkommensschwache Nachbarschaften, deren Bewohner*innen damit von der Kreditvergabe per se ausgeschlossen wurden. Redlining wurde 1977 per Gesetz verboten.
69 Gericht für Bau- und Wohnungsfragen.

gemeinsamen Aktion: Wir knöpften uns Sky Realty[70] vor, einen alten Feind von OBA, und verlangten, dass sofort alle Panic Peddling-Praktiken in den Gebieten der vier Gruppen gestoppt werden. Eine Woche lang demonstrierte dazu jede Nacht abwechselnd eine Gruppe nach der anderen mit je 50 Leuten vor der Haustür des Eigentümers. Am Freitag kamen wir dann sogar gemeinsam mit mehr als 300 Leuten. Er gab den Forderungen nach.

Die Koalition schaffte es, dort Siege zu erringen, wo die einzelnen Gruppen zuvor gescheitert waren. Die ersten Leader-Treffen und gemeinsamen Aktionen knüpften Bande, aus denen sich mit der Zeit die West Side Coalition entwickelte, die wiederum später selbst zur Mutter der National People's Action (NPA) werden sollte. Unsere Koalition bekämpfte dabei drei große Probleme: Panic Peddling, FHA und Redlining.

Wir nahmen es unzählige Male mit dem örtlichen Housing and Urban Development Büro in Chicago auf, um FHA-Reformen zu verlangen. Bei einem Meeting im Herbst 1971 sagte uns der Direktor, dass er alles in seiner Macht getan hätte, um uns entgegenzukommen. „Wenn ihr noch mehr wollt, müsst ihr nach Washington gehen und euch eure Veränderungen von dort holen", sagte er. Cincotta und ich waren in einer Zwickmühle. Wir wussten, dass die West Side Coalition nicht groß genug war, um landesweite Reformen in Washington zu bewirken. Wir brauchten eine Machtbasis auf der nationalen Bühne - oder zumindest etwas, was den Eindruck davon erweckte. Bei einer der alljährlichen Organizer-Konferenzen von Monsignor Jack Egan[71] in der University of Notre Dame blieben wir eines Nachts lange auf; ich mit einer Flasche Jack Daniels und Cincotta mit ihrem Vodka in der Hand. Schon ordentlich angetrunken machte einer von uns den Vorschlag: „Lasst uns eine nationale Konferenz abhalten." Ich weiß nicht mehr, wem von uns die Lorbeeren für den Vorschlag zustehen, da unser beider Geisteszustand zu diesem Zeitpunkt schon arg neblig war. Aber es schien wie eine gute Idee, die mir am nächsten Morgen sogar wie eine großartige Idee vorkam. Auch der Name war schnell gefunden: National People's Action on Housing.

---

70 Immobilienmaklerfirma für Austin und Umgebung.
71 US-amerikanischer, römisch-katholischer Priester und sozialer Aktivist (1916 - 2001).

Danach verbrachten wir ungefähr sieben Monate damit, die erste NPA-Konferenz vorzubereiten. Wir schickten NCO-Praktikanten zum O'Hare-Flughafen[72], wo es Telefonbücher gab, die beinahe jede Firma und Gruppe im ganzen Land auflisteten, und suchten uns all jene heraus, die verdächtig nach Community Organizations klangen. Das war vor dem Zeitalter von Computern.

Wir haben stundenlang beratschlagt, wie unsere Agenda lauten sollte und wie so ein Event überhaupt aussehen könnte. Wir entschieden uns, die Konferenz bei der St. Sylvester's Church über drei Tage hinweg im März 1972 abzuhalten. Dort gab es mit der Schwinn Hall einen Raum, der mehr als 1000 Menschen unterbringen konnte. Wir luden sogar Bürgermeister Richard J. Daley ein, der uns zusagte und eine Woche vorher noch seinen Redenschreiber vorbeischickte, um sich über unsere Agenda zu informieren. Wir erklärten ihm die Themen, mit denen unsere Nachbarschaften zu kämpfen hatten. Aus einem irrwitzigen Zufall heraus bemerkte der Redenschreiber, der erst kürzlich nach Chicago gezogen war, schon bald, dass wir mit Redlining ein Problem beschrieben, das ihn ohne sein Wissen bereits selbst betroffen hatte. „Genau das ist mir passiert", sagte er. „Ich konnte keinen Kredit für ein Haus in dem Stadtviertel aufnehmen, in dem ich leben wollte, hatte aber keine Probleme damit in einer komplett weißen Nachbarschaft." Damals konnten wir noch nicht ahnen, dass dieses Erlebnis zum entscheidenden Punkt in der Rede von Daley werden sollte.

Wir hatten eine recht gute Vorstellung davon, wie viele Besucher wir auf der Konferenz erwarten konnten, als es schließlich losging - mehr als 1500 aus dem ganzen Land - haben aber viele diese Zahlen überrascht. Wenn man sich mit der Graswurzel-Szene beschäftigt, weiß man, dass sich andere Städte mit genau den gleichen Wohnproblemen wie Chicago herumschlagen. Und bevor sogenannte „Experten" überhaupt wissen, wie schlimm die Lage ist, sind wir bereits auf der Suche nach Lösungen. Die Siege in diesem Bereich fühlten sich noch besser an als die hohe Teilnehmerzahl. Als Bürgermeister Daley ankam, hielt er eine ziemliche 08/15-Rede für einen Politiker. Dann sagte er aber: „Ich will, dass ihr wisst, dass

72 Größter internationaler Flughafen Chicagos.

wir in der Sitzung des Stadtrats nächsten Dienstag eine Verordnung verabschieden werden, die jede Bank, die Beziehungen zur Stadt Chicago unterhält, dazu zwingt, nicht nur die Anzahl an Krediten nach Postleitzahlen zu veröffentlichen, sondern auch die Anzahl der Bankeinlagen dieser Gebiete." Das war seit Monaten eine unserer wichtigsten Forderungen gewesen und jetzt bekamen wir diese einfach als Geste überreicht. Es war wie ein Geschenk des Himmels.

Diese drei Tage gehörten zu den Unglaublichsten meines Lebens. Wir hatten insgesamt wohl kaum drei Stunden Schlaf. Velto und ich waren mit Flachmännern ausgestattet, die uns mit Bourbon am Leben hielten. Wir hatten keine Ahnung, wie man eine landesweite Konferenz abhalten sollte. Das ganze Obergeschoss der St. Sylvester's School war gefüllt mit Leuten, und wir stellten oben sogar Kameras auf, die per Live-Übertragung mit Fernsehern im Erdgeschoss verbunden waren, sodass auch dort niemand etwas verpasste. Das allein gab es noch nie; ein paar Jugendliche aus dem örtlichen College halfen uns damit.

Vielleicht hatte Cincotta schon eine Ahnung, dass diese ganze Sache ein Eigenleben entwickeln würde - ich aber sicherlich nicht. Am Ende der Konferenz drückten die Menschen ihren Wunsch aus, eine Organisation zu bilden, die sie weiterhin zusammenhalten würde. Eine der einflussreicheren Gruppen außerhalb von Chicago kam aus Baltimore. Ihr Direktor, Harry Burnett, wurde ursprünglich von OBA ausgebildet und ging nach Osten, um eine eigene Organisation ins Leben zu rufen. Wir entschieden uns dafür, in dreißig Tagen in Baltimore eine Folgekonferenz abzuhalten und flogen Ende April mit einem gecharterten Flugzeug dorthin (das war damals erstaunlicherweise günstiger, als einen Haufen Gruppentickets zu kaufen).

Bei der Konferenz in Baltimore fanden wir heraus, dass George Romney, der damalige Vorsitzende von HUD, bei einer Fundraising- Veranstaltung in Washington eine Rede hielt. Also griffen wir uns ein paar Busse und statteten ihm einen Besuch ab. Der Event war eines dieser klischeehaften, piekfeinen Dinner mit Anzugpflicht an einem edlen Veranstaltungsort. Entsprechend geschockt waren dann auch die Gäste, als wir hereinrollten. Sie konnten es einfach nicht fassen, dass der Pöbel gerade in ihren Abendball geplatzt war. Die Gäste wussten aber nicht, dass wir mindestens genauso geschockt waren, denn viele von uns hatten so etwas in ihrem Leben auch noch nie getan. Ich glaube nicht, dass wir mehr als 150 Teilnehmer bei der Konferenz in Baltimore hatten, aber die Aktion gab einen Ton an, dem die National People's Action seitdem stets gefolgt ist.

Als wir wieder nach Hause zurückkehrten, waren wir so begeistert von den letzten Tagen, dass wir uns sofort überlegten, wie wir eine Organisation finanzieren könnten, die diese Konferenzen weiterhin Jahr für Jahr landesweit abhält und dabei rund um die Uhr für die Wohnrechte kämpft. Eines der Hauptziele von NPA war damals, den Kongress und die Staaten dazu zu bringen, Gesetze zu verabschieden, die Redlining komplett verbieten und Programme für erschwingliches Wohnen erarbeiten würden. Aber aus steuerrechtlichen Gründen brauchten wir auch eine Zweitorganisation, die nicht direkt an den Kongress appellierte und stattdessen Spenden von Stiftungen sammelte. Wir wählten einen möglichst freundlich klingenden Namen, der uns dabei helfen würde, Gelder zu gewinnen: Das Housing and Information Center[73].

Cincotta ergatterte in diesem Juni ein Treffen mit dem Vorstand der Stern Family Stiftung und sicherte uns 40.000 Dollar, um eine nationale Organisation zu gründen. Wir mieteten uns ein paar kleine Büroräume in 4207-09 W. Division, wo Cincotta, Anne-Marie Douglas (einmal pro Woche), ein Freiwilliger und ich zur Arbeit gingen. Das war der Anfang der National People's Action und des National Training und Information Center (NTIC). Der Begriff „Housing"[74] fiel in den spaten 1970er Jahren aus beiden Namen heraus, als wir unsere Mission ausweiteten.

In unseren Büros hatten wir Tische, Schreibmaschinen, einen Mimeograph (einen entfernten Vorfahren des Fotokopierers), Telefone und reichlich örtliche Aufträge. Ich verließ NCO und reichte meine Position an meinen Stellvertreter weiter, während Cincotta ihren Job bei OBA ebenfalls aufgab. Wir hielten zahllose Meetings in diesem Büro ab und verbrachten auch so viel Zeit dort, aber so romantisch die Idee von einer nationalen Organisation auch ist - manchmal wurde es auch ganz schön still.

73 Wohnungsbau- und Informationscenter.
74 Wohnungsbau.

Dann rettete uns Pater Roger Coughlin - ein hohes Tier bei verschiedenen katholischen Spendenorganisationen - ein zweites Mal. Coughlin war Veltos Boss und half uns mit einer beträchtlichen Finanzspritze bereits bei unserer ersten nationalen Konferenz. Velto stellte mich ihm vor und kurz darauf heuerte mich Coughlin an, um die Organizing-Projekte der katholischen Kirche in Chicago zu koordinieren. Nun hatten wir nicht nur unsere eigene kleine nationale Organisation, sondern auch zwölf Mitarbeiter für Chicago, die vollständig von Spendenorganisationen der katholischen Kirche finanziert wurden. Wir schafften es, zusammen ein starkes Bündnis aus zwanzig Organisationen zu schmieden, das wir die Metropolitan Area Housing Alliance oder auch MAHA nannten - quasi eine städtische Version der West Side Coalition, die für uns zu einer wirklich starken Machtbasis in Chicago wurde.

Redlining war das erste große Thema, das sich MAHA vorknöpfen sollte. Mit NCO hielten wir 1971 ein Bank-in für mehr Kredite bei der Northwest Security Bank ab und erkannten mit der Zeit einen immer größeren Zusammenhang zwischen schlechten FHA-Krediten und dem Fehlen einer besseren Alternative. Verlassene Gebäude, bedingt durch schlechte FHA-Kredite, waren eines unserer größten Probleme, aber in vielerlei Hinsicht war das Fehlen von konventionellen, nicht-FHA-Krediten die Kehrseite derselben Medaille. Wenn Hauskäufer nicht zwingend auf die FHA zurückgreifen hätten müssen, hätte sich die Situation in den Nachbarschaften nie so katastrophal entwickelt. Außerdem hätte man diejenigen, die ihr Vertrauen in klassische Kredite setzten, nicht grundsätzlich vor FHA-Nachbarschaften abgeschreckt. Beide Probleme verschlimmerten einander: Während wir weiterhin gegen die FHA vorgingen, fingen wir nun also auch damit an, Druck auf die Banken für freiere Kreditvergaben auszuüben.

Ungefähr zu dieser Zeit besuchten wir mit einer Gruppe das Büro des Vorstandsvorsitzenden von Bell Federal, der damals zweitgrößten Bausparkasse in Chicago. Dort hing eine Karte der Stadt, die drei Viertel der Fläche einer Wand ausfüllte. Auffallend war die rote Linie, die um und durch die Straßen verlief und viele der schwarzen und lateinamerikanischen Communities umkreiste. Wir fragten, was die Linie zu bedeuten hatte. „Alles innerhalb der roten Linie gehört zu unserem FHA-Gebiet und alles außerhalb gehört zu unserem konventionellen Gebiet", sagte der Vorsitzende. „Wir vergeben innerhalb der roten Linie keine konventionellen Kredite." Bald fanden wir heraus, dass die meisten Kreditvergabeinstitute eine ganz ähnliche Karte in ihren Büros hängen hatten. Das war der Ursprung des Wortes „Redlining", was mittlerweile zu einem stehenden Begriff in den Wörterbüchern geworden ist.

Unsere erste Herausforderung war es, Gläubiger dazu zu bringen zuzugeben, dass sie in bestimmten Wohngebieten keine Kredite vergaben. Wir wussten, dass dies der Fall war, da viele unserer Leaders entweder selbst Probleme hatten, einen Kredit zu bekommen, oder jemanden kannten, der dieses Problem hatte. Aber Politiker akzeptieren keine Anekdoten zum Ändern von Gesetzen. Wir brauchten Beweise. Obwohl Bürgermeister Daley veranlasst hatte, dass Banken, die mit der Stadt zusammenarbeiten, die Anzahl ihrer Hypothekenvergaben nach Postleitzahl geordnet veröffentlichen müssen, deckte dies nur einen kleinen Teil aller Kredite in Chicago auf. Viel mehr Eigenheime wurden durch die Bausparkassenindustrie finanziert. Also nahmen wir diese als nächstes aufs Korn - und zwar zusammen mit der Behörde, die sie beaufsichtige: dem „Federal Home and Loan Bank Board".

Wir vermuteten, dass diese Behörde wohl das schwächste Glied der Kette war. Bausparkassen gab es damals wie Sand am Meer, jede Nachbarschaft hatte mindesten zwei oder drei. Ursprünglich oft von ethnischen Gruppierungen als eine Art Hilfe für den kleinen Mann ins Leben gerufen, sollten sie Familien dabei helfen, sich Häuser in ihren Nachbarschaften kaufen zu können. Aber Mitte der 1960er und 1970er Jahre war von dieser Idee kaum noch etwas übrig. Bausparkassen waren jetzt wie Staubsauger, die das Geld aus den ärmeren Nachbarschaften aufsaugten und in den Vorstädten investierten, oftmals in der Form von Krediten für Baufirmen.

Wir organisierten eine Aktion am Hauptquartier der Behörde in Chicago. Diese antwortete darauf, indem sie einen neuen, hartgesottenen Direktor an Bord holte, der uns zeigen sollte, dass man das Federal Home and Loan Bank Board nicht einfach so herumschubsen konnte. Er war ein überheblicher Mistkerl; also fanden wir heraus, wo er wohnte. Sein Haus befand sich in einer dieser „ach-so-schicken"-Vorstädte und war umringt von einer großen Hecke. Wir sorgten dafür, dass sein Haus eines der ersten war, das „redlined" wurde - mit Hilfe von ungefähr sechs oder sieben Rollen rotem Krepppapier, genauso wie auf den Karten der Banker. Er entschied sich dann doch dafür, mit uns im Konferenzraum zu verhandeln statt in seinem Vorgarten.

Gale Cincottas Dreistigkeit in den darauffolgenden Sitzungen mit den Bausparkassen war einfach unglaublich. Bei einem Meeting nach einer Protestaktion stellte man uns einem Mann vor, der extra aus Washington hergeflogen war, um uns mitzuteilen, dass er bei uns eine Zweigstelle von „Neighborhood Housing Services" (NHS) eröffnen würde - einer Organisation, die sich dem Siedlungsbau in benachteiligten Quartieren verschrieben hatte und teilweise vom Staat finanziert wurde. Das hätte eine große Sache für uns sein sollen, aber Cincotta meinte nur: „Er kann nächste Woche wiederkommen; diese Woche wollen wir über die Offenlegung ihrer Kredite reden. Schaffen Sie diesen Typen hier raus." Während er die Tür hinter sich zuzog, rief sie noch „Bis nächsten Dienstag!" hinterher. Er kam tatsächlich nächsten Dienstag zurück und hielt sein Versprechen. Das war der Anfang der NHS in Chicago, die zu einer der größten und besten im ganzen Land werden sollte.

Schließlich hatten wir unter den Bausparkassen ein derartiges Chaos gestiftet, dass diese zustimmten, ihre Kredite nach Postleitzahl und Institution zu veröffentlichen, solange wir die Namen der Institutionen auf den Berichten strichen. Wir erhielten dabei nicht nur Daten zu Krediten, sondern auch Daten zu sonstigen Geldeinlagen. Die Ergebnisse waren noch viel dramatischer als wir dachten. Wenn wir uns zum Beispiel die Statistiken zur Postleitzahl von Woodlawn, eine der ärmsten Gegenden südlich der Universität von Chicago, ansahen, fanden wir heraus, dass die Nachbarschaft insgesamt 48 Millionen Dollar in verschiedene örtliche Bausparkassen investiert hatte und das von Leuten, die angeblich so gut wie mittellos waren. Dennoch war nur eine einzige Kreditvergabe verzeichnet - über den erstaunlichen Betrag von ganzen 12.000 Dollar. Immerhin half das unserem Zweck ungemein, besonders als die Leute sahen, wie viel ihre Nachbarn einzahlten und wie wenig die Community wieder herausbekam.

Mittlerweile war wieder ein Jahr vergangen und Zeit für die zweite Konferenz der National People's Action on Housing. Wir hielten sie wieder in Chicago ab und luden Leute aus Washington ein, die auch kamen. Erneut kamen wir am Ende auf ungefähr 1000 Teilnehmer. Wir nutzten das Treffen, um nationale Kontakte zu knüpfen, und reisten schon bald selbst durch das Land, um in anderen Städten Trainingssessions abzuhalten. So entwickelte sich NPA/NTIC von einem Embryo zu einem ausgewachsenen Baby.

Aber all dies wäre nie passiert, wenn wir nicht über den Tellerrand hinausgeschaut und uns über traditionelle Grenzen im Organizing hinweggesetzt hätten. Wir waren mutig genug, um Unkonventionelles zu versuchen, haben uns getraut, auf unser Bauchgefühl zu hören, und sind Wege gegangen, die vor uns noch niemand sonst betreten hatte.

Über Mythen und die Realität von National People's Action

National People's Action

Die ersten drei Jahreskonferenzen von National People's Action (NPA) hielten wir in Chicago ab. Unsere Entscheidung, diese 1975 doch nach Washington D.C. zu verlegen, war die Folge von sowohl harten Tatsachen als auch einer Portion Fantasie. Den hohen Tieren aus Washington wurde langsam klar, dass man sie weder darum bitten noch es ihnen erlauben würde, eine Rede zu halten, wenn wir sie zu einer NPA-Konferenz einluden. Wir verlangten simple „Ja"- oder „Nein"-Antworten. Diesen Ansatz waren die Beamten wohl nicht gewöhnt, denn er schmeckte ihnen überhaupt nicht. Tatsache war also, dass immer weniger Amtsvorsteher aus der Hauptstadt unsere Konferenz in Chicago besuchten. Unser Ruf eilte uns immer weiter voraus, so dass bei der dritten Konferenz nur noch zwei Beamte aus Washington D.C. die Reise zu uns wagten.

Die Fantasie kam dazu, als Gale Cincotta mit mir in San Francisco unterwegs war. Wir waren beide zu einem Redlining-Workshop bei einer dreitägigen Konferenz eingeladen, der sich aber schnell als Reinfall herausgestellt hatte. Die Teilnehmer waren alle so realitätsfern, dass sie das Wesen von Organizing selbst dann nicht begriffen hätten, wenn es ihnen ins Gesicht gesprungen wäre. Wir wollten wieder gehen, aber da die gesamte Verpflegung schon im Voraus bezahlt worden war, blieben wir den Rest der drei Tage noch in San Francisco. Das stellte sich als gute Entscheidung heraus, da wir dort auf drei andere Organizers trafen, die sich auch eine andere Art von Konferenz erhofft hatten. Zusammen feierten wir die restliche Zeit einfach durch. Dabei gingen wir zusammen zum kostenlosen Frühstück der Konferenz, mischten uns ein wenig unter die Leute, damit man uns sah und verschwanden klammheimlich wieder durch die Tür.

Wir verbrachten die Vormittage damit, uns San Francisco anzusehen und fanden für die Nachmittage eine kleine Bar, in der wir schon bald mit dem Planen anfingen. Wir spielten mit der Idee eines „Freedom Train"[75], der durch das ganze Land bis nach Washington D.C. fuhr und Leute auf dem Weg zur NPA-Konferenz im Frühling einsammeln sollte. Die Kolonne würde in Seattle starten, da einer der Organizers von dort kam, weiter nach Denver fahren (wo ein weiterer Organizer beheimatet war), mehr Teilnehmer rekrutieren, nach Chicago reisen, noch mehr Autos rekrutieren, Cleveland und Philadelphia einen Besuch abstatten und schließlich in Washington D.C. ankommen. Wie so viele Fantasien wirkte auch diese besser in Gedanken als in der Realität. Die Idee mit der Kolonne funktionierte einfach nicht. Aber die nächste Konferenz fand trotzdem in Washington D.C. statt. Denn wenn dein Gegner nicht zu dir kommt, dann gehe du zu ihm und mache seinen Vorgarten zu deinem Spielplatz.

Logistisch gesehen, hatten wir noch viel zu lernen. Wir mieteten uns Studentenwohnungen der Georgetown University, die deutlich billiger als Hotels waren. Als wir ankamen, fanden wir heraus, warum. Von den erwarteten Bettbezügen und Handtüchern fehlte jede Spur. Ebenso wurden uns sortierte Zimmerschlüssel und Studenten versprochen, die uns dabei unterstützen sollten, die Teilnehmer auf ihre Zimmer zu führen. Stattdessen bekamen wir nur eine chaotische Box mit nicht nummerierten Schlüsseln ohne jede Hilfe. Wenn du dir schnell einen Feind machen willst, dann verspreche ihm Handtücher und Bezüge, die dann fehlen, wenn es draußen 30 Grad sind, und übergib dazu noch einen Haufen Schlüssel, der nicht auf die Zimmertüren passt.

Um vier Uhr morgens waren wir schließlich endlich alle eingecheckt und hätten die nächsten zwölf Stunden erst einmal durchschlafen können. Leider fing die Sonntagsveranstaltung bereits um neun Uhr in der Früh an, dauerte bis um vier Uhr am Nachmittag und ging direkt in Treffen mit den

---

75 Freiheitszug.

Leaders über, die bis spät in die Nacht dauerten. Am folgenden Montag - bei NPA traditionell der Tag der Aktionen gegen Regierungsämter - begleitete ich Cincotta und eine Handvoll Leaders zu einer Anhörung im Kongress, während die restlichen 1200 Leute HUD angriffen. Wir hatten uns Busse von einer Vorstadtschule gemietet und nahmen naiv an, dass die Fahrer wussten, wie man zu HUD gelangt. Also gaben wir ihnen die Adressen, aber keine Routenhinweise. Die Busse fuhren sicherlich eine Stunde lang wirr in der Stadt herum, bis wir endlich bei HUD ankamen.

Als unsere Anhörung vorbei war, schnappten wir uns ein Taxi und machten uns ebenfalls auf den Weg zu HUD. Noch während ich aus dem Auto ausstieg, kam mir Anne-Marie Douglas entgegengerannt und rief: „Sag den Busfahrern nicht, wer du bist! Sie sind ausgeflippt, als sie gesehen haben, wie wir das Gebäude gestürmt haben, und wollten sich sofort aus dem Staub machen." Die Busfahrer hatten zugestimmt, zumindest so lange zu warten, bis sie mit demjenigen reden konnten, der sie gemietet hatte - und das war ich. Es war nicht allzu schwer, sich unter die Menge zu mischen. Die Fahrer nörgelten noch eine Weile weiter und fragten Anne, wo denn der Chef blieb. Sie lächelte nur und antwortete: „Keine Ahnung. Er ist wirklich ziemlich verantwortungslos und wir werden ihn nach diesem Chaos feuern." Ab diesem Zeitpunkt versorgten wir unsere Chauffeure immer mit Adressen und Karten, die den Weg zum Ziel genau beschrieben.

Wir hatten uns auch ein paar Kleinbusse gemietet, die die Leaders von späten Nachmittagsmeetings zurück zur Georgetown University brachten. Als ich selbst einmal mit einem mitfuhr, musste ich feststellen, dass wir Umzugsvans, also Busse ohne Sitze, gemietet hatten. Es fehlten auch Fenster sowie jede Art einer Klimaanlage, was bei über 30 Grad sehr bedauerlich war. Dort, am Boden des Vans, mit der Sonne, die uns unerbittlich von oben herab im eigenen Schweiß dampfgarte, machte ich innerlich drei Kreuze, dass zumindest die Konferenz endlich vorbei war. Dann schlug mir ein älterer Herr, der neben mir am Boden genauso vor sich hin dünstete, auf die Schulter. Er sagte: „Das war großartig! Können wir das nächsten Monat wiederholen?" Mir wurde schlagartig klar: Wir hatten ein Monster geschaffen. Ein wirklich fantastisches Monster, aus meiner Sicht.

Was NPA in dieser Zeit und auch seitdem getan hat ist, mit einigen Mythen im Organizing aufzuräumen.

Mythos 1: Die Probleme in meiner Stadt sind meine Probleme, die Probleme in deiner Stadt sind deine Probleme. NPA hat uns gezeigt, dass wir alle im gleichen Boot sitzen und dass alle Probleme unsere Probleme sind. Das wurde vor allem bei einer NPA-Konferenz in den 1990er Jahren deutlich. Joe Fagan, der Director der Iowa Citizens for Community Improvement - einer Organisation, die zum Großteil aus Farmern bestand - kam damals auf mich zu und informierte mich darüber, dass der National Pork Producers Council[76], ihr ärgster Feind, ein Dinner in unserem Übernachtungs-Hotel abhielt. Er fragte mich, ob wir eine gemeinsame Aktion organisieren und dazu zusätzliche Leute mobilisieren könnten. Da ich solch eine Aktion nie ablehne, sagte ich: „Lass es uns versuchen." Sehr zu unserer beider Überraschung schlossen sich über 300 Menschen an, obwohl sie gar nicht wussten, worum es eigentlich ging. Sie griffen uns unter die Arme, einfach weil eine andere Gruppe bei NPA ein Problem hatte, bei dem sie Hilfe brauchte, und weil wir alle Teil einer Familie sind.

Mythos 2: Es ist unmöglich, eine multikulturelle Gruppe zusammenzuhalten. Cincotta erzählte immer gerne eine bestimmte Geschichte aus der ersten NPA-Konferenz. Mehrere weiße Professoren aus einer dieser superliberalen Universitäten standen am Ende der Halle (sie waren sich wohl zu schade, um beim Rest der Menschen zu sitzen). Beim Anblick der Mischung aus Weißen, Schwarzen und Lateinamerikanern im Raum sagte einer von ihnen: „Diese Sache wird keine drei Monate halten." Tja, auch dreißig Jahre später klappt es immer noch. Bei NPA geht es um Probleme, die uns alle gleich betreffen. Deine Hautfarbe, Religion oder ethnische Zugehörigkeit macht für mich keinen Unterschied, solange du bereit bist, mit uns an gemeinsamen Problemen zu arbeiten. Das Ganze ist einer Gefechtssituation im Krieg nicht ganz unähnlich. Was spielt es da für eine Rolle, wo du herkommst oder wer du bist. Was zählt ist, dass du geradeaus schießen kannst und an meiner Seite bleibst. Und das ist es auch, was NPA den Leuten vermittelt hat: Wir sitzen alle im selben Boot.

---

76 Handelsverband, der US-amerikanische Schweinefleischproduzenten und andere Interessengruppen der Branche vertritt.

Bei einer Konferenz kam einmal eine Gruppe Südstaatler auf mich zu und teilte mir mit, dass sie besorgt waren, dass die Menschen ihren Dialekt und somit auch ihre Herkunft erkennen würden. Sie waren besonders nervös, dass die Schwarzen sie vielleicht nicht willkommen heißen würden. Aber nach ca. einer Stunde fühlten sie sich wie bei einem Familientreffen. „Wir haben ein so starkes Gemeinschaftsgefühl in unserem ganzen Leben noch nie erlebt", sagten sie später. Die Menschen kamen zusammen, weil sie über gewisse Themen reden wollten. Sie wussten, dass sie gemeinsam mehr erreichen würden als alleine. Und aus dem Respekt dieser Zusammenarbeit erwuchsen mit der Zeit auch viele Freundschaften. Auf diese Art haben wir eine stabile Koalition geschaffen, der ein Haufen „aufgeklärter" und „unvoreingenommener" Professoren kein Jahr des Bestehens zugetraut hatte.

Wir dachten nur an Probleme und Lösungen, als wir NPA ins Leben gerufen haben. Wir wollten keine Organisation auf Basis von Mitgliedsbeiträgen schaffen, sondern eine Organisation auf Basis der gegenseitigen Hilfe. Niemand saß bei uns im Elfenbeinturm und hat den Kampf gegen Redlining bei Hypotheken und Versicherungen, Aktionen gegen Kredithaie, Drogen und Verbrechen sowie das Beseitigen von verlassenen Gebäuden von oben herab verordnet. NPA hat seine Wurzeln zur Community nie verloren.

Mythos 3: Die Menschen in der Regierung in Washington sind schlau. Sie kennen alle Antworten und wollen nur das Beste für uns. Nach meiner Erfahrung sind die Bewohner immer die wahren Experten für die Probleme in den Nachbarschaften. Wir haben uns einmal mit einem Senator in Washington D.C. getroffen, um zu besprechen, wie der Community Development Block Grant (CDBG)[77] verteilt werden sollte, um den benachteiligten Quartieren zu helfen. Die Gelder kamen von der Regierung und die Bürger sollten ein Mitspracherecht haben, wie diese in ihrer Stadt eingesetzt werden. Man brauchte kein Genie zu sein, um herauszufinden, dass die Nachbarschaften nie auch nur gefragt wurden, wie das Geld ausgegeben werden sollte. Also schlugen wir dem Senator meh-

---

77 Zuschüsse an Städte und Gemeinden zur Stadtentwicklung in einkommensschwachen Wohngebieten (ähnlich dem Programm „Soziale Stadt" in Deutschland).

rere Wege vor, wie man diese Ungerechtigkeit aus dem Weg räumen könnte und den Menschen so künftig mehr Mitbestimmung garantiere. Nach ungefähr 15 Minuten im Meeting fragte er: „Entschuldigung, aber was genau ist CDBG?" Vor uns saß ein Mann, der sechs Jahre in Folge für die Existenz von CDBG gestimmt hatte und in einem Gremium saß, das hunderte Millionen Dollar an Hilfsgeldern für benachteiligte Quartiere verwaltete. Trotzdem wussten unsere Leute mehr über CDBG als der Experte aus Washington. Man sollte Mary und Joe Smith die Regierung überlassen, statt diesen Idioten aus Washington, denn die beiden wissen weit besser darüber Bescheid, was getan werden muss - es passiert schließlich direkt vor ihrer Haustür. Darum geht es bei NPA: Wir nehmen die Probleme vor unserer Haustür und bringen diese direkt zu deiner, denn wir sind die Experten.

Ein weiteres Beispiel waren Drogen. Jaci Feldman, einer unserer Mitarbeiter bei NTIC, kam auf mich zu und sagte, dass wir aus allen Richtungen auf Drogenprobleme angesprochen wurden und uns endlich dahinterklemmen müssten. Ich ging dem Thema aus dem Weg, weil ich nicht wirklich wusste, was erreicht werden konnte. Aber Jaci hatte ein wenig nachgeforscht und herausgefunden, dass eine landesweite Organisation jedes Jahr mit mehr als einer Millionen Dollar vom Bureau of Justice Assistance (BJA)[78] unterstützt wurde, um Drogen und Verbrechen zu bekämpfen. Ihr Ansatz waren Plakatwände und TV-Werbungen mit dem Logo eines süßen Hundes und dem Motto „Take a bite out of crime"[79]. Wir dachten uns, dass man das Geld statt für Fernsehwerbung lieber im Organizing einsetzen sollte. Also luden wir den BJA-Vorstehenden zur nächsten NPA-Konferenz ein. Er kam mit der Absicht, eine Rede zu halten. Aber als er aufstand, um den Mund aufzumachen, unterbrach ihn einer unserer Leaders und sagte: „Nein, wir werden mit Ihnen reden." Einige weitere Leaders standen auf und erzählten ihm, wie es sich anfühlt, in einer Nachbarschaft mit einem Drogenproblem zu leben - etwa, dass man Angst hat, seine Kinder alleine zur Schule zu schicken. Danach schütteten ihm die Leaders einen Beutel

---

78 Teil eines Programms des US-Justizministeriums zur Erhöhung der Sicherheit in den USA, indem das Strafjustizsystem des Landes mittels Zuschüssen, Schulungen, technischer Hilfe usw. gestärkt wird.
79 Wörtlich: „Nimm einen Bissen weg von der Kriminalität".

alter Hundeknochen vor den Füßen aus und riefen: „Genug mit den Knochen, wir wollen Fleisch!" Er stürmte aus dem Büro heraus und verabschiedete sich mit den Worten: „Meine Tür ist jederzeit offen, wenn Sie reden wollen" - eine denkbar schlechte Wortwahl. Am nächsten Tag besuchten 500 Menschen sein Büro, um auf sein freundliches Angebot einzugehen.

Am Ende erhielten wir einen Vertrag, der es NTIC erlaubte, die Arbeit örtlicher Organizing-Gruppen gegen Drogen in ihren Communities zu unterstützen. Diese Finanzierung hat dabei geholfen, Millionen von Dollar im Kampf gegen Drogen einzusetzen. Nicht durch TV-Werbung oder Plakate, sondern durch direkte Aktionen wie das Aufstellen von Nachtwächtern vor den Häusern der Drogendealer, durch Hotspot-Programme, mit denen Anwohner der Organisation oder der Polizei anonym Tipps geben konnten, wo Drogen verkauft wurden, durch mehr Verantwortung und Druck auf die Polizei, dagegen auch etwas zu unternehmen, durch Wachposten in Parks, damit Kinder wieder sorglos in diesen spielen können, durch Chöre und Priester, die in ehemaligen Problemzonen jetzt Predigten abhielten etc. Das war es, worum es uns mit NPA ging: Die Probleme entsprangen der Straße, wurden an Washington D.C. weitergeleitet und kamen mit den Mitteln zurück, um sie zu beseitigen - nicht von einem Think Tank[80], sondern von den Anwohnern selbst. Schließlich wissen sie am besten, was ihre Community braucht.

Mythos 4: Führungstraining klappt am besten, wenn man Leaders zu Seminaren schickt. Nach unserer Erfahrung lernt man als Leader bei einer NPA-Konferenz mehr dazu als bei jedem zweiwöchigen Seminar. Es gibt zahlreiche Geschichten von Organizers und Leaders, die bestätigen, was für ein fantastisches Trainingscamp NPA ist. Nach der letzten Aktion bei einer Konferenz wollte ich nur noch, dass die Leute endlich in den Bus stiegen und heimfuhren, damit ich etwas Schlaf bekommen konnte. Ein Organizer kam auf mich zu und sagte: „Das Wochenende hat mein Leader-Team völlig durcheinandergebracht!" Ich dachte mir nur: „Super, eine

---

80 Denkfabrik.

Standpauke kann ich jetzt gerade noch gebrauchen." Doch dann umarmte sie mich und sagte: „Ich liebe dich und NPA für das, was ihr unserem Leader-Team beigebracht habt."

Derselbe Organizer rief später an, um mir davon zu erzählen, wie sich ihre Besprechungen durch NPA verändert hatten. Wenn sich jetzt jemand aus der Menge darüber beschwerte, dass etwas zu schwer erschien, sagte sie einfach: „Nun, das haben wir bei NPA auch so gemacht und da hat es geklappt!" Die Leaders setzten sich bei der Entscheidung durch, planten eine knifflige Aktion und gewannen diese - und das dank dem, was sie durch NPA gelernt hatten.

Ein anderes Mal besuchten uns einige Leaders ganz ohne die Organizers einer Organisation. Danach bekam ich einen Anruf von einem Organizer, der fragte: „Was habt ihr mit unseren Leuten gemacht?" Ich war mir nicht sicher, worauf die Frage hinauslief, also antwortete ich, dass einer von ihnen in einem Leader-Workshop war und ein weiterer eine Aktion geleitet hatte. Vom Rest hatte ich keine Ahnung. „Bevor sie diese Konferenz besucht haben, waren sie gute Leaders, aber jetzt sind sie unglaublich!", sagte sie. „NPA hat in drei Tagen für meine Gruppe das geschafft, was ich seit zwei Jahren versuche."

Eine kleine Organisation mit einem ebenso kleinen Budget schickt pro Jahr zwei Leaders zur NPA-Konferenz. Sie halten intern eine kleine Lotterie ab, um festzulegen, wer gehen darf - mit der Regel, dass man automatisch disqualifiziert ist, wenn man in den letzten drei Jahren schon einmal dort war. So kamen immer wieder neue Leute in den Genuss des Trainings bei NPA. Der Vorstand der Organisation erzählte mir: „Früher schickten wir Leaders zu Seminaren. Im Vergleich zu NPA war das aber reine Zeitverschwendung. Wenn wir sie zu euch schicken, kommen sie trainierter und zielstrebiger zurück als je zuvor."

Auch eine Organisation aus Missoula, Montana, schickte ein paar ihrer Leaders zu NPA. Als sie zurückkamen, fanden sie sich in einem Konflikt mit einer Bank um Reinvestitionen wieder. Einer der Leaders, der bei NPA gewesen war, schlug vor, einen Sarg mitten in die Lobby der Bank zu tragen, als Symbol dafür, dass die Bank die Community tötete. Das war für Missoula eine ziemlich dramatische Aktion. Der Leader sagte aber: „Nun ja, das ist, was NPA gemacht hätte." Die Organisation zog die Sache durch und hatte damit Erfolg. Das ist nur ein weiteres Beispiel dafür, wie das Training bei NPA auf nationaler Ebene zu einem direkten Sieg auf lokaler Ebene führte.

Was macht NPA also so besonders? NPA sitzt nicht untätig herum und hält nette Diskussionsrunden ab, bei denen sich Leute aus verschiedenen ethnischen und religiösen Gruppierungen gegenseitig das Herz erwärmen. Alle Diskussionen drehen sich bei uns direkt um die Probleme, und die Gespräche zwischen den Gruppierungen drehen sich darum, wie man diese am besten lösen kann. Es sind die direkten Aktionen, nicht die Gespräche, die NPA besonders machen. Dies führt uns zum nächsten Mythos.

Mythos 5: Direkte Aktionen funktionieren nicht mehr. Erzählen Sie das den tausenden Menschen, die jedes Jahr NPA-Konferenzen besuchen, und sie werden Ihnen ins Gesicht lachen. Das ist, als ob man einem Kind weiß machen will, dass Bonbons nicht süß sind. Mal von den fehlenden Handtüchern und Bettbezügen abgesehen, hört man die größte Beschwerde zu NPA immer nach der letzten Aktion: „Kommt schon, wir wollen noch eine machen!" Die Menschen, die mit NPA Jahr für Jahr in Kontakt sind, haben gelernt, dass direkte Aktionen das Herzblut einer Organisation sind. Nur so finden Menschen ihre Selbstachtung, sammeln Erfahrungen und erringen Siege.

Nach mehreren Jahren der Aktionen gegen HUD stellte die Behörde eine neue Regel auf: Ab sofort durfte man das Gebäude nicht länger betreten, wenn man nicht vorher einen Termin vereinbart hatte. Also organisierten wir uns Termine mit ca. 30 unwichtigen 08/15-Angestellten, zehn hier, zwölf dort etc. Als unsere Leute die Busse bestiegen, sagten wir ihnen, dass sie direkt zum Büro von Pat Harris im 6. Stock gehen sollten. Bei HUD hätten die Alarmglocken spätestens klingeln sollen, als zwanzig Busse vor ihrer Tür anrollten und plötzlich etwa 1000 Menschen vor dem Eingang standen. Einer unserer Leaders schritt auf den Wachmann zu und sagte zu ihm: „Wir haben ein Meeting für zehn Leute mit Joe Jones, dem Unterstaatssekretär für Toilettenpapier." Der Wachmann rief drinnen an und erhielt die Bestätigung, dass der Termin tatsächlich echt war. Nachdem wir zwei Gruppen auf diese Art ins Gebäude geschleust hatten, ging Lenora

Rodgers, ein Leader der Roseland Community in Chicago, zum Wachmann hin und sagte zu ihm: „Sie sind doch so beschäftigt, lassen Sie einfach mich die Leute zählen, damit wir Sie nicht so aufhalten." Der Wachmann bedankte sich für die Hilfe.

Was der Wachmann nicht wusste war, dass Lenora wohl ziemlich schlecht in Mathe war. Sie zählte in etwa so: Eins, zwei, drei, zwei, drei, vier, drei, vier, fünf, vier, fünf, sechs bis hin zu zehn - was am Ende aber eher zwanzig Leute waren. Allerdings wurde uns klar, dass wir sogar mit Lenoras kreativer Interpretation von Zahlenfolgen ewig brauchen würden, um ins Gebäude zu kommen. Als das nächste Meeting vom Wachmann überprüft wurde, winkte uns Lenora daher an der Tür heimlich in Massen durch. Nachdem dreißig Leute erreicht waren, rief sie voller Autorität: „Stopp, das sind 15! Der Rest wartet bitte, bis der Wachmann das nächste Meeting bestätigt. Mit wem haben wir den nächsten Termin?" Der Wachmann war von Lenoras effektiver Gruppenkoordination sehr beeindruckt. Am Ende schaffte es jeder von uns hinein. Als Lenora den Aufzug betrat, rief ihr der Wachmann noch zu: „Danke für die Hilfe!" Sie lächelte nur und antwortete: „Gern geschehen. Es hat mir Spaß gemacht." Solche Leader-Fähigkeiten lernt man nicht im Klassenzimmer.

Da ich bei den Meetings nicht direkt dabei war, suchte ich mir einen Stuhl in der Lobby und ruhte mich ein wenig aus. Der Wachmann kam auf mich zu und sagte: „Sie haben eine sehr geordnete Gruppe. Ich habe gerne dabei geholfen, alle rechtzeitig zu ihren Meetings zu bekommen." Ich wischte mir den Hitzeschweiß von der Stirn und antwortete: „Danke. Mittlerweile sollten sie alle im Büro von Pat Harris stehen." So kamen wir zu einem Meeting mit Pat Harris und schafften es, mehrere Reformen von HUD- und FHA-Problemen zu bewirken, von denen keine ohne direkte Aktionen und Lenoras freizügiger Anwendung von Mathematik möglich gewesen wäre.

Ein weiteres notorisches Angriffsziel von NPA war die Federal Reserve[81]. Das Problem war, dass die Sicherheit dort derart hoch war, dass es schier unmöglich war, hineinzukommen. Die Wachen trugen alle automatische

81 US-amerikanische Nationalbank.

Waffen und fanden Gefallen daran, diese uns auch zu zeigen. 1982, als Paul Volcker Vorsitzender war, wollten wir uns mit ihm zu einem Gespräch über die hohen Zinsbeträge treffen. Er wurde damals von den Medien als finanzielles Genie angehimmelt, hatte aber ein Ego, das nicht zu diesem Ruf passte. Er lehnte unsere Anfragen zu einem Meeting ab, also wussten wir, dass wir draußen bleiben mussten. NPA mag es überhaupt nicht, draußen bleiben zu müssen. Wir wollen nicht der Welpe sein, der vor der Tür winselt. NPA stürmt lieber herein und frisst unseren Feinden den Schinken vom Tisch.

Ein Mitarbeiter der Northwest Bronx Clergy and Community Coalition aus New York hatte eine Kontaktperson bei „Saturday Night Live"[82], die damals mit dem „Land Shark"[83] einen Sketch im Programm hatten, bei dem ein Mann als Hai verkleidet die Menschen in Alltagssituationen angriff - eine Parodie auf den Film „Der Weiße Hai". Er schaffte es, die Redaktion davon zu überzeugen, uns den „Land Shark" für eine Aktion auszuleihen.

Bei unserem nächsten Besuch der Federal Reserve zog dann ein Leader aus der Bronx das Kostüm an und kletterte auf ein kleines Dach über der Eingangstür mit einem Schild um den Hals, auf dem „Paul Volckers Kredithai-Büro" stand. Eine Fernsehcrew mit Lieferwagen hielt gegenüber auf der Straße und fing damit an, ihr Equipment aufzubauen. Ein Wachmann eilte zu uns heraus und sagte: „Herr Volcker ist bereit, sich mit drei Leaders zu treffen, solange der Hai da runter kommt, bevor er gefilmt wird!" Cincotta antwortete: „Er wird sich mit zwanzig Leaders treffen oder er landet heute in den Abendnachrichten." Der Wachmann sah aus, als hätte man ihm zwischen die Beine getreten. Er schnellte zurück ins Gebäude, tauchte schon nach weniger als einer Minute wieder auf und rief: „Okay, solange Sie mir versichern können, dass der Hai nicht ins Fernsehen kommt." Wir stimmten zu und trafen uns endlich mit Volcker, von dem es damals hieß, er sei mächtiger als der Präsident. Direkte Aktionen scheinen also doch zu funktionieren.

82 US-amerikanische Comedy-Show des Senders NBC.
83 Wörtlich: „Land-Hai".

Wenn ich mit meiner Frau im Auto verreise, nehmen wir immer eine Straßenkarte mit. So haben wir die Sicherheit, dass wir wissen, wo es lang geht. Das geht allerdings auf Kosten der Kreativität. Als Lewis and Clark[84] den Nordwesten erkundeten, gab es solche Karten nicht; sie haben sich ihre eigenen gezeichnet. Auch bei NPA hatten wir keine Karten. Wir gingen immer in Richtungen, in denen vorher noch niemand war. Wenn du also Sicherheit willst, dann folge einfach einer Karte und mache das, was schon viele vor dir gemacht haben. Wenn du bereit bist, Risiken einzugehen, gehe ins Organizing. Denn wer erinnert sich schon noch an die Organisationen, die nie etwas riskiert haben?

Die Menschen, die die Unabhängigkeitserklärung verfasst haben, nahmen auch ein Risiko auf sich. Sie gingen ihren eigenen Weg und viele bezahlten dafür mit ihrem Leben. Aber Unabhängigkeit und eine neue Nation entstanden aus ihrem Opfer. Ein paar meiner körperbehinderten Freunde gaben mir einmal ein Foto in die Hand. Darauf war ein Mann zu sehen, der auf einem Schlitten durch frisch gefallenen Schnee rodelte, mit dem Spruch: „Folge nicht den Pfaden anderer Menschen, sondern pflüge deinen eigenen." Das war schon immer das Motto von gutem Organizing - und auch von NPA.

Jemand fragte einmal den vordersten Schlittenhund, wieso er sich gerade diese Position ausgesucht hat. Dieser antwortete: „Überall sonst bleibt die Aussicht immer gleich." NPA wollte nie nur auf das Hinterteil des Vordermanns starren. Unser Credo war es immer, altbekannte Pfade zu verlassen und unsere eigenen Spuren zu hinterlassen.

---

84 Die Lewis-und-Clark-Expedition (1804 - 1806) war eine Überlandexpedition quer durch die Vereinigten Staaten, die die Expansion nach Westen öffnete. Die junge Pfadfinderin Sacajawea, eine Shoshone, führte die Expedition ohne Karte zu ihrem Ziel.

Die Verantwortung liegt bei uns

Die frühen 1980er Jahre

Ende der 1970er Jahre arbeiteten wir an drei großen Themen gleichzeitig: Redlining bei Versicherungen, dem Community Reinvestment Act und an der Reform der Federal Housing Administration. Gale Cincotta kam sogar in einen Nationalausschuss zu den Problemen von Nachbarschaften, der von Präsident Carter ins Leben gerufen wurde. Natürlich widmeten wir uns auch jedem anderen Problem, das uns vorgelegt wurde - von streunenden Hunden über das Verbessern von Communities bis hin zu Verbrechen. Das waren ziemlich hektische Zeiten. Wir landeten im Zeitraum von 1979 bis 1981 mindestens einmal pro Monat in der Zeitung.

In unseren Köpfen bedingten sich alle Probleme gegenseitig. Redlining existierte, weil die Banken sich nicht trauten, in den betroffenen Nachbarschaften Hypotheken zu vergeben, da sie dort keine Sicherheiten hatten. Also erfand man die FHA-Hypotheken, bei denen garantiert war, dass man kein Geld verlieren würde. Während dies in den Vorstädten funktionierte, griffen die Leute in den Innenstädten nur als letzten Ausweg auf FHA-Kredite zurück. Dort waren FHA-Hypotheken das Sinnbild für Ineffizienz, Korruption und Verschwendung. Sie machten die Dinge eher schlimmer als besser - was wiederum den Eindruck für viele Banker verstärkte, dass diese Nachbarschaften stark risikobehaftet waren.

Ende der 1970er Jahre versuchten Versicherungen, es den Banken gleich zu tun, und diskutierten mit der Regierung über sogenannte FAIR-Pläne, die im Grunde die FHA-Kredite der Versicherungswelt waren. Wir nannten sie 2. Klasse- oder „Hinten-im-Bus"-Versicherungen, da sie nur

Brandschäden abdeckten (im Gegensatz zu gewöhnlichen Hausrat-, Unfall- und Haftpflichtversicherungen) und dabei weit teurer waren als normal.

Jedes dieser Probleme hatte mit Geld zu tun - nicht unbedingt in Form von Bargeld, sondern auch in Form von Krediten. Bei NTIC war jedem Mitarbeiter bewusst, dass Geld in den Nachbarschaften wie das Blut ist, das einen Körper am Leben erhält. Wenn es nicht zirkuliert, stirbt der Körper. Und wenn das Geld nicht zirkuliert, stirbt die Community genauso schnell. Ich kann nur mit dem Kopf schütteln, wenn Leute durch eine üble Nachbarschaft fahren und sich darüber aufregen, was die Anwohner angerichtet haben. Sie haben überhaupt nichts angerichtet. Diejenigen Personen, die den Geldfluss abgeklemmt haben, haben die Gegend getötet.

Die frühen 1980er waren auch die Jahre unserer ersten Siege im Bereich von Redlining bei Versicherungen. Ab den späten 1960ern nahmen städtische Kredite durch das FHA-Programm effektiv den Druck von konventionellen Kreditgebern, die sich anschließend komplett aus unsicheren Wohngegenden zurückziehen konnten. Der FAIR-Plan war auf dem Weg, dieses Schema in den 1970ern zu wiederholen. Hauseigentümer bekamen bereits die ersten Briefe, dass ihre Versicherungen grundlos gekündigt wurden. Die Versicherer gaben die Stadtviertel auf.

Bei unserem ersten Treffen mit einem Repräsentanten einer Versicherung erzählte dieser uns, dass seine Firma keine Verträge in den betroffenen Nachbarschaften abschloss, da diese als „moralisches Risiko" angesehen würden. Eigentlich dachten wir, dass wir bisher ein moralisch recht anständiges Leben geführt hatten, also waren wir von der Äußerung ziemlich verblüfft. Als wir ihn fragten, was er damit meinte, spielte er sich auf wie ein Grundschullehrer, der einem Haufen Kinder die Welt erklären muss. Da die Versicherungssumme für den Fall eines Hausbrandes auf dem Papier oft größer war als der gegenwärtige Wert des alten Hauses, war die Bank besorgt, dass die Menschen ihre Häuser absichtlich anzünden würden, um sich den „Gewinn" in die Taschen zu stecken. Es erhob sich eine Frau, die in aller Ruhe aus dem Publikum auf den Repräsentanten zuschritt. „Sagen Sie mir, wecke ich meine Familie vor dem Brand noch auf oder lasse ich sie mit verbrennen, um mir die Lebensversicherung auch noch zu holen?" Mit ernster Miene antwortete er tatsächlich, dass sie ihre Familie zuerst evakuieren sollte. Danach brach die Hölle los! Jemand zückte seinen Zigarettenanzünder und rief „Wir müssen dieses Meeting beenden, damit ich heim kann, um mein Haus anzuzünden!" Dem Repräsentanten wurde schnell klar, dass er in ein Wespennest gestochen hatte. Hanebüchene Rechtfertigungen wie „moralische Risiken" - denn wer würde schon sein eigenes Haus für einen unscheinbaren Profit auf dem Papier anzünden? - veranlassten große Firmen, sich aus den Nachbarschaften zurückzuziehen und die Geldmittel mitzunehmen, die die Menschen zum Überleben brauchten. Sie waren die wahren Zerstörer der Nachbarschaft.

Die meisten Leaders hatten Erfahrung mit Redlining bei Banken - und Redlining bei Versicherungen war das Gleiche in Grün. Also wollten sie sofort die Spitze der Nahrungskette ins Visier nehmen und ein Meeting mit dem Präsidenten von Allstate[85] einfordern. Doch viele der neueren Gruppen konnten den Grund dafür noch nicht verstehen, sodass wir einige Zeit brauchten, um alle auf einen Nenner zu bringen. Unser erstes Meeting war daher nur mit einem örtlichen Angestellten in Chicagos West Side[86]. Die unerfahrenen Leaders schrien ihn regelrecht an und beleidigten ihn. Irgendwann verstanden sie dann, dass ihm einfach die Macht fehlte, um unseren Forderungen Folge zu leisten. Wir mussten mit unseren Aktionen höher ansetzen.

Dann schnappten wir uns einen regionalen Angestellten und verpassten ihm die gleiche Behandlung. Diesmal lernten wir etwas mehr. Einige Monate später nahmen wir dann endlich Allstate direkt aufs Korn. Mittlerweile kannten die Leute das Thema in- und auswendig und verstanden, warum es sie und ihre Nachbarschaft persönlich betraf. Jedes Mal, wenn ein Angestellter von Allstate suggerierte, dass wir die komplexe Thematik nicht richtig verstanden, hatten unsere Leute die Antwort parat. Letztlich stimmte Allstate zu, alle 10.000 Versicherungspolicen, die zuvor gekündigt worden waren, wieder einzusetzen. Die Firma richtete sogar Programme ein, die den Menschen dabei halfen, aus den FAIR-Plänen auszu-

---

85 US-amerikanisches Versicherungsunternehmen mit Firmensitz in Northbrook, Illinois.
86 Zu einem Stadtbezirk zusammengefasste Stadtteile im Westen Chicagos.

treten und konventionelle Privatversicherungen zu beantragen. Allstate versicherte uns außerdem, dass Versicherungen nun überall per Telefon abgeschlossen werden konnten - was in weißen Communities längst gang und gäbe war.

Ironischerweise wurde Allstate nach dieser Erfahrung zu einem unserer größten Unterstützer. Wie es ein Vorstandsmitglied ausdrückte: „Wir verstanden nun, was für eine wichtige Rolle NTIC für die Nachbarschaften spielte." Soviel zu der Behauptung, dass man seine Gegner nicht angreifen soll, weil man sonst jegliche Beziehungen zerstört. Dem Gegner gefällt vielleicht nicht, wo unsere Königin auf dem Schachbrett steht, aber er sollte die Lage besser respektieren. Das ist die einzige Art von Beziehung, die mir zwischen meiner Organisation und der Machtstruktur wichtig ist.

Nach Allstate wendeten wir uns Aetna[87] und State Farm[88] zu. Unsere erfolgreichste Abmachung war aber mit Aetna. Wir brachten sie dazu, mehr als 120 Millionen Dollar in Form von Hypotheken und Hausrenovierungskrediten in zwölf Communities zu investieren. Das Geld half auch dabei, viele weitere hundert Millionen Dollar von Banken für Entwicklungsprojekte in den Communities locker zu machen. Wir erhielten auch ein dramatisches Schuldbekenntnis von Aetna, die in landesweiten Magazinen wie Time und Newsweek eine ganze Seite ausfüllte. Der Titel des Artikels lautete „National People's Action forced us to eat crow"[89] und wurde komplementiert mit einem Bild von einem Mann im Anzug, der mit Messer und Gabel auf eine tote Krähe auf einem Teller starrte.

Doch trotz all unserer Siege bei Versicherungen betrachteten viele Institutionen außerhalb der Nachbarschaften die Gegend immer noch als Risiko. Viele Menschen flohen damals in die Vorstädte, weil sie dachten, die innerstädtischen Blocks befänden sich im Sterben und würden die verbliebenen Anwohner in den Suizid treiben. Bevor wir die Nachbarschaften aber retten konnten, mussten die Leute verstehen, dass das Leben nicht

---

87 US-Anbieter von Gesundheitsleistungen/Versicherungen für Arbeitnehmer*innen.
88 Eine der größten Versicherungs- und Finanzdienstleistungsgruppen in den USA.
89 „National People's Action zwang uns, Krähen zu essen." Eine im Englischen verwendete, umgangssprachliche Redewendung, welche die Erniedrigung versinnbildlichen soll, wenn man zugeben muss, dass eine Position, die man eingenommen hat, sich als falsch erwiesen hat.

ohne Grund aus den Communities entwich, sondern jemand aktiv dabei war, diese zu erwürgen. Cincotta hatte dafür einen tollen Spruch: „Wir haben den Feind getroffen. Und wir sind es nicht."

Beim Organizing geht es um Ökonomie. Schneide den Geldfluss ab und es wird mehr Schlaglöcher geben, mehr kaputte Straßenlaternen und auch mehr Verbrechen, da auch die Polizei nach und nach verschwindet, und so weiter. Wenn auch die Kredite verschwinden, dann stirbt die Nachbarschaft vollends, da sich niemand mehr ein Haus leisten kann und niemand mehr Kapital zur Verwirklichung seiner Geschäftsideen hat. All das hat nichts mit den Taten der Bewohner zu tun, sondern mit all den Politikern, Geschäftsleuten, Bankern und so weiter, die aus ihren Elfenbeintürmen heraus entschieden haben, die Gegend sterben zu lassen, indem sie den Geldfluss abschneiden. Man muss für seinen fairen Anteil am Kuchen kämpfen, um Dinge wie Schlaglöcher, Laternen und Gebäude zu reparieren. Wenn man diesen Anteil nicht bekommt - und das wird man nicht ohne einen Kampf - verwandelt sich die Nachbarschaft in einen Slum.

Tom Gaudette, der früher beim Militär war, erklärte mir, wie Feldsanitäter im Einsatz entscheiden, wen sie mithilfe der Triage-Theorie[90] zuerst behandeln: „Wir können diesem hier garantiert helfen, er kommt zuerst dran; dann dieser dort, der schafft es vielleicht nicht und der da wird so oder so sterben, vergesst ihn." Die Ärzte auf dem Schlachtfeld müssen diese Entscheidungen treffen und sie werden dabei Fehler machen. Das Ganze erinnert mich oft an den Alltag im Organizing. Unser „Arzt" - der Stadtrat, die Federal Reserve oder der Bildungsausschuss - trifft solche Entscheidungen nicht nur für eine Person, sondern für ganze Stadtviertel - Tausende von Menschen - und sagt uns, dass wir es nicht wert sind, am Leben erhalten zu werden. Also werden die Ressourcen anderswohin gelenkt. Beim Community Organizing geht es darum, den Verantwortlichen klar zu machen, dass wir nicht den kürzesten Strohhalm ziehen werden, und ihnen in den Arsch treten, wenn sie das anders sehen. Wie die Geschichte gezeigt hat, sind wir in unserem Fall nicht gestorben - und die Experten, die die Stadtviertel für tot erklärt haben, haben sich völlig geirrt.

90 Verfahren zur Priorisierung medizinischer Hilfeleistungen.

Als wir die finanziellen Aspekte hinter den Problemen immer besser verstanden, änderten wir nicht unbedingt unseren Ansatz oder unseren Stil, aber wir änderten die Art, mit der wir den Leaders und Organizers Informationen vermittelten. Es ist einfach zu sagen, dass irgendeine reiche weiße Nachbarschaft zehn Millionen Dollar an Hypotheken abgeschlossen hat, während hier keine einzige gewährt wurde. Das machte die Leute aber nicht so sauer, wie zu sagen, dass die Straße dort einmal pro Monat gekehrt wurde - und hier nur einmal pro Sommer. Das dramatischste Beispiel fand sich aber im Bereich der Dienstleistungen, die in den 1980er Jahren einen großen Teil unserer Arbeit dominierten. Die Chicago Tribune[91] schrieb einen Artikel darüber, wie ComEd[92] oder Peoples Gas[93] jährlich 20 Millionen Dollar mehr von den Leuten forderten. Wir brachen das herunter und sagten den Leuten: „Das wird euch 275 Dollar mehr pro Jahr kosten." Organizers müssen Informationen mit Zahlen vermitteln, die die Leute verstehen. Millionen von Dollar sind für mich nicht greifbar. 275 Dollar aber schon.

Reagan wurde Präsident kurz nachdem wir einen 750.000 Dollar Vertrag mit der Federal Emergency Management Agency (FEMA)[94] unterzeichnet hatten, um Redlining bei Versicherungen zu untersuchen. Die Agency war besonders interessiert an der Frage, ob die Versicherungen die Hauseigentümer auszahlen müssen, wenn eine Nachbarschaft als Notstandsgebiet eingestuft wird. In üblicher Manier verteilten wir den Löwenanteil der Finanzierung auf Graswurzel-Organisationen im ganzen Land, um das Problem an den Quellen zu studieren (den Versicherungsfirmen würden wir sicherlich nichts abgeben). Reagans Antrittsrede war am Montag. Am Dienstag darauf erhielten wir eine Unterlassungserklärung von der Regierung, die so viel sagte wie: „Gebt keinen weiteren Cent aus."

91 Überregionale Zeitung im Mittleren Westen der USA. Ihre politische Orientierung gilt als konservativ.
92 Commonwealth Edison Company: Größter Stromversorger in Illinois sowie der einzige in Chicago.
93 Gasversorger in Chicago.
94 Nationale Koordinationsstelle für Katastrophenhilfe.

Unser Kontakt bei FEMA erklärte uns, dass er vom Mittagessen zurück-
gekehrt war und sein Büro ausgeräumt vorgefunden hatte. Er wurde auf
der Stelle gefeuert. Wir mussten alle unsere Graswurzel-Gruppen anrufen
und ihnen mitteilen: „Die Finanzierung ist versiegt. Wir können euch kein
weiteres Geld geben.“ Danach schickte die Regierung zwei Buchprüfer, die
etwa einen Monat damit verbrachten, in unserem Büro die Buchhaltung
zu durchforsten, um ein Anzeichen auf Missbrauch von Geldern zu finden.
Jeder in unserem Team stand den beiden so gut es ging zur Verfügung,
aber man hätte genauso gut versuchen können, sich mit einem Eisbären
anzufreunden. Ich glaube, sie waren zunehmend frustriert darüber, dass
sie einfach keinen Fehler finden konnten. Ich bin mir sicher, dass sie Luft-
sprünge gemacht hätten, wenn sie auch nur einen Cent am falschen Platz
entdeckt hätten. Aber das konnten sie nicht.

Wir erwarteten stürmische Zeiten, als Reagan Präsident wurde. Er log
während seiner Kampagne nie und schrie regelrecht in die Welt hinaus,
was er alles tun wolle, wenn er das Oval Office[95] betrat: Soziale Dienste
kürzen und das Militär vergrößern. Wir riefen alle großen Organizing-
Netzwerke im Land zu einem Meeting zusammen, um zu beraten, wie wir
dem kommenden Sturm trotzen könnten. Jeder außer der Industrial Areas
Foundation schickte Repräsentanten. Leider brachte das Meeting nichts.
Aber Reagan dabei zuzusehen, wie er in seiner üblichen Rhetorik über Geschäfte und Wirtschaft sprach, verstärkte unseren Eindruck von Geld als
Lebenselixier einer Nachbarschaft nur noch. Obwohl wir bereits viele
Jahre für Themen gekämpft hatten, die letztlich mit der Umverteilung von
Geld zu tun hatten, wurde uns schlagartig klar, was uns jetzt bevorstehen
würde.

Aus dieser Erkenntnis heraus entsprang Reclaim America[96], ein monate-
langer Protest, der quer durch das ganze Land wütete und umso größer
wurde, je weiter er kam. Die Menschen erkannten, dass Amerika nun von
Firmen regiert wurde, nicht von Politikern - und schon gar nicht vom ge-

---

95 Büro des Präsidenten der Vereinigten Staaten von Amerika.
96 Reclaim America oder „Wir nehmen uns unser Land zurück“: Bundesweite Kampagne aller
vernetzten NPA-Organisationen und weiterer Verbündeter im Herbst 1982. Auf ihrem Weg zur
Wall Street in New York wurden in verschiedenen Städten die Konfliktgegner aufgesucht und die
Forderungen der Organisationen gestellt.

meinen Volk. Reclaim America wurde zu einem der größten Erfolge von NPA - und das, obwohl wir anfangs keinen blassen Schimmer davon hatten, wie die Aktion eigentlich aussehen sollte. Wir hielten ein Meeting nach dem anderen ab, um zu planen, wie Reclaim America ablaufen sollte. Dann hatten wir einen Geistesblitz: Reclaim America sollte direkt zur Wall Street führen. Als die Idee in einem Meeting aufkam war das, als ob man einen Benzinkanister in ein wütendes Feuer warf.

Unsere erste Aktion war die Zusammenkunft der American Bankers Association (ABA)[97] im McCormick Place in Chicago. Wir mieteten ein Flugzeug, das unser Banner hinter sich herzog, charterten eine Fähre, um vom Wasser aus auf das Gelände zu gelangen, und transportierten Hunderte von Leuten per Bus an den Haupteingang - angeführt von einer High School Blaskapelle. ABA kämpfte immer noch gegen den Community Reinvestment Act, Jahre nach seiner Einführung. Die Banker bekamen eine Heidenangst. Sie brachten den Bürgermeister dazu, die Polizei zu rufen, um den Leuten auf dem Boot (unter denen sich auch das Führungsteam der Aktion befand) zu sagen, dass die Anlegestelle heute gesperrt sei. Also drehte das Boot um und das Sprecherteam musste per Taxi zum Verhandlungstreffen fahren, dem ABA mittlerweile zugestimmt hatte. Damals waren Banker genauso gepolt wie viele andere Geschäftsleute ihrer Zeit: Alle taten so, als würden die Menschen in armen Nachbarschaften nicht existieren und hätten in ihren Plänen für das Land auch keine Rolle zu spielen.

Danach ging es weiter nach Cleveland, wo 1000 Menschen über den Hunt Club hereinbrachen, einem Country Club für Pferdeliebhaber, unter denen auch der Vorstand von Amoco[98], Alton Whitehouse, war. Als nächstes war Washington an der Reihe, wo wir ein Meeting mit dem Vorsitzenden von Federal Reserve, Paul Volcker, organisiert hatten, um die Zinserhöhung von Hypotheken von 18 Prozent auf 20 Prozent zu besprechen. In Philadelphia griffen wir als nächstes den Kopf der American Medical Association[99] an, um mit ihm die hohen Preise von verschreibungspflichtigen Medikamenten zu diskutieren, die gerade ältere Menschen in Schwierig-

97 Bankenfachverband in den USA.
98 American Oil Company: globales Chemie- und Ölunternehmen.
99 Größte Standesvertretung der Ärzte und Medizinstudent*innen in den USA mit Sitz in Chicago.

keiten brachten. Als wir schließlich in New York City ankamen, hatten wir fast 5000 Leute in unserem Gefolge, von denen die Hälfte in mehreren hundert Bussen aus den vorher besuchten Städten anreiste. Der Kampfgesang an diesem Tag war: „Wall to wall on Wall Street"[100] - und genauso war es auch: Wir verstopften die Straßen. Das war ein fantastischer Tag. Wenn man aber ehrlich ist, hat Reclaim America wenige echte Siege errungen. Aber es hat eine Menge Spaß gemacht. Noch Jahre später kamen Menschen auf mich zu und teilten mir mit, dass sie damals auch in der Wall Street standen - etwas, das für mich Bände darüber spricht, wie viel Selbstachtung die Leute durch die Aktion erhielten und diese bis heute mit sich tragen. (In Sachen Berichterstattung durch die Medien hatten wir leider Pech. Wall to wall on Wall Street fand am selben Tag statt, an dem Prinzessin Grace von Monaco starb. Am nächsten Tag waren wir in den Zeitungen kaum zu finden.)

Wir haben aus den 1980ern einige Lektionen gelernt. Viele Gruppen, die durch Zuschüsse der Regierung in den 1970ern florierten, haben die 1980er nicht überlebt. Einmal war NTIC sogar komplett pleite, weil eine Stiftung ihr Finanzierungsversprechen nicht eingehalten hat. Wir mussten uns alle vier Monate lang arbeitslos melden. Was uns dabei innerlich über Wasser gehalten hat, war das Wissen, dass wir mit unserer Arbeit manchmal - nicht immer oder gar oft - das Tempo des sozialen Wandels beschleunigen können. Meist machen wir dabei für jeden Schritt vorwärts auch einen halben Schritt zurück. Als wir den ersten Entwurf des Home Mortgage Disclosure Act in den 1970er Jahren schrieben, der die Banken dazu zwang, die Abschluss- sowie die Ablehnungsraten von Geschäfts- und privaten Hauskrediten preiszugeben, haben die Banker die Sektion über die Geschäftskredite gestrichen, was einer der Gründe dafür ist, warum Geschäftskredite an Minderheiten auch heute noch stark hinter den Hauskrediten herhinken. Aber man nimmt, was man kriegen kann. Wir kämpfen alle für den ultimativen Sieg, aber Organizers leben nun einmal in der wirklichen Welt - nicht in der Welt, wie sie sein sollte. Da uns der Unterschied zwischen den beiden klar ist, verstehen wir, dass wir den ultimativen Sieg nie erringen werden.

100 „Mauer auf Mauer an der Wall Street".

Die Wobblies (Industrial Workers of the World bzw. IWW)[101] sprachen immer von ihrem One Big Strike[102], an dem jeder Arbeitnehmer in Amerika am selben Tag streiken würde. Das war ihr Traum, ihr Mythos, ihre Hoffnung. Natürlich haben sie dies nie erreicht, aber es hat sie eine ganze Weile lang angetrieben. Man braucht diese Art der Hoffnung. Ich denke, das ist ein weiterer Aspekt dessen, was einen Organizer ausmacht: Die Hoffnung, dass eines Tages alles anders sein wird. In der Zwischenzeit werden wir um jeden Meter kämpfen, um das Leben der Menschen soweit zu verbessern, wie es möglich ist.

Einige Community Organizing Netzwerke haben die Ereignisse der 1980er Jahre so interpretiert, dass man nun nicht mehr nur Organizing an sich betreiben sollte, sondern auch mit eigenen Kandidaten in die Politik einsteigen muss. Ich denke, damit liegen sie völlig daneben. Wenn Community Organizations politisch werden - in anderen Worten Kandidaten öffentlich unterstützen oder selbst aufstellen - fangen sie an, nach den Regeln von jemand anderem zu spielen. Um effektiv zu sein, muss eine Organisation aber ihren eigenen Regeln folgen. „Wer im Glashaus sitzt, sollte nicht mit Steinen werfen", lautet ein altes Sprichwort. Der Organizer hält sich daher besser vom Glashaus fern und bewahrt sich seine Handlungsfreiheit. In den 1990ern wurde ich zweimal ins Weiße Haus eingeladen: Einmal zur Unterzeichnung des Americans with Disabilities Act[103] und einmal zur Ehrung von NTIC's Kampf gegen Kriminalität. Ich lehnte beide Besuche ab. Ich habe ohnehin nie verstanden, wieso man in einem Glashaus wohnen wollen würde.

---

101   Weltweite basis-demokratische Gewerkschaft, deren Einfluss sich auf die USA, Großbritannien, Kanada und Australien konzentriert.
102 Wörtlich: Einen Großen Streik.
103 Gesetz, das die Gleichstellung von Menschen mit Behinderungen vorschreibt.

Von Bus-Liften und Bürokraten

ADAPT und Behindertenrechte

Wade Blank war ein aufstrebender Priester, der während seiner Ausbildung drei Monate als Unteroffizier bei der Armee verbrachte, zurück zum Priesterseminar ging, dort seinen Abschluss machte und zu seiner ersten Kirche in der Nähe von Kent State beordert wurde. Dort gewährte er Studenten Zuflucht und Hilfe, als die Nationalgarde von Ohio während des Kent-State-Massakers[104] im Mai 1970 wahllos auf Mitglieder der Kent State University schoss. Als seine Kirchengemeinde das herausfand, warfen sie ihn kurzerhand wieder raus. Danach fand er einen Job als Freizeitgestalter in einem Pflegeheim für junge und alte Menschen mit Behinderung in Denver. Er sorgte dafür, dass die „Insassen" - so werden die Bewohner von Pflegeheimen von der Behindertengemeinschaft bezeichnet - eine nahegelegene Eisdiele besuchen konnten. Das war eine bis dato total radikale Aktion. Danach organisierte er den Besuch eines Rockkonzertes, was genauso beispiellos war.

Er dachte, er liefere eine fantastische Leistung in seinem neuen Job ab - bis sich am ersten Weihnachten seiner Anstellung drei Menschen das Leben nahmen. Als direkte Reaktion holte er einen Jugendlichen aus dem Pflegeheim heraus und ließ ihn illegal bei sich zu Hause wohnen. Das war der Anfang von Atlantis, einer Organisation für Behindertenrechte, die

---

104 Während einer Demonstration gegen den Vietnamkrieg wurden in Kent, Ohio, auf dem Campus der dortigen Universität vier Studierende von der Nationalgarde erschossen, weitere neun wurden zum Teil schwer verletzt.

sich dem unabhängigen Leben von Menschen mit Behinderung verschrieben hat, und dieses Ziel mit ADAPT, einem organisierenden Zusammenschluss, bis heute umsetzt.

Fünf Jahre später überraschte er mich mit einem Anruf. Er stellte sich vor und fragte nach Hilfe. „Ich habe diese Behindertensache in Denver am Laufen", sagte er. „Wir wollen daraus eine nationale Organisation für Behinderte machen, so wie du das mit Nachbarschaftsgruppen gemacht hast." Ich dachte nur: „Oh Mann, der Typ hat echt keine Ahnung." Dann erinnerte ich mich daran, dass ich und Cincotta damals genauso ahnungslos waren, als wir NPA ins Leben gerufen haben. Also stimmte ich einer ersten Trainingssession zu. Tom Gaudette brachte mir bei, niemandem die kalte Schulter zu zeigen, der Hilfe beim Organisieren braucht. Damals sah ich ihn mit einem Haufen merkwürdiger Gruppen reden, hauptsächlich Jugendliche. Sie kamen in unser Büro und er nahm sich die Zeit, sich hinzusetzen, sich mit ihnen zu treffen, zu reden. Und immer zollte er ihnen Respekt. Er verbrachte außerordentlich viel Zeit mit wirklich jedem – solange man die Welt nur irgendwie besser machen wollte. Ich kann mich beim besten Willen nicht daran erinnern, dass er jemals eine Anfrage auf ein Treffen mit „Nein" quittiert hätte. Zum Teil in diesem Sinne stimmte ich einer Trainingsstunde mit Wade zu. Es sollte eine der denkwürdigsten Erfahrungen meines Lebens werden.

Zusammen waren da etwa zwanzig Leute, allesamt in Rollstühlen. Es war das erste Mal, dass ich so nah mit Menschen mit Behinderung gearbeitet hatte, und ich war vor Angst erstarrt. Die Menschen waren derart eng in den Raum gepackt, dass sich kaum jemand mit seinem Rollstuhl bewegen konnte, ohne alle anderen auch zum Umsortieren zu zwingen. Ich bluffte mich durch den ersten Tag. Am zweiten Tag hatte eine Frau einen Anfall und fiel aus ihrem Stuhl. Ich rannte hinüber und fragte: „Wie kann ich helfen?" Sie sagte nur: „Geh mir verdammt nochmal aus dem Weg." Das war die erste Lektion darüber, wie man mit Menschen mit Behinderung umgeht. Man tut nichts, wozu man nicht ausdrücklich gebeten wird. Ich verbrachte die Nacht daraufhin bei einem Menschen mit Tetraplegie - einer Form der Querschnittslähmung. Eines Abends nach dem Training gingen er, ich und drei oder vier weitere Leute in ein Grillhaus zum Essen. Die einzige Art als Tetraplegiker Spareribs zu essen, ist ein

Stück Fleisch mit den Handgelenken aufzuheben und daran zu nagen. Als er damit fertig war, warf er den blanken Knochen einfach über seine Schulter. Damals, als ich noch nicht lange in der Behindertengemeinschaft war, war es mir regelrecht peinlich, mit diesen Leuten zusammen in einem Restaurant gesehen zu werden. Ich kämpfte mich da durch und begann mit dem Training, woraufhin wir die nächste Zeit immer wieder Gelegenheit hatten, miteinander zu arbeiten. Und dabei haben sie auch mich trainiert: Jetzt bin ich stolz mit behinderten Menschen in einem Restaurant essen zu gehen. Das ist einer der Vorteile von Beratung: Der Lernprozess funktioniert in beide Richtungen.

Die Gruppe von Wade hatte schon bald beträchtlichen Erfolg. Atlantis wurde zu einem multi-millionen Dollar schweren Versorger von Unterkünften für Menschen mit Behinderungen und ADAPT wurde zu großen Teilen der Erfolg des „Americans with Disablilities Act" zugesprochen. Das große Thema zu der Zeit war Lifte für Busse. Wir haben oft gesungen: „The bus, the bus, the bus is on fire. If it doesn't have a lift, let the damn thing burn."[105]

Während dieser Zeit arbeitete ich in Form von Trainingssessions überall im Land mit ADAPT zusammen. Nach einem Treffen in Washington D.C. mit ca. 40 Leuten gingen wir in die Stadt und hielten zwei Busse außerplanmäßig an. Als Rollstuhlfahrer klappt dies ganz hervorragend, indem einfach jemand vor dem Bus auf die Straße rollt, ein weiterer hinter den Bus und diesen somit blockt. Dann kam uns die Idee die Pennsylvania Avenue dicht zu machen. Damals war die Durchfahrt direkt vor dem Weißen Haus noch nicht abgesperrt, also gingen wir um ca. fünf Uhr abends hin und blockierten den Verkehr. Die meisten von uns wurden dabei verhaftet, dafür hatten wir aber massiv Aufmerksamkeit generiert.

Ungefähr ein Jahr später gingen wir mit vierzig Leuten in Rollstühlen aus elf Staaten nach Cincinnati. Da ADAPT kein Geld hatte, kamen wir in einem billigen Hotel am Rande der Stadt unter und brauchten entsprechend lange, um nach Downtown zu rollen. So gut wie alle Buslinien, die in Downtown Cincinatti unterwegs waren, fuhren durch denselben Ver-

---

105 „Der Bus, der Bus, der Bus brennt. Wenn er keinen Lift hat, dann lasst das verdammte Ding brennen."

kehrsknoten, bevor sie wieder umdrehten und eine weitere Runde fuhren. Als wir den Knoten also blockierten, schafften wir es, den gesamten Busverkehr der Stadt für vier Stunden lahmzulegen.

Stephanie Thomas, ein ADAPT-Mitglied aus Texas und eine der hitzigsten, stürmischsten Kämpferinnen und großartigsten Organizers, denen man je begegnen kann, warf sich aus ihrem Rollstuhl und kroch buchstäblich die Treppen eines der Busse hinauf. Den vor Schock erstarrten, körperlich gesunden Leuten schrie sie dabei nur zu: „Was ist los? Noch nie einen Krüppel gesehen, der nicht auf seinem Platz bleibt?" Dieses Statement wurde zu einem wichtigen Teil meines Trainings zu Machtstrukturen und darüber, wie man diese aufbricht. Niemand respektiert dich oder beachtet dich auch nur, solange du auf deinem Platz bleibst. Wie bei NPA ging es bei ADAPT immer darum, von seinem vorgegebenen Platz herauszutreten, zu rollen oder auch zu kriechen.

Vermutlich habe ich die schonungslosesten und schlagkräftigsten Aktionen meines Lebens zusammen mit ADAPT unternommen. In Phoenix hatten wir die „American Public Transportation Association (APTA)"[106] aufs Korn genommen, die sich geweigert hat, dem städtisch-öffentlichen Verkehr das Installieren von Lifts in Bussen nahezulegen. Sie hatten damals dieses schicke Dinner in einem Restaurant namens „The Eagle's Nest"[107], hoch auf einem Hügel mit Blick auf die Stadt. Wir haben die einzige Einfahrt blockiert und konnten im Anschluss zusehen, wie APTA-Mitglieder schon vorzeitig aus dem Bus stiegen und einen 15 Meter hohen Hügel hinaufkletterten. Das waren Männer in edlen Anzugen und Frauen in Abendkleidern, die einen steilen Hügel hinaufkrochen, um irgendwie doch noch zu ihrem Essen zu kommen. Kurz darauf eilten einige Rollstuhlfahrer über die Einfahrt hinauf und bildeten am oberen Rand eine Kette. Als die Beamten also oben am Hügel ankamen, hatten sie daher nur zwei Möglichkeiten: Entweder wieder umzukehren oder über Rollstuhlfahrer zu klettern.

106 Bundesweiter Interessenverband öffentlicher und privater Anbieter im Bereich des öffentlichen Verkehrs.
107 „Adlernest".

Das war eine von vielen Aktionen, die wir dazu genutzt haben, Menschen in Machtpositionen vor Augen zu führen, wie es sich anfühlt, wenn man physisch einfach nicht dorthin kann, wo man gerne hin möchte.

Beim dritten oder vierten Mal, als ich mit ADAPT gearbeitet habe, hatten wir eine Trainingssession in Denver. Viele in der Behindertengemeinschaft waren sauer, weil die Stühle in McDonald's-Filialen am Boden festgeschraubt waren und es so keine Möglichkeit gab, mit einem Rollstuhl an den Tisch zu kommen. Nachdem wir eine McDonald's-Filiale in alter Manier dicht gemacht haben, stimmten drei Führungskräfte aus Chicago zu einem Treffen in Denver zu. Wir forderten unter anderem, dass 20 Prozent der Tische barrierefrei bleiben und dass Menschen mit Behinderungen mindestens zehn Prozent der Arbeitskräfte ausmachen sollten. Während den Verhandlungen rief dann jemand: „Und wir wollen, dass man Behinderte in den Werbungen im Fernsehen sieht!" - „Oh Mann", dachte ich nur, „es ist keine gute Idee, sich mitten in den Verhandlungen neue Forderungen auszudenken." Aber wir haben gewonnen und McDonald's wurde das erste Unternehmen, das jemanden mit einer Behinderung in der Werbung gezeigt hat. Das war ein echter Meilenstein. Allein den Leuten zu zeigen, dass Menschen mit Behinderungen den gleichen Stellenwert wie alle anderen haben und wie schon Afro- und Lateinamerikaner zuvor auch in der Werbung zu sehen sein können, war ein riesiger Sieg, der die Behindertengemeinschaft enorm gewürdigt hat.

Die folgende Geschichte sagt zum Abschluss viel über die Mentalität der Bürokratie aus, mit der wir zu kämpfen hatten. Wir protestierten vor dem riesigen Gebäude des „Department of Health and Human Services"[108] in Baltimore. Der Komplex hatte 14 Türen und nahm ganze zwei Häuserblocks in Beschlag. Wir schafften es trotzdem, alle Türen und auch die Einfahrt zu blockieren. Die Idee war, niemanden aus dem Gebäude oder dem Parkplatz zu lassen, bis wir uns eine Zustimmung für ein Treffen gesichert hatten. Als es dann auf Feierabend zuging, versuchten die ersten Leute das Gebäude zu verlassen - hatten dabei aber wenig Erfolg. Die Leute spran-

<hr>

108 „Department für Gesundheit und Soziale Dienste".

gen buchstäblich aus den Fenstern im ersten Stock. Andere, die ihr Glück über den Parkplatz versuchten, kamen dort auch nicht weiter als bis zu unserer Blockade in der Einfahrt.

Ungefähr eine halbe Stunde später tauchte dann ein Bulldozer auf, der eine Schneise durch das gegenüberliegende Feld schlug. Anschließend verließen die Arbeiter das Grundstück über die frische, neue „Straße". Alles, was hier nötig war, wäre eine Zustimmung zu einem Treffen mit zwanzig Leuten gewesen und wir wären sofort abgezogen. Unterschätze niemals die Dummheit deines Gegners - überschätze ihn besser aber auch nicht. Aus dem Fenster zu springen und Bulldozer zu rufen, um sich der Situation nicht stellen zu müssen, spiegelt mehr als nur die Dummheit Einzelner wider. Es ist ein Indiz für die Arroganz gegenüber vielen unserer Ziele - nicht nur gegenüber der Behindertengemeinschaft, sondern gegenüber Graswurzel-Organisationen im Allgemeinen. Man sagt sich gegenseitig: „Diese Leute sind zu dumm, um einen Dialog mit uns zu verdienen." Ich denke, das spielt uns perfekt in die Hände. Wenn sie uns nicht respektieren, müssen wir das auch nicht mit ihnen tun.

Bei ADAPT-Aktionen wurde ich oft von Reportern angesprochen, um allerlei Fragen zu beantworten. Ich weigerte mich, mit ihnen zu reden. Ich würde sagen: „Hört mal, ich bin es nicht, der hier behindert ist. Redet nicht mit mir." Ich denke, viele der Reporter hatten Angst, mit jemandem in einem Rollstuhl zu sprechen. Und genau das ist der Grund, warum ein neutraler Organizer nicht mit der Presse spricht. Es geht um die Beteiligten, um ihre Geschichte, nicht um die des Organizer. Obwohl einige Reporter daraufhin einfach wieder gingen, bin ich froh, eisern bei diesem Prinzip geblieben zu sein. Behinderte Menschen können ihre eigene Geschichte erzählen; dafür brauchen sie mich nicht.

Wir haben einige der Behinderungen auch kreativ zu unserem Vorteil eingesetzt. So würden wir beispielsweise jemanden, der Schwierigkeiten beim Sprechen hat, auswählen, um mit der Polizei zu reden, was uns etwas mehr Zeit zum Demonstrieren gäbe. Seit den zwanzig Leuten beim ersten Training in Denver ist ADAPT mittlerweile auf 500 Stühle angewachsen (das Wort „Stühle" in diesem Zusammenhang zu nutzen, ist keine Beleidigung; für mich sind 500 Leute in Rollstühlen, die für einen gemeinsamen

Zweck am selben Ort im selben Raum sitzen, eine großartige und mächtige Erfahrung). Ich hatte nie gedacht, dass ADAPT einmal auf diese Weise wachsen könnte. Wade Blanks Streben, die Organisation zu erschaffen, die letztlich ADAPT wurde, ist für mich ein Symbol für die menschliche Willenskraft und Würde, nicht nur von Wade, sondern von allen, die sich daran beteiligt haben.

Ungefähr zehn Jahre nachdem es mit ADAPT richtig losging, ertranken sowohl Wade Blank als auch sein Sohn während einer Urlaubsreise. Sein Sohn war beim Schwimmen von einer Strömung erfasst worden und Wade ereilte das gleiche Schicksal, als er versuchte ihm zu helfen. Das beeindruckende an Atlantis/ADAPT ist, dass beide Organisationen trotz des tragischen Ereignisses keinen Moment einknickten.

Als wir angefangen hatten, gab es kaum eine organisierte Führung. Bei der letzten Aktion, an der ich teilgenommen habe, gab es hingegen ein Meeting mit insgesamt 45 Leaders, um den Ablauf des nächsten Tages zu planen. Anfangs war ich der leitende Stratege. Je mehr leitende Positionen gefüllt wurden, desto mehr wurde meine Rolle jedoch überflüssig. Ich gab noch weiterhin Trainings, traf mich mit den Leaders bei Aktionen und wurde manchmal als Gastsprecher zu „Rah-rah, lasst uns in ein paar Ärsche treten!"-Meetings eingeladen. Doch dann teilte ich ihnen mit, dass sie mich nicht mehr an der Front brauchten, da sich die Behindertengemeinschaft mittlerweile problemlos selbst leiten konnte. Und so wurden Menschen mit Behinderungen trainiert, um die nächste Generation von Menschen mit Behinderung zu trainieren und um völlig autonom Strategien und Aktionen umzusetzen. Es ist erstaunlich spaßig, sich selbst aus einem Job herauszuarbeiten.

Das Schöne an Atlantis/ADAPT war die Achtung, die beide Organisationen Menschen entgegenbrachten. Ich erinnere mich an so viele Kommentare von Mitgliedern, wie: „Ich habe mich allein gefühlt, bis ich Mitglied von ADAPT wurde; nun bin ich Teil von etwas." - „Durch ADAPT wurde mir klar, dass ich immer noch ein Mensch bin, nicht irgendeine Art von Freak." - „ADAPT hat mir beigebracht, dass ich mich nicht an die körperlich gesunde Welt anpassen muss. Die müssen sich an mich anpassen. Das ist ein gutes Gefühl."

Eine letzte Sache zu ADAPT - die Organisation hat sich mittlerweile in der gesamten USA und in England ausgebreitet. Menschen aus Japan, Russland und den Niederlanden haben an ADAPT-Aktionen teilgenommen. Für mich zeigt das, dass ein Organizer der Folklore-Figur Johnny Appleseed[109] gleicht - überall, wo man hinkommt, lässt man ein paar Samen fallen und hofft, dass einige davon aufkeimen, wachsen und eines Tages in der Lage sind, den Leuten Nahrung zu bieten. Man weiß einfach nicht, was die Zukunft bringt. Und was könnte spannender sein?

109 Pionier auf dem Gebiet der Ökologie und Held der US-amerikanischen Folklore, der Apfelgärten in vielen US-Bundesländern anpflanzte. Er hatte den Ruf, überall wo er hinging, zufällig Apfelsamen zu streuen.

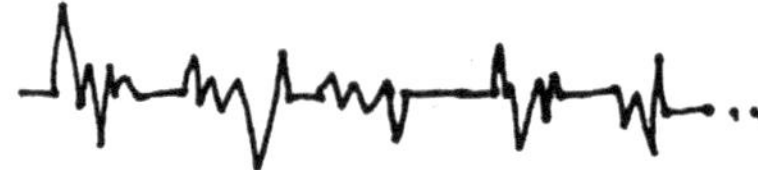

Und der Beat geht weiter

Die 1990er Jahre

Chicago hat sich seit meiner Zeit als Street Organizer[110] radikal verändert. Viele der am besten bezahlten Jobs sind in den 1980er Jahren verschwunden. Die Latinos, mit denen ich damals bei NCO gearbeitet habe, waren nur die Speerspitze einer massiven Immigrationswelle aus Mexiko, Puerto Rico und weiteren Ländern aus Süd- und Zentralamerika. Der Sohn von Old Man Daley zog Anfang der 1990er Jahre als sein Nachfolger ins Bürgermeisterbüro ein und bewies schnell, dass er in Sachen Machtpolitik seinem Vater in Nichts nachstand. Viele Anstrengungen im Community Organizing kamen bei all diesen Veränderungen in den 1980er und 1990er Jahren nicht mit. Als die Jobs wegfielen, stieg auch die Kriminalität. Die Banken wurden riesig; sie haben sogar alte Gesetze aus der großen Depression geändert, die sie daran hinderten, noch profitablere Geschäfte zu machen. Obwohl die Probleme im Großen und Ganzen gleichblieben, änderte sich ihr Gesicht, sowohl vor Ort als auch national. Bei NTIC mussten wir uns also an eine ganz neue Ära des Organizing anpassen.

In Chicago taten wir das, indem wir zu unseren Wurzeln im lokalen Organizing zurückkehrten. Der Antrieb für diese Veränderung hatte allerdings weniger mit mir zu tun als mit einer ganz neuen Generation von Organizers. 1991 betrat ein 18 Jahre alter Mann namens Alex Poeter mein Büro. Er war ein deutscher Freiwilliger, der extra in die USA geflogen war, um zu lernen, wie man organisiert. In sehr gebrochenem Englisch erzählte

110 Straßenorganizer.

er mir davon, wie er bereits bei einem anderen Organizing-Netzwerk in Chicago gewesen war. Dort wurde ihm gesagt, dass er sich glücklich schätzen konnte, da er nun beim „Cadillac des Organizing" arbeitete. Ihm wurde auch gesagt, dass er die ganze Zeit im Büro arbeiten würde, um den lästigen Papierkram zu erledigen, um den sich sonst keiner kümmern wollte. Wenn er das sechs Monate lang richtig gut machte, würde man ihm vielleicht auch einmal zu einem öffentlichen Meeting mitnehmen. Da seine Eltern keine Idioten als Kinder erzogen haben, merkte Alex Poeter bereits nach ungefähr einem Monat, dass er hier nichts über Organizing lernen würde. Also hatte er einen einfachen Wunsch: Könnte man sein Praktikum zu NTIC übertragen?

Ihm wurde gesagt, das wäre okay, aber dann würde er nur noch für den „Volkswagen des Organizing" arbeiten. Und er würde nicht mehr im Büro sitzen, sondern draußen auf der Straße von Tür zu Tür laufen. Er war geschockt! „Sie meinen, ich darf das Organizing selbst in die Hand nehmen?" Als ihm das bestätigt wurde, machte er Augen wie ein Kind, das gerade sein erstes Spielzeug bekommen hat. Ich denke nicht, dass er wusste, was ihn da erwartet - aber das weiß eigentlich niemand, der gerade mit dem Organizing anfängt.

Wir haben ihn in eine Nachbarschaft geschickt, in der eine Pseudo-Organisation ihr Unwesen trieb, die NTIC um Hilfe bat, um Block Clubs zu gründen. Wir hatten den Hintergedanken, mit Alex dort selbst eine Reihe von Block Clubs zu gründen, dadurch an Macht in der Gegend zu gewinnen und dann die Pseudo-Organisation entweder zu übernehmen oder ganz aus dem Weg zu räumen und durch eine eigene, schlagkräftigere Organisation zu ersetzen. Innerhalb von zwei Wochen hielt Alex bereits das erste Block Club Meeting ab. Ich hätte alles gegeben, um dabei sein zu können: Alex war des Englischen kaum mächtig und viele der Latinos standen ihm mit unverständlichen Dialekten in nichts nach. Sie schafften es trotzdem irgendwie durch das erste Meeting und gewannen kurz darauf einen riesigen Sieg, ähnlich wie mein erster Sieg mit den Einkaufswägen. Das war erst der Anfang von vielen weiteren Kampagnen, Erfolgen und Block Clubs in der Gegend.

Es dauerte nicht lange, bis mir die Pseudo-Organisation einen Besuch abstattete, um sich über die Arbeit von Alex zu beschweren. Sie klagten darüber, dass er zu viele Block Clubs gründete und dass diese nicht „ihre Art von Clubs" waren. Sprich, sie gingen mit Forderungen ins Büro des Stadtrats, belagerten die Heime von Slumlords und sagten sogar der Polizei, was sie zu tun hatte. Alex zerstöre jede gute Beziehung, die sie so mühevoll über die Jahre hin aufgebaut hatten. Es schien sie nicht zu interessieren, dass er am Gewinnen war. Wir versicherten ihnen, dass NTIC diesen „Wilden", wie sie ihn nannten, zur Vernunft bringen würde.

Wir erklärten Alex, dass die örtliche Organisation mit seiner Arbeit unglücklich sei und dass sein aggressiver Verhandlungsstil nicht zu ihnen passen würde. Er machte ein sehr besorgtes Gesicht; vermutlich dachte er schon, dass er etwas falsch gemacht hatte und nun bald auch vom „Volkswagen des Organizing" gefeuert werden würde. Ich sagte ihm: „Wenn du deinen Job richtig gemacht hättest, hätte sich die andere Gruppe noch viel früher bei mir beschwert. Also raus mit dir und gib diesmal richtig Gas!" Ab da wurde er dann wirklich zu einem „Wilden".

Nicht lange nach der ersten Jahreskonferenz mit über 500 Leuten wurde eine neue Organisation ins Leben gerufen, Blocks Together. Dies war genau das, worauf wir gehofft hatten: Eine mächtige, knallharte, unabhängige und autarke Organisation. Blocks Together geht es auch heute noch prächtig, während die Pseudo-Organisation vom Winde verweht ist. Danach arbeitete Alex daran, den Brighton Park Neighborhood Council aufzubauen - eine genauso taffe, unabhängige, örtliche Organisation. All dies durch einen jungen Mann, der - wenn er sich gut benimmt - in sechs Monaten vielleicht zu einem öffentlichen Meeting mitkommen darf. Zum Glück für ihn und uns kam er stattdessen zu NTIC.

Durch all das hatten wir damals einen starken Fokus auf das lokale Organisieren in Chicago. In dieser Zeit halfen wir dabei, die Northwest Neighborhood Federation wieder zum Leben zu erwecken. Wenn man die Leaders heute fragt, werden sie sagen: „Wir hätten das ohne NTIC nie geschafft." In derselben Zeit holte auch der frühere Beamte Kirk Noden zum Schlag aus. Ähnlich wie Alex schleusten wir Kirk als „Wilden" im Schafspelz in eine Nachbarschaft ein. Der zahme Eindruck hielt nur bis zum ersten Meeting mit über 150 Leuten, bei dem Kirk sowohl den Stadtrat als auch den Polizeichef völlig auseinandernahm. Er legte die Tarnung ab und enthüllte den wahren Kirk Noden, ähnlich wie Clark Kent[111], der als Superman aus einer Telefonzelle fliegt. Der Albany Park Neighborhood Council wurde gegründet und stieg zu einer Macht auf, die man entweder respektierte oder zu spüren bekam. NTIC's Einsatz im lokalen Organizing setzt sich auch heute noch fort, etwa mit der Unterstützung der Lawndale Community im Westen Chicagos.

Diese Erfahrungen bestätigten für mich noch einmal einige grundsätzliche Lektionen für das Organizing. Erstens, wenn man echtes Organizing betreibt, wird man sich ein paar wirklich wütende Feinde machen. Wenn man das nicht ertragen kann, sollte man sich lieber eine andere Karriere suchen.

Zweitens, wenn man echtes Organizing betreibt, muss man einen Preis dafür bezahlen. Es scheint fast unmöglich, die schiere Menge an Arbeitsstunden zusammenzuzählen, die Alex und Kirk für die Gründung ihrer Organisationen aufopfern mussten. NTIC bezahlte auch einen Preis - über 300.000 Dollar an Personalkosten für die örtlichen Mitarbeiter wurden aus dem regulären Budget aufgewendet, ganz zu schweigen von den zahllosen Stunden, die NTIC damit verbrachte, die Leaders und Organisationen zu trainieren und zu beraten. Meiner Einschätzung nach waren dies mit die besten Dollars, die wir je ausgegeben haben. Bei hartem Organizing wie diesem ist das Endprodukt den Preis wert.

Drittens, wenn man echtes Organizing betreibt, muss man Risiken in Kauf nehmen. Alex hätte sicher in seinem Bürojob bleiben können, um bis an sein Lebensende Papierkram zu erledigen. Aber es dürstete ihm nach dem Risiko der Straße und echtem Organizing. NTIC nahm auch ein Risiko auf sich, indem wir einen jungen Mann aufnahmen, der kaum Englisch sprechen konnte und keinerlei Erfahrung im Organizing hatte. Kirk hätte sicher in einer der etablierten Organisationen bleiben können, aber er ging ein Risiko ein und gründete eine völlig neue Organisation. Ohne Risiken wird man nie etwas verlieren, aber andererseits auch nie etwas ge-

---

winnen. Ich war immer davon überzeugt, dass es die Sache wert ist, ein paar Leute wütend zu machen, einen Preis zu bezahlen und Risiken einzugehen - solange man dafür am Ende des Tages den Sieg auskosten kann.

National gesehen, waren die 1990er Jahre eine Zeit völlig neuer Probleme - oder anders gesagt, eine Zeit alter Probleme im neuen Gewand. „An welchen Themen werdet ihr in fünf Jahren arbeiten?", fragte mich einmal ein Stiftungsmitglied in den frühen 1990ern. Ich weiß nicht mehr, was ich mir damals für einen Schwachsinn aus den Fingern gesaugt habe, aber es hat wohl funktioniert, da wir die Finanzierung bekommen haben. Die Wahrheit ist aber, dass ich schon froh wäre zu wissen, woran ich im nächsten Monat arbeiten werde. Die Probleme erfahren wir direkt von den Menschen und es ist unmöglich zu wissen, welche sie als nächste plagen. Mitte der 1960er Jahre haben wir uns mit Beschwerden rund um das garantierte Kreditprogramm der Federal Housing Administration beschäftigt - quasi die erste Kampagne, an der ich bei OBA gearbeitet habe. Wir haben es damals mit dem Department of Housing and Urban Development aufgenommen, um neue Programme und Methoden ins Leben zu rufen, die Zwangsvollstreckungen reduzierten.

Aber 1998 wurde uns durch räuberische Kreditvergaben klar, wie unvorhersehbar die Aufgaben im Community Organizing sein konnten. Räuberische Kreditvergabe lässt sich besser beschreiben als hochverzinste Eigenheimkapital-Abzocke oder das Leihen von modernen Kredithaien. Familien, die wir durch unsere Arbeit rund um die Federal Housing Administration und dem garantierten Kreditprogramm vor einer Zwangsvollstreckung bewahrt hatten, sagten uns jetzt, dass sie ihr Haus durch Eigenheimkredite schon wieder verlieren könnten. Alarmiert recherchierten wir die Ursachen und fanden heraus, dass die Rate von Zwangsvollstreckungen durch räuberische Kreditvergaben astronomisch in die Höhe schoss. Es gab eine explodierende Industrie im Bereich der „Sub-Prime"-Hypotheken[112] und Zweitkredite. Im Grunde war „Sub-Prime" nur ein anderer Ausdruck für „Du wirst über den Tisch gezogen". Hausbesitzer brauchten Geld, um Zimmer zu renovieren, das Haus zu erweitern oder

---

112 Amerikanische Bezeichnung für „faule" Hypotheken, die durch die Vergabe von Krediten an Schuldner mit geringer Bonität hervorgerufen werden.

auch für andere Zwecke. Die Kombination aus geleisteten Hypotheken-Zahlungen und steigenden Häuserpreisen bedeutete, dass der Wert des Hauses und somit auch das Kapital des Besitzers immer weiter stieg, so dass man einen (weiteren) Kredit mit diesem Hauskapital aufnehmen konnte. Sub-Prime-Kreditgeber verlangten aber hohe Gebühren und Zinssätze, vergleichbar mit Kreditkarten, für das Privileg, dieses Kapital zu leihen. In einem Fall wollte sich ein Hausbesitzer nur um einen 25.000 Dollar Kredit bewerben, um neue Fenster, ein neues Dach und Geld für die Collegebildung der Kinder zu erhalten. Durch absurde Zinsen, sinnlose Versicherungen, hohe Gebühren und verwirrende Dokumente besaß die Familie am Ende nur 10.000 Dollar in bar, hatte sich dafür aber einen 50.000 Dollar Kredit mit einem 15 Prozent Zins und einer monatlichen Zahlungsrate aufgeladen, die unmöglich ins Familienbudget passte.

Keine der lokalen Organisationen war bereit, es mit der Sache aufzunehmen. Sie war zu komplex, sie verstanden nicht, was man am Ende überhaupt erreichen konnte, und auch an Personal mangelte es. Aber ganz im Stil von NTIC - ohne verfügbare Ressourcen im Budget oder an Personal - ließen wir die Computer hinter uns und gingen durch die Straßen, um direkt herauszufinden, wie groß das Problem wirklich ist. Heutzutage machen es uns Organisationen im ganzen Land nach. Haben wir das kommen sehen? Nein. Haben wir das Thema verstanden? Nein. Hatten wir das Geld und die Leute dafür? Nein. Sind wir ein Risiko eingegangen? Ja. NTIC lebt nach dem Motto: „IM ANGESICHT DER UNGERECHTIGKEIT KANN ES NUR EINE REAKTION GEBEN - ANGRIFF!"

Gute Organizers sitzen nicht still auf dem Stuhl und beschweren sich über die Welt, sie greifen an und gewinnen! Diejenigen, die die Sicherheit von Plänen und einfachen Antworten gewöhnt sind, werden fragen: „Wo steht die Organisation in fünf Jahren?" Nach 34 Jahren im Organizing kann ich dazu nur eine ehrliche Antwort geben: „Ich habe keinen blassen Schimmer". Was ich mit Gewissheit aber sagen kann ist, dass die Themen deutlich komplexer geworden sind als zu unseren Anfangszeiten. Eine der großen Banken in Chicago gehört jetzt einem Unternehmen in Holland. Also ist es ziemlich schwer, ihr Hauptquartier anzugreifen oder den Vorstand zuhause zu besuchen. Die Ziele befinden sich in viel größerer Entfernung, oft in einer anderen Stadt und unter vielen Schichten Bürokratie versteckt.

Wir haben als Organizers im Laufe der Jahre immer mehr dazugelernt, aber das haben auch unsere Feinde. Die Reaktion eines Verlierers wäre es jetzt zu weinen, aufzugeben und in irgendeinem Bürojob zu vergammeln. Die Reaktion des Organizer ist es, kopfüber in den Schlamm zu springen, neue Strategien auszuarbeiten, Risiken einzugehen und einen Weg zu finden, dem andere folgen können.

Teil 2:

Was ich
gelernt habe

Nicht reden, sondern handeln

Aktionen

Sobald sich eine Gruppe zum Handeln entschließt, werden einige Leute diese Gruppe verlassen. Und das ist auch gut so. Ich hätte lieber zehn Leute, die aktiv etwas unternehmen, als einhundert, die nur zum Reden da sind. Die Menschen lieben es, über Probleme zu diskutieren und zu denken, dass durch Reden allein etwas erreicht würde. Sie liegen falsch. Ich habe das schon früh gelernt, als ich noch bei OBA (Organization for a Better Austin) gearbeitet habe. Nach stundenlangen Diskussionen bei einem Meeting mit sechzig Leuten darüber, wie mit einem Slumlord zu verfahren sei, stand irgendwann ein Leader auf und sagte: „Ich bin es leid, nur zu reden. Ich gehe jetzt zu seinem Haus. Wer kommt mit?" Ungefähr zehn Leute folgten dem Ruf und eilten zur Tür. Ich vertraute meinem Instinkt und ging mit ihnen, statt in der Halle mit den restlichen fünfzig zu bleiben. Die Aktion war ein Erfolg. Der Slumlord unterschrieb noch auf seiner Terrasse eine Vereinbarung, das Gebäude zu reparieren. Obwohl wir gewonnen hatten, war ich immer noch besorgt, ob ich das Richtige getan hatte. „That's a no-brainer[113]", erklärte mir Tom Gaudette, als ich ins Büro zurückkehrte. „Man schließt sich immer der Aktion an. Verdammt, ich wäre mit ihnen gegangen, auch wenn es nur drei Leute gewesen wären, die zu seinem Haus wollten. Die Leute, die dabei waren, werden für das kommende Organizing ungleich wertvoller sein als alle, die in der Halle zurückgeblieben sind." Er hatte recht. Einige, die bei der Aktion dabei waren,

---

113 „Das versteht sich von selbst".

wurden später großartige Leaders, und viele, die in der Halle geblieben waren, kamen das nächste Mal auch zu einer Aktion mit, um den Spaß nicht zu verpassen. Diejenigen, die wegen einer Aktion gegangen sind, haben wir nie vermisst. Tatsächlich denke ich, dass wir ohne sie besser dran waren.

Eine Aktion generiert unweigerlich auch eine Reaktion von deinen Gegnern. Man kann diese Reaktion als Munition nutzen, egal ob sie positiv oder negativ ist, um den nächsten Schritt im Organizing zu planen. Bei Aktionen lernt man einfach so viel mehr. Wie reagiert der Gegner? Und wie reagiere ich? Durch Aktionen entdecken die Menschen sich selbst und ihre Würde, oft gefolgt von einem Sieg. Eine Gruppe von britischen Psychiatern hat herausgefunden, dass Menschen in Demonstrationen ein Gefühl des Wohlbefindens, der Gemeinschaftlichkeit und der gegenseitigen Unterstützung erfahren. Es wurde festgehalten, dass diese Eindrücke so stark sind, dass sie Monate oder gar ein Leben lang anhalten könnten. Also, anstatt nur zu reden, warum nicht ein wenig Spaß haben und etwas unternehmen?

Bei einer meiner letzten Reisen nach Cleveland, Ohio, vor meiner Rente im Jahr 2000 habe ich elf Trainees[114] im Umgang mit dem Community Reinvestment Act zur Bekämpfung von Redlining geschult und dabei nur nickende Köpfe im Raum gesehen. Also ging ich ein Risiko ein und schlug ein wenig „on-the-job"-Training[115] vor, indem wir zur örtlichen Bank gingen. 45 Minuten später standen neun von uns in der Lobby und verlasen laut von einem großen Schild, dass der „Refinanzierungsplan" der Bank frei für jeden verfügbar ist. Das war dem stellvertretenden Manager wohl neu, dessen Samstag wir nun gehörig versaut hatten. Er weigerte sich, uns zu helfen. Einer unserer Leute zeigte mit dem Finger auf das Schild mit der entsprechenden Passage und die Antwort einer Bankangestellten war vielleicht etwas ehrlicher, als beabsichtigt: „Oh, das meinen wir aber nicht ernst." Nach einer Weile holte sie ihren Boss, der nur das Minimum an Informationen über die Lippen brachte, das von der Bank gesetzlich gefordert war. So hat unsere Gruppe nicht nur gelernt, wie man den Community

---

114 Trainee: Person in Ausbildung bzw. Lehre.
115 Training in/an der Ernstsituation, nicht im Spiel bzw. geschütztem Raum.

Reinvestment Act in der Praxis einsetzen kann - sie ist auch den ersten
Schritt als Organizing-Gemeinschaft gegangen und hat sich für faire Reinvestitionen eingesetzt.

Aktionen bedeuten immer ein gewisses Risiko. Egal ob man es jetzt Aktionen, Proteste, Treffer, Demonstrationen oder anders nennt, es ist alles
das Gleiche. Man geht immer dorthin, wo dein Gegner dich nicht sehen
will. Kein Ort und keine Strategie ist tabu, wenn jemand die Community
misshandelt und nicht klein beigeben will. Je schockierender die Aktion,
desto höher die Chance auf Erfolg. Im Laufe der Jahre fanden unsere Aktionen dabei an so ziemlich jedem Ort statt, den man sich vorstellen kann -
bei den Gegnern zuhause, in Kirchen, Büros, den Schulen, die ihre Kinder
besuchen, und sogar am Appartement der Geliebten eines Slumlord. Fehler lassen sich dabei nicht immer vermeiden - wie etwa, als wir jemanden
mit dem gleichen Namen wie ein Slumlord zuhause belästigten. Die Leaders haben mich dazu gezwungen, mich bei dem Mann zu entschuldigen,
was natürlich sehr peinlich für mich war und nie wieder vorgekommen
ist.

Bei meiner allerersten Aktion habe ich auch einen Slumlord zuhause besucht. Eine Kollegin bei OBA, Mary Langford, und ich stürmten in das Büro
und riefen laut: „Wir haben es getan! Wir haben es getan!". Es war die erste
Aktion, die die Organisation überhaupt unternommen hatte und wir waren unglaublich stolz. „Und? Wie war es?", fragten uns die Kollegen. „Ist er
gut im Bett? Wie war sie?" „Nein", sagten wir. „Wir haben unsere erste Aktion unternommen!" - „Oh" entgegnete es uns enttäuscht. Das war zu Zeiten, wo die Leute politische Inkorrektheit feierten. Die fehlende Begeisterung der Kollegen nahm uns aber nicht lange den Wind aus den Segeln, da
wir uns einfach so freuten. Gaudette redete bei Meetings oft über Demonstrationen und über Hausbesuche. Ich habe das mittlerweile unzählige
Male gemacht, aber an dieses erste Mal kann ich mich bis heute noch erinnern.

Ich habe damals das gelernt, an was ich bis heute noch glaube: Nichts ist
eine größere Zeitverschwendung als Organizing ohne Aktionen. Es reicht
nicht, die Leute nur zusammenzubringen. Das Handeln ist für Organisationen das, was Sport für einen Muskel im Körper ist; wenn man nicht regel-

mäßig trainiert, schwindet er dahin. Wenn du nicht zu Aktionen bereit bist, solltest du auch kein Organizer sein. Geh und schließe dich der Kirche an oder gründe eine Sonntagsschule. Bei Aktionen wachsen die Menschen über sich hinaus. Sie sind der Ort, an denen sie sich endlich gut fühlen, weil man nicht mehr auf sie scheißt – jetzt scheißen sie auf andere. Der Wandel von einer Lebenshaltung zur anderen ist erstaunlich.

Durch eine Demonstration versucht man als Organisation Druck beim Gegner aufzubauen und ihn so an den Verhandlungstisch zu zwingen. Wenn man verhandelt, braucht man etwas, was die andere Seite will - und das ist in unserem Fall, dass wir wieder aus ihrem Leben verschwinden. Daher gehen wir als erstes genau dorthin, wo wir für den Gegner am unbequemsten sind.

Dieses Prinzip lässt sich gut an der besten Aktion, die nie stattgefunden hat, demonstrieren. Im Frühling 1989, als der erste Präsident Bush ins Oval Office einzog, wollten wir uns den HUD-Sekretär Jack Kemp vornehmen. Aber er ignorierte jede unserer Anfragen für ein Treffen. Am Montag vor unserer Konferenz in Washington schickten wir ein Express-Paket per Post an seine Privatadresse. Als er dies bekam, recherchierte er offensichtlich ein wenig und las über unsere vergangenen Aktionen. Samstagnacht vor der Konferenz rief er dann an. Gale Cincotta teilte ihm mit: „Wir wollen, dass Sie unserer Konferenz morgen um ein Uhr nachmittags beiwohnen.“ Er antwortete: „Auf keinen Fall. Habt ihr jetzt vor, mein Haus zu belagern?“ Cincotta sagte: „Wir haben 25 Busse zur Verfügung, aber letztlich müssen unsere Leute diese Entscheidung fällen.“ Immer wieder wiederholte er: „Ihr könnt nicht einfach so zu meinem Haus kommen, das geht doch nicht!“ Irgendwann legte Cincotta auf. Kurz danach klingelte das Telefon und wieder war Jack Kemp am Apparat. Nach einigem weiteren drumherum Reden sagte er: „Hört mal zu, morgen könnt ihr nicht einfach zu meinem Haus kommen. Wir planen eine große Feier, weil meine beiden Töchter heiraten, und es werden viele Leute kommen.“ Es war, als ob man einem Löwen das Fleisch vor die Pranken wirft. Cincotta antwortete: „Nun, vielleicht solltet ihr den Tisch für weitere 500 Leute decken.“

Diesmal war er es, der auflegte. Cincotta und ich konnten vor Aufregung kaum stillhalten. Wie viel Spaß wir morgen haben würden! Doch dann rief Kemp zurück und fragte: „Okay, was muss ich tun, damit ihr morgen von meinem Haus fernbleibt?" Cincotta antwortete: „Wir wollen, dass Ihr engster Assistent am Sonntag zu unserer Versammlung kommt, und zwar mit einem Brief von Ihnen, in dem steht, dass NPA nach Ihrer Ansicht eine respektable Organisation ist und dass Sie sich deshalb am Montagmorgen mit 25 unserer Leaders treffen werden - und zwar in handgeschriebener Form, nicht getippt. Das müssen Sie tun, um uns morgen von Ihrem Haus fernzuhalten." Wir wussten gar nicht, was wir dabei empfinden sollten: Freude über den Sieg oder Enttäuschung, dass wir so eine großartige Aktion verpasst haben! Er hielt sich an die Abmachung, also taten wir das auch.

Montagmorgen trafen sich unsere 25 Leaders mit Kemp. Als ehemaliger Footballspieler mit recht imposanter Statur stürmte er in den Raum und sagte sofort: „Ich will, dass ihr wisst, dass ihr dieses Meeting nicht durch eure Drohung, zur Hochzeit meiner Tochter zu kommen, erhalten habt." Das fanden wir alle ziemlich lustig. Wie bei so vielen anderen Verhandlungen mit HUD stellten wir die Probleme der Nachbarschaften und unsere Forderungen vor, die die FHA, die Krise im Eigenheimmarkt und das typische Nachfolgetreffen nach 30 Tagen umfassten. Als wir später für dieses Meeting nach Washington zurückkehrten, sagte er uns: „Ihr seid die ersten, die mir die Wahrheit über die Krankheit dieser Stadt vor Augen geführt habt."

Nur um noch einmal zu zeigen, wie wichtig der Verhandlungsteil in dieser Gleichung ist: Kemp wurde später einer unserer stärksten Befürworter und einer der besten HUD- Sekretäre, mit denen wir je zusammengearbeitet haben. Er begleitete uns nicht nur auf vielen Touren durch die Nachbarschaften (etwa durch die Chicagos West Side und einer anderen durch die südlichen Vorstädte), er sprach auch oft davon, wie großartig die Arbeit von NPA war, was er für ein Glück hatte, uns kennenzulernen und wie hilfreich wir waren. Zu seiner Amtszeit wurde vom Kongress auch das erste Gesetz seit vielen Jahren für erschwinglichere Hausvergaben verabschiedet - der Cranston-Gonzalez Housing Act von 1990. Wir haben uns Ende der 1990er Jahre einige Passagen des neuen Gesetzes zu Nutze gemacht, um signifikante Siege im staatlichen Wohnungswesen zu erringen.

Wir lernten früh, nicht vor der Tür zu stehen und zu meckern, wenn man auch hineingehen konnte, um das Gebäude zu erobern. Wenn ich das Ziel wäre und sicher in meinem Büro sitzen würde, während der Protest auf der Straße tobt, warum sollte ich mich bedrängt fühlen? Sicher, man bekommt vielleicht ein wenig schlechte Öffentlichkeit, aber ich muss euch nicht von Angesicht zu Angesicht gegenüberstehen. Aber wenn ihr meine Etage stürmt und an meine Tür hämmert, wird es gleich deutlich persönlicher und unangenehmer für mich.

Das lernte ich ausgerechnet von Josephine Koziol, einer ruhigen, älteren polnischen Frau, die im Vorstand von NCO arbeitete. Wie sich herausstellte, war sie auch eine Heldin des ersten Redlining-Protests, der je stattgefunden hat. Innerhalb von wenigen Wochen erhielt ich mehrere Beschwerden von respektablen NCO-Mitgliedern unterschiedlicher Ethnizität, dass die National Security Bank[116] jede ihrer Kreditanfragen abwies. Eine Gruppe unserer Leaders traf sich mit der Bank, um zu erörtern, wo denn das Problem lag. Durch ein wenig Nachhaken fanden sie heraus, dass nicht die Menschen, sondern die Nachbarschaft als tabu galt, da Bürgermeister Daley das ganze Gebiet zur Stadterneuerung freigeben wollte. Die Situation eskalierte schnell zu Protesten, aber es fiel uns deutlich schwerer, eine ganze Bank in den Schwitzkasten zu nehmen als einen einzelnen Slumlord. Wir haben die National Security Bank an drei Samstagen in Folge umzingelt, aber die Zahl der Teilnehmer nahm bereits rapide ab.

Bei einem Treffen der Leaders mit einer ethnisch vielfältigen Riege aus Teilnehmern von Schwarzen, Latinos und Weißen versuchten wir verzweifelt, eine neue Taktik zu finden. Wir haben sogar kurz überlegt, all unsere Geldmittel von der Bank abzuheben. Niemand wollte sagen, wie viel er dort eingezahlt hatte, also nahmen wir uns ein paar Schnipsel Papier, schrieben unser Guthaben darauf und warfen sie alle in einen Hut.

---

116 „Nationale Sicherheitsbank", 1994 mit anderen Banken fusioniert.

Als wir sie zusammenaddierten, kamen wir auf ungefähr 23.000 Dollar. Offensichtlich würden wir die Bank durch das Abheben unserer Ersparnisse nicht in Todesangst versetzen können. Josephine sagte: „Lasst uns ein Bank-in abhalten". Niemand wusste, wovon sie da sprach. „Nun ja, Sitins macht ihr ja eigentlich die ganze Zeit", sagte sie, während sie auf die Latinos und die Schwarzen im Raum zeigte. „Mal ein Sitzstreik hier, mal ein Sitzstreik da. Also warum nicht ein Sitzstreik in einer Bank, quasi ein Bank-in?" Diese Behauptung hat einige Latinos und Schwarze im Raum verständlicherweise verärgert, also ging ich raus und holte einen Kasten Bier, um die Gemüter wieder zu beruhigen und damit wir uns darauf konzentrieren konnten, wie so ein „Bank-in" aussehen könnte.

Am Ende stand die Idee, dass jeder Dollarscheine mitbringt, die wir in Pennies umtauschen, und Pennies, die wir in Dollarscheine umtauschen konnten - alles, um den Tagesablauf zu stören und um die Geschäfte der Bank an einem regen Samstagmorgen völlig zum Erliegen zu bringen. Anstatt also vor dem Gebäude mit Schildern zu protestieren, marschierten wir alle direkt durch die Vordertür. Es hat nicht lange gedauert, bis die Kassierer genervt waren. Aber nach etwa einer Stunde setze die Langeweile auch bei uns ein und wir waren uns nicht sicher, wie lang wir dieses Theater noch aufrechterhalten konnten. Josephine hat die Eintönigkeit durchbrochen, indem sie einfach einige hundert Pennies auf den Boden geworfen und damit für Chaos gesorgt hat. Das hat uns einen Energieschub gegeben, der nach stundenlangem Schlange stehen wirklich nötig war. Beim zweiten Mal hat sie damit dann endlich auch den Bankpräsidenten aus seinem Büro gelockt, der uns ein Treffen am Nachmittag versprach. Dort machte er schließlich die ersten Refinanzierungs-Zugeständnisse: vier Millionen Dollar für Ersthypotheken, weitere vier Millionen Dollar für kleine Unternehmenskredite und einiges mehr. Spätestens dann wurde mir klar, wie viel effektiver es ist, innerhalb von Gebäuden die Geschäfte und die Geduld deines Ziels anzugreifen, anstatt nur draußen mit Schildern zu wedeln.

Aktionen sind konfrontativ, aber nicht gewalttätig. Niemand wird bei einer Demonstration verletzt. Nach meinem Wissen hat NPA niemals jemandem wehgetan oder seinen Besitz zerstört. Die Leaders von NPA haben sich ebenso der Gewaltfreiheit verschrieben wie auch Mahatma

Gandhi und Dr. Martin Luther King Jr. Wenn du Gewalt als Mittel für Veränderung benutzt, bist du auch nicht besser als ein Bandenmitglied, das bei einem Drive-by[117] auf Passanten schießt, oder gar als Adolf Hitler. Gewalt führt stets zu mehr Gewalt. Gandhi hat uns dies gezeigt. Wenn er eine gewaltsame Revolution versucht hätte, hätte es in Großbritannien genauso einen Schulterschluss gegeben wie beispielsweise in den USA nach dem Terror von 09/11[118].

Es gibt ein paar Richtlinien für Aktionen, die wir immer wieder beachten. Nummer eins ist, dass es immer einen Grund für eine Demonstration gibt. Der Gegner hat sich geweigert, sich mit uns zu treffen. Oder er hat sich geweigert, mit uns zu verhandeln. Durch eine Demonstration versucht eine Organisation beim Gegner genug Druck aufzubauen, um die wahre Quelle der Macht - also die, die Veränderungen herbeiführen kann - an den Verhandlungstisch zu bekommen.

Es gibt auch einige Richtlinien beim Vorbereiten und Ausführen von Aktionen. Zum Beispiel spähen wir den Ort der Aktion immer vorher aus, um uns einen Überblick zu verschaffen. Wenn die Demonstration in einem Gebiet stattfindet, in dem wir vorher noch nie waren, ist es immer eine gute Idee, zunächst einen Kundschafter zu schicken, der sicherstellt, dass der Weg frei ist und alles reibungslos ablaufen kann. Der Plan, durch die Vordertür zu stürmen, würde sich sicherlich ein wenig ändern, wenn man weiß, dass um das Grundstück ein hoher Zaun gezogen ist, an dem ein „Achtung: Wachhund auf Patrouille"-Schild prangt. Ebenso ist es besser, wenn man mit dreißig Leuten im Schlepptau nicht erst nach dem Weg fragen muss. Da kann man sich auch gleich vorher per Telefon ankündigen. Einmal wollten wir eine Demonstration gegen ein Unternehmen an einer sehr pompösen Adresse durchführen, die, wie sich herausstellte, nur die Postanschrift mit Empfang war. Wir hätten ziemlich blöd ausgesehen, wenn wir ein Gespräch mit dem Vorstand verlangt hätten, während die höchstrangige Person dort lediglich ein Postangestellter war. Stattdessen besuchten wir an dem Abend das Privathaus eines Direktors der Firma.

117 Anschlag mit Schusswaffen aus einem vorbeifahrenden Auto heraus, oft wahllos auf irgendjemanden durchgeführt.
118 Tag des Angriffs mit Flugzeugen auf das World Trade Center in New York.

Wir haben es uns auch angewöhnt, unsere Leute auf alles vorzubereiten, was bei der Aktion passieren kann. Normalerweise gehen einige Leaders mit dem Rest der Gruppe die Geschichte des Themas durch, stellen noch einmal klar, warum wir gegen die Sache demonstrieren, wie die Polizei reagieren wird, welcher Leader welche Rolle spielen wird und was wir uns von der ganzen Sache letztlich erhoffen.

Bei der Ankunft haben wir immer Flyer dabei, die Spaziergängern und Anwohnern auf einem Blick erklären, warum wir da sind. Protestschilder, Pfeifen und Requisiten erfüllen denselben Zweck und sorgen zusätzlich für Spaß innerhalb der Gruppe. Zudem wird einer von uns immer als Ansprechpartner für die Polizei designiert. Es gibt wenig Unterhaltsameres im Leben, als ein paar nervöse Polizeibeamte dabei zu beobachten, wie sie durch eine Menschenmenge schleichen, die lächelnd immer wieder „Die Polizei verdient eine Gehaltserhöhung! Die Polizei verdient eine Gehaltserhöhung!" ruft. Das haben wir häufiger gemacht. Die Polizeibeamten werden dadurch völlig entwaffnet und sind im folgenden Gespräch viel einfacher zu handhaben. Es werden für gewöhnlich auch noch weitere Lieder für die Aktion vorbereitet, um die Moral zu stärken und ein Gefühl der Solidarität zu verleihen. Vor dem Ende jeder Aktion rufen die Leaders die Gruppe zusammen und fassen noch einmal zusammen, was passiert ist, was erreicht wurde und welche Schritte noch unternommen werden müssen. Sie danken den Teilnehmern für das Erscheinen und beraten sich anschließend untereinander, um die Aktion zu bewerten und zu diskutieren, wie man nun am besten weiter vorgeht, um den Gegner an den Verhandlungstisch zu bringen.

Niemand wurde bei einer NPA-Konferenz je verhaftet - etwas, worauf wir Wert legten. Wir haben diese Regel damals bei OBA eingeführt, als wir an unserer Buskampagne arbeiteten. Wir wussten, dass Gale Cincotta oft direkt nach einem Protest ihren jüngsten Sohn Jimmy von der May Elementary School abholen musste - einer der überfüllten Schulen, wegen denen wir überhaupt demonstrierten. Wenn sie verhaftet würde, würde Jimmy vergebens auf seine Mutter warten. Mit der Zeit begriffen wir ohnehin die Weisheit im Vermeiden von Verhaftungen. Die Polizei ist schließlich (für gewöhnlich) nicht unser Gegner. Tatsächlich wird sie meist unser Verbündeter, wenn wir ihr die Situation erst einmal erklärt haben. Die Beamten verstehen die Problematik hinter Redlining oder unnötig hohen Betriebskosten viel besser als unsere eigentliche Zielperson. Oftmals wurde ein Polizeibeamter sogar unser Vermittler, der unsere Briefe und Nachrichten direkt in deren Haus gebracht hat.

Ein weiterer angenehmer Nebeneffekt von öffentlichen Aktionen verdient auch noch Erwähnung: Sie lassen nicht nur die Person[119], Behörde oder Firma, mit der wir gerade sprechen oder verhandeln wollen, sondern die ganze Stadt wissen, dass die Organisation ein Machtfaktor darstellt. Als die Montana People's Action einen Supermarkt aufs Korn genommen hat - was so in Missoula noch nie passiert ist - war die ganze Stadt geschockt. „Mit dem Geschäft muss es ja wirklich im Argen liegen, wenn die Menschen so zum Äußersten gehen", hieß es in einem Zitat aus der örtlichen Zeitung. Ganz ähnlich war es, als Joe Fagan „Citizens for Community Improvement" (CCI) gründete. Der Bürgermeister war von der Aktion der Iowa CCI so aufgebracht, dass er ein Stadtratstreffen mit den Worten eröffnete: „Bevor die Sitzung anfängt, muss ich etwas zu Iowa CCI loswerden" und dann in eine zehnminütige Hetztirade verfiel. Beim nächstes Jahrestreffen kam Iowa CCI auf den Bürgermeister zu und schenkte ihm ein T-Shirt mit dem Logo von Iowa CCI auf der Vorderseite und dem Spruch: „Das ist, damit der Bürgermeister uns nie loswird" auf der Rückseite. Und das erste Mal, als Laura Dungan mit einer Gruppe von Mietern aus der Sunflower Community Action zum Haus eines Slumlord marschierte, berichteten die örtlichen Reporter darüber wie über einen Tornado, der gerade durch die Stadt gefegt ist. Einfach, weil sie so von der Aktion überrascht waren.

Einer meiner liebsten Kommentare über uns während der Jahre war: „Das hat in den 1960er Jahren geklappt. Aber wir leben in einem neuen Jahrhundert. Wir brauchen solche Konfrontationen nicht mehr." Diese Art von Gerede hörten wir recht oft im Zusammenhang mit Demonstrationen, die von einer Community Organization gesponsert werden. Wer so etwas sagt, versteht die folgenden fünf Dinge nicht.

119 Solche Personen werden vom Organizer oft auch „Zielscheibe" genannt. Zielscheiben sind in der Regel personalisierte Entscheidungsträger der jeweiligen Organisation, nicht die Organisation selbst.

Demonstrationen kommen dann zum Einsatz, wenn alle anderen Wege blockiert sind. Jeder, der Erfahrung mit Community Organizations hat, weiß, dass Demonstrationen nicht einfach aus dem Nichts entstehen. Sie entstehen dann, wenn eine Organisation erfolglos versucht hat, sich mit jemanden zu treffen, der die Dinge ändern könnte - oder ein solches Treffen fruchtlos verlaufen ist. Erst dann werden die Leaders sagen: „Scheiß drauf, lasst uns ihre Häuser belagern." 1979 ist die National People's Action nach New Orleans gereist, um bei der Jahresversammlung der American Bankers Association (ABA) zu demonstrieren, nachdem diese sich geweigert hatte, einem Treffen zuzustimmen, um den brandneuen Community Reinvestment Act zu diskutieren. Hunderte Menschen aus dem ganzen Land haben sich nicht einfach aus Spaß dazu entschlossen, ein Wochenende in New Orleans zu verbringen. Die Leaders haben beschlossen, dass „wenn wir nicht in Konferenzräumen mit ihnen reden können, dann reden wir mit ihnen auf der Straße". Und so wurde die ABA-Versammlung unser neues Forum und das wohl einprägsamste Jahrestreffen aller Zeiten für viele der Banker.

Demonstrationen sind das Resultat von Ungerechtigkeit und spiegeln die Wut auf diese Ungerechtigkeit wider. Menschen verlassen ihr Wohnzimmer nicht, wenn alles in Ordnung ist. Sie tun es, wenn sie ungerecht behandelt werden. Wenn Gewerkschaftsmitglieder eine faire Bezahlung und angemessene Boni bekommen, kommt es auch nicht zum Streik. Wenn ein Vermieter den Zustand seiner Wohnungen pflegt, werden Mieter nicht zur Kirche marschieren und Flyer verteilen, die ihn als Slumlord bezeichnen. Wenn eine Stadt die Leistungen erbringt, für die die Anwohner bezahlt haben, werden diese auch nicht bei Ratstreffen demonstrieren oder vor der Haustür des Bürgermeisters stehen. Menschen, die demonstrieren, zeigen damit ihre Sorge und ihren Ärger über Ungerechtigkeit. Sie sagen im Grunde: „Es ist uns wichtig!"

Demonstrationen zeigen Macht. Einer der Mythen von Amerika ist, dass alles erreichbar ist, wenn man nur hart genug arbeitet. Das klingt schön und gut, bewahrheitet sich aber selten - zumindest nicht als Einzelperson. Im Organizing haben wir gelernt, dass wir erst zusammen die Macht haben, um unsere Ziele zu erreichen. Wenn wir zusammen auf die Straße gehen, haben wir die Kraft, als Gruppe das zu erzwingen, was uns alleine verwehrt bleibt. In den späten 1970er und frühen 1980er Jahren protestierten wir gegen zwei U.S.-Präsidenten, den Demokraten Jimmy Carter und den Republikaner Ronald Reagan, und ihre Politik im Bereich fossiler Brennstoffe. Wir versuchten, die Heizölpreise für Familien mit niedrigem Einkommen erschwinglich zu halten. Es brauchte 5000 Menschen, die 1982 alle zusammen am American Petroleum Institute[120] demonstrierten, damit Politiker begriffen, dass die Beschleunigung der Deregulierung vielleicht doch keine so gute Idee war. Demonstrationen zeigen Macht und bringen unsere Gegner dazu, uns zuzuhören.

Und das Wichtigste, Demonstrationen funktionieren. Ein anderer Satz, den man oft von Leuten zu hören bekommt, denen direkte Aktionen Angst machen, ist: „Man fängt mehr Fliegen mit Honig als mit Essig." Aber in all meinen Jahren als Organizer habe ich eine Community noch nie sagen hören, dass sie Fliegen fangen wollte. Sie wollten besseres Wohnen, Hypotheken, Versicherungen, mehr Polizeischutz, Jobs und eine regelmäßige Müllabfuhr - aber nie Fliegen.

Als Dr. Martin Luther King Jr. 1968 nach Chicago kam, führte er einen Marsch nach Cicero, einer Vorstadt von Chicago, in der man schon in Gefahr lief, sein Haus abgefackelt zu bekommen, wenn man nur eine leichte Bräune besaß. Während der Aktion wurde Dr. King von einem Ziegelstein getroffen. Am nächsten Tag schrieben die Zeitungen „Dr. King schürt Konflikte in Cicero". Das einzige, was Dr. King getan hatte, war den Konflikt ans Tageslicht zu bringen, der schon längst da war. Als guter Organizer wusste Dr. King, dass das Enthüllen der Probleme eine derart unangenehme Situation schaffen würde, dass das Lösen derselben nötig werden würde. Der Job eines Organizer ist es nicht, Konflikte zu erschaffen, sondern den Konflikt aufzudecken, der schon existiert. Und ein Konflikt existiert jedes Mal, wenn ein Vermieter es versäumt, sein Gebäude zu warten, aber die Mieten dafür kassiert; jedes Mal, wenn Kinder auf dem Weg zur Schule an einem Drogenhaus vorbeilaufen müssen, und so weiter und so fort. Wenn dieser Konflikt enthüllt wird, erschafft das eine neue Situation, denn nun müssen die involvierten Parteien sich zusammensetzen und an einer Lösung des Problems arbeiten. Die alten Regeln gelten nicht mehr. Wenn der Konflikt

120 Größter Interessenverband der Öl- und Gasindustrie in den USA.

nicht aufgedeckt wird, gibt es auch keinen Grund für diejenigen in Machtpositionen, ihr Verhalten zu ändern. Sie leben gemütlich und da sich keiner beschwert, behandeln sie uns weiter wie Dreck.

Ich kann mir kein Community Organizing ohne Handeln vorstellen. Für
mich ist das ein Widerspruch in sich. Der einzige Grund, warum man Community Organizing braucht, ist um Aktionen zu unternehmen, nicht um
Essays oder offene Briefe zu schreiben, nicht zum Beten und auch nicht,
um formale Beschlüsse zu fällen. Ohne Aktionen wird nie ein Gemeinschaftsgefühl entstehen. Die Leute werden nie ein vergleichbares Selbstbewusstsein finden. Trägheit ist hier Stillstand. Nur durch das Handeln
kann eine Organisation dem Gegner von Angesicht zu Angesicht gegen-
übertreten, ihm das Problem direkt vor die Füße werfen und eine Reaktion provozieren. Aktionen sind unsere Art, zu sagen: „Das ist unser Spiel.
Wir machen die Regeln. Und wir werden nicht aufhören, bis wir gewinnen".

Wo man den Speck findet

Verhandlungen

Der Verhandlungstisch ist der Ort, an den eine Organisation gelangen will. Das ist der Grund für all das Organizing, alle Meetings, die ganze Arbeit zum Entwickeln von Strategien, das Aufdecken von Konflikten und das Ziel aller Aktionen. Es ist der Punkt, an dem der Gegner endlich sagt: „Okay, genug davon, lasst uns reden."

Die Verhandlungen können an vielen verschiedenen Orten stattfinden. Auf einer Terrasse, vor einer Kirche, an einer Straßenecke, bei einem öffentlichen Meeting oder auch hinter verschlossenen Türen. Wir versuchen normalerweise, sie in unser Gebiet zu verlegen, da wir so den Heimvorteil haben. Aber worauf es eigentlich ankommt, ist nicht der Ort, sondern der Inhalt der Verhandlungen.

Der Verhandlungstisch ist der Ort, an dem man den Speck findet, oder das Gemüse - je nachdem, was man bevorzugt. Wenn ein Tier Essen riecht, muss es sich hierher vorkämpfen, um zuschlagen zu können. Aber wie ein Köder in einer Falle oder an einem Angelhaken bergen Verhandlungen auch die Gefahr des Todes, wenn man nicht vorsichtig ist. Lediglich an den Tisch zu kommen, garantiert noch lange nicht einen Gewinn. Für eine Organisation lauert beides am Verhandlungstisch - sowohl der Sieg als auch die Niederlage. Daher ist es wichtig, dass eine Organisation schnell die Tricks erkennt, die am Ende zu ihrem Untergang führen. Denn ähnlich wie der Wolf im Schafspelz, verbirgt sich die Niederlage oft hinter dem Anschein des Sieges. Im Folgenden stelle ich deshalb ein paar der typischen Fallen vor, in die eine Organisation tappen kann.

Man vergisst, warum man überhaupt da ist. Die Organisation befindet sich nicht in Verhandlungen, weil der Gegner plötzlich moralische Einsicht zeigt. Man ist da, weil man das Leben des Gegners unbequem gemacht hat. Also fangen wir das Meeting damit an, den Gegner daran zu erinnern, warum wir da sind. Etwa mit einem Satz wie: „Wir wissen alle, warum wir hier sind. Wir sind zu Ihrem Büro marschiert, haben Flyer bei Ihren Nachbarn verteilt und Sie beim Golf spielen am fünften Loch unterbrochen. Also lassen Sie uns zum Geschäftlichen kommen und die Dinge klären, damit wir das nicht wieder tun müssen." Das erinnert den Gegner an all die Ärgernisse der letzten Wochen und vermittelt auch die Drohung, dass es wieder dazu kommen wird, wenn das Meeting nicht produktiv verläuft.

Bei einer ADAPT-Sitzung hat einmal eine Frau gesagt: „Wir sollten nicht vergessen, dass wir etwas haben, was sie wollen - genauso wie sie etwas haben, was wir wollen." Als man sie um eine Erklärung bat, fuhr sie fort: „Nun ja, der einzige Grund, warum wir an diesem Tisch sitzen ist, weil wir uns wie eine Bande Wahnsinniger verhalten haben und sie uns loswerden wollen, genauso wie wir einen behindertengerechten Zugang zum Gebäude wollen. Wenn wir dann in eine Verhandlungssituation kommen, halten wir die Macht in den Händen, nicht unser Gegner. Also lasst sie uns doch nutzen!"

Ein cleverer Gegner wird versuchen, das Geschehene zu ignorieren, uns vorzugaukeln, dass wir jetzt beste Freunde sind und wir uns im Grunde nur zu einer Tee-Party treffen, um so das Verhandlungsteam durch Freundlichkeit in die Knie zu zwingen. Das habe ich bei einer meiner ersten Verhandlungen auf die harte Art gelernt. Wir betraten den Raum und der Verhandlungsgegner fing sofort an, Hände zu schütteln, die Leute zu fragen, wo sie denn herkamen, ihnen Kaffee anzubieten und Donuts zu verteilen. Er ging hinter seinen Schreibtisch und begann das Meeting mit den Worten: „So wie ich die Dinge sehe ..." - genau da wusste ich, dass wir erledigt waren. Wir gingen mit Krümeln aus den Verhandlungen, obwohl wir den ganzen Kuchen hätten haben können. Schlimmer noch, die Gruppe war nun überzeugt, dass er eigentlich ein ganz netter Kerl war, wir seine Absichten nur missverstanden hatten und all diese fiesen Aktionen völlig ungerechtfertigt gewesen sind. Uns wurde die Niederlage in Form von Händeschütteln, Lächeln und einer Tasse Kaffee gereicht.

Diese Erfahrung hat mich eine Lektion gelehrt: Wenn ein Gegner in der Zukunft versuchen sollte, uns die Hände zu schütteln, würde einer der Leaders antworten: „Wir schütteln die Hände, wenn es etwas gibt, worauf man die Hände schütteln kann. Lassen Sie uns zur Sache kommen. Wenn wir uns einigen, können wir auf das Händeschütteln zurückkommen." Wenn uns Kaffee, Donuts oder andere Verpflegung angeboten würde, antworten wir: „Wir sind nicht für Kaffee oder Donuts hier. Wir sind hier, um unsere Forderungen zu besprechen. Lassen Sie uns anfangen." Das stellt den Ton des Meetings von vorneherein klar. Wir sind geschäftlich hier und wir sagen, wo es in diesen Verhandlungen lang geht.

Eine andere Sache, die wir gelernt haben, war, immer vor dem Gegner am Verhandlungsort zu sein, damit man beim Sitzplan nicht den Kürzeren zieht. Wenn es einen großen Schreibtisch gab oder einen Tisch mit einem typischen Chefsessel am Ende, schnappte sich einer unserer Leaders diesen Platz. Natürlich bekommt man beim Eintreffen des Gegenübers dann oft zu hören: „Tut mir leid, aber Sie sitzen auf meinem Stuhl." Wir antworten dann einfach: „Nun, das ist unser Meeting, also ist das heute mein Stuhl. Setzen Sie sich dort drüben hin und lassen Sie uns anfangen." Die Art, wie eine Verhandlung anfängt, bestimmt den Ton für den Rest des Meeting - und damit auch über Sieg oder Niederlage. Es ist also wichtig, gleich vorneweg klarzustellen, wer hier das Sagen hat.

John L. Lewis, der Anführer einer Bergkohlearbeiter-Gewerkschaft hat einmal mit dem Besitzer des Bergwerks verhandelt. Lewis betrat dabei ein riesiges Büro, das von vorne bis hinten dekadent dekoriert war. Der Besitzer der Mine saß hinter einem großen Tisch und es gab nur einen weiteren Stuhl im Büro, sehr schlicht und ungefähr sechs Meter vom Tisch entfernt. Lewis sagte später, dass er sich vorkam wie ein Grundschüler, der ins Büro des Rektors gerufen wurde. Und dass er wusste, dass sich dies schnell ändern musste. Der Besitzer fing an zu reden. Ohne etwas zu sagen, zog Lewis seinen Stuhl ein bisschen näher an den Schreibtisch heran und räusperte sich dabei. Der Besitzer redete weiter, aber nach jeder Minute rückte Lewis mit seinem Stuhl wieder ein bisschen näher und räusperte sich erneut. Der Minenbesitzer wirkte immer verunsicherter. Als Lewis schließlich direkt vor dem Schreibtisch saß, war sein Gegenüber ein Nervenbündel und von seinem überheblichen Monolog blieb nur noch zusammenhangsloses Gebrabbel übrig. An diesem Punkt sagte Lewis: „Wissen Sie, ich wollte schon immer einmal auf 20 Millionen Dollar spucken." Nun war Lewis der Rektor und der Minenbesitzer der Schüler. Er gab den Ton für die Verhandlungen an und verließ den Raum mit einem neuen Vertrag für die Bergarbeiter.

Auf Prinzipien reiten. Verhandlungen bedeuten, dass jeder etwas gewinnt und jeder etwas verliert. Jede Seite gibt und nimmt. Deshalb heißt es ja auch Verhandlungen. Man muss nur sicherstellen, dass man mehr nimmt, als man gibt.

Bei einer unserer ersten NPA-Aktionen hatten wir unseren Gegner endlich so weit gebracht, dass er sich mit zehn unserer Leute treffen wollte - keine schlechte Anzahl. Wir hätten es vermutlich auch auf 15 hochhandeln können, aber dann rief jemand aus der Menge „Es gibt hier 37 Städte. Wir wollen einen Repräsentanten für jede dieser Städte im Treffen haben." Und so bekamen wir gar nichts. Wir verloren, weil wir auf Prinzipien geritten waren. Seitdem steht bei uns immer schon ein festes Einsatzteam bereit und die Leute verstehen, dass wir dafür kämpfen, dass dieses Team für sie alle in das Meeting kommt.

Alles oder nichts läuft im Regelfall auf nichts hinaus. Nicht nur wegen den Verhandlungen an sich. Man muss dem Gegner einfach die Möglichkeit lassen, mit zumindest ein wenig Selbstachtung aus den Verhandlungen zu gehen - mit dem Gefühl, dass man nicht in jedem Punkt klein beigegeben hat. Darauf zu beharren, dass die Straßen unbedingt in zwei Monaten gepflastert werden müssen, obwohl schon gesagt wurde, dass sie in sechs Monaten gepflastert werden können, ist idiotisch! Sie haben bereits zugestimmt, die Straßen zu pflastern. Jetzt muss man nur noch besprechen, wann das stattfinden wird.

Verhandlungen mit der falschen Person - jemand, der nicht in der Position ist, der Gruppe das zu geben, was sie will. Wenn jemand zu den Verhandlungen antritt, den wir nicht erwartet haben, etwa ein Assistent, ist unsere erste Frage immer: „Sprechen Sie im Namen und mit der vollen Autorität von Mrs. Smith und sind alle Vereinbarungen mit Ihnen auch für Mrs. Smith verbindlich?" Wenn die Antwort kein eindeutiges „Ja" ist, werfen wir die Person aus dem Treffen oder gehen selbst aus dem Verhandlungsraum hinaus. Es macht keinen Sinn, ein Refinanzierungsabkommen einer Bank mit dem Wachmann vor der Tür auszuhandeln. Der Wachmann kann bei allem zustimmen und uns glauben lassen, dass wir gewonnen haben. Und doch haben wir gar nichts erreicht. Uns interessiert die Meinung des Wachmanns nicht; wir wollen wissen, was der Bankpräsident oder CEO machen wird.

Wenn man unserem Hund ein Leckerli und Streicheleinheiten gibt, würde er auch zustimmen, dass Sie in unser Haus ziehen dürfen. Aber unser Hund hat nun mal nicht das Sagen - dafür muss man mit mir oder meiner Frau reden. Wir sind die einzigen, die darüber entscheiden können. Daher redet eine Organisation auch immer nur mit der Person, die die Macht hat, Veränderungen herbeizuführen. Alles andere ist Zeitverschwendung und Augenwischerei.

Vergessen, genaue Rahmenbedingungen festzulegen. Wenn ich zum Arzt gehe, will ich nicht hören: „Sie sind krank." Das weiß ich schon. Warum bin ich sonst in dieser Praxis? Ich möchte wissen, woran ich genau erkrankt bin und was der Arzt dagegen unternehmen will. Genauso ist es bei Verhandlungen. Wir wollen keine allgemeinen Zustimmungen. Wir wollen Details. Deshalb stellen wir unsere Fragen am Verhandlungstisch immer so, dass wir eine eindeutige „Ja"- oder „Nein"-Antwort bekommen. Wir haben oft auch einen Ausdruck mit den Forderungen dabei. Und neben jeder prangt ein großes Kästchen für „Ja" oder „Nein", das wir ankreuzen können. Wenn die Antwort des Gegners nicht eindeutig ist oder man das Gefühl hat, er will ausweichen, haken wir mit Fragen nach wie: „Ich verstehe Ihre Antwort nicht ganz, Mrs. Smith. Ist das ein Ja oder ein Nein?" Oder zur Not auch einmal etwas wie: „Ich bin immer noch verwirrt. Sie verstehen doch wohl die Bedeutung von ja oder nein? Okay. Also was ist es - ja oder nein?"

Das treibt den Gegner in die Enge. Die Grauzonen werden eliminiert und wir erhalten eine eindeutige Antwort darauf, ob wir gewonnen oder verloren haben. Wir sagen unseren Leaders immer, dass Kommentare wie „Ich sehe mir die Sache mal an", „Das werden wir vielleicht machen können" oder „Da müssen wir erst einmal nachforschen" für ein klares „Nein" stehen. Also fokussieren wir uns bei so einer Antwort wieder darauf, die Schwere des Konfliktes hervorzuheben. Vielleicht ist der Gegner wie ein Kind, das mehr als eine Züchtigung braucht, um zu verstehen, dass wir nicht die Art von Organisation sind, zu der man „Nein" sagt. Wenn der Gegner sich also wie ein Kind benehmen will, dann behandeln wir ihn auch so und nutzen Strategien, die mehr und mehr Gründe enthüllen, warum der Konflikt in seiner derzeitigen Form untragbar ist.

Es ist auch wichtig, konkrete Zeitpunkte festzuhalten, zu denen die Forderungen erfüllt sein müssen. Wenn man nur fragt: „Werden Sie die Straße so früh wie möglich neu pflastern?", ist die Antwort natürlich ein lockeres „Ja". Die eigene Vorstellung von „so früh wie möglich" ist vielleicht bis Ende des Monats. Deren Vorstellung ist in zehn Jahren. Also stellt man stattdessen die Frage: „Werden Sie die Straße innerhalb von 30 Tagen neu pflastern?" Es ist gut möglich, dass die Anzahl der Tage nun zum Verhandlungsgegenstand wird und am Ende 40 Tage Zeit bleiben. Der springende Punkt ist, dass es nun eine eindeutige Absprache gibt und der Gegner einen Preis bezahlen wird, wenn diese nicht eingehalten wird.

Wenn ein Teenager erst um zwei Uhr nachts nach Hause kommt, obwohl man ihm gesagt hat, er solle bis elf Uhr wieder zuhause sein, und es dann keine Strafe gibt - egal, ob Hausarrest oder Hausarbeiten - wird es das nächste Mal vier Uhr nachts werden. Wenn der abgemachte Zeitpunkt nicht eingehalten wird, muss die Organisation bereit und fähig sein, eine Strafe zu erteilen. Also ist die letzte Forderung am Tisch für gewöhnlich: „Wir wollen uns noch einmal in x Tagen treffen, um uns einen Überblick zu verschaffen, wie die Dinge laufen." Oder: „Wir wollen, dass Sie in x Tagen Ort y mit uns besichtigen, damit wir uns versichern können, dass Fortschritte gemacht werden." So lassen wir ein Schwert über den Köpfen der Gegner hängen. Sie wissen, dass sie bis dahin besser etwas vorzeigen können, oder es gibt Ärger.

Fehlende Vorbereitung. Ein Football-Team spielt jede Woche rund 60 Minuten Fußball. Aber wie viele Stunden pro Woche steckt es in die Vorbereitung dieser 60 Minuten? Ich denke mal, dass 30 oder 40 Stunden wohl noch eine bescheidene Schätzung sind. Und das schließt nicht einmal das Ausdauertraining in der Nebensaison oder die Trainingscamps im Frühling oder Herbst mit ein. Das heißt, dass für jeweils zwei Minuten Spielzeit eine Stunde oder mehr Vorbereitungszeit investiert wird. Mit diesen Zahlen im Hinterkopf scheint die Mühe im Community Organizing zum Vorbereiten auf Verhandlungen geradezu lächerlich.

Wir verbringen Stunden um Stunden damit, Leaders für Aktionen und Versammlungen zu trainieren, aber opfern kaum Zeit für die eigentlichen Verhandlungen - als wären sie so einfach, wie in eine Bar zu gehen und ein Bier zu bestellen. Eine Organisation, die ohne jede Vorbereitung an den Verhandlungstisch geht, bekommt, was sie verdient: Einen Tritt in den Hintern. Vorbereitung kann man auf viele verschiedene Weisen betreiben und es gibt keine klaren Regeln dafür. Hier aber immerhin ein paar Richtlinien.

Kenne deinen Feind. Was du über eine Person weißt oder herausfinden kannst, kann in einer Verhandlung sehr nützlich werden. Hat er Auszeichnungen gewonnen? Ist er ein Mitglied einer religiösen Vereinigung? Welche Ausbildung und Abschlüsse hat er? Gibt es eine Familie?

Hier ein Beispiel: Nehmen wir einmal an, wir wissen, dass das Gegenüber die First Baptist Church besucht. Mit einem Kommentar wie „Bob," (es macht immer Spaß, die Gegner mit dem Vornamen statt mit Nachnamen oder Titeln anzusprechen - das regt sie normalerweise auf) „wir sind uns sicher, dass Ihre Kirchengemeinde, die First Baptist Church, lehrt, dass es nicht recht ist, zu lügen. Und doch sitzen Sie hier und lügen uns an, wenn Sie sagen, dass Sie das nicht für uns tun können." Danach muss man aufpassen, dass man sich nicht in der Diskussion verzettelt, ob er jetzt lügt oder nicht, sondern einfach mit den Verhandlungen weitermachen. Das Ziel des Kommentars wurde schon erreicht. Er weiß nun, dass wir etwas über ihn wissen.

Der Gegner wird durch die Mischung von Privatem und Geschäftlichem aus dem Gleichgewicht gebracht. Außerdem denkt er jetzt: „Wenn sie das über mich wissen, was wissen sie sonst noch?" Statt sich voll auf die Verhandlungen zu konzentrieren, macht er sich nun teilweise Sorgen über andere Aspekte seines Privatlebens, die ans Tageslicht gezerrt werden könnten. Zumindest für den Moment hat man daher die Oberhand - und das ist es, was man will. Jemand, der so verunsichert ist, macht eher einen Fehler.

Rollenspiel. Man simuliert die Verhandlungen im Privaten. Jemand übernimmt die Rolle des Kontrahenten und ahmt die Antworten und Reaktionen nach, die dieser vermutlich geben wird. Danach analysiert die Gruppe, wie das Theaterstück gelaufen ist und was man in der Realität anders machen würde. Dann noch einmal alles von vorne. Der Vorschlag zu einem Rollenspiel wird anfangs nicht immer mit Begeisterung aufgenommen, entweder weil man damit noch keine Erfahrungen hat und nicht weiß, was man zu erwarten hat, oder weil man einfach Angst hat, sich vor der Gruppe zu blamieren. Aber mir ist es hundert Mal lieber, wenn wir uns privat voreinander blamieren als später vor dem Gegner.

Alle möglichen Szenarien vorher durchspielen. Was passiert, wenn man „zwei Wochen" fordert und „zwei Monate" als Antwort bekommt? Das allerletzte, was man will, ist, dass jemand aus der Gruppe protestiert, während ein anderer den zwei Monaten zustimmt. So hätte man gezeigt, dass die Gruppe gespalten ist. Ein schlauer Verhandlungsgegner wird das ausnutzen. Man sollte also vorher absprechen, was man in so einem Fall antworten wird.

Was tun, wenn der Gegner etwas anführt, was wir nicht erwartet haben? Normalerweise reicht eine von zwei Maßnahmen, um das Problem aus der Welt zu schaffen. Wir ziehen uns beispielsweise zurück zu einer Abstimmung (nur für zwei bis drei Minuten, länger kann Uneinigkeit andeuten). Wir lassen dabei immer einen unserer Leader am Tisch zurück, denn so kann der Gegner sich nicht in unserer Abwesenheit absprechen. Oder wir sagen einfach etwas wie: „Das ist eine interessante Idee. Wir können sie gerne beim nächsten Treffen am Dienstag um zehn Uhr morgens genauer besprechen. Jetzt lassen Sie uns erst einmal mit Punkt 3 fortfahren."

Eine Forderung nach der anderen. Verhandlungen sind auch so schon verwirrend genug. Schnelle Schlagabtausche, gefolgt von unerwarteten Argumenten, führen oft zu mangelnder Übersicht. Man sollte es nicht noch schlimmer machen, indem man von einer Forderung zur nächsten springt. Ein guter Gegner wird versuchen, die Gruppe zu verwirren, indem er uns mit Nebensächlichkeiten bombardiert, die von den Forderungen ablenken und den Fortschritt im Keim ersticken. So gewinnt man gar nichts.

Es passiert häufig, dass wir beispielsweise beim Diskutieren von Forderung Nr. 1 etwas zu hören bekommen wie: „Forderung Nr. 3 interessiert mich wirklich sehr. Die Idee ist gut, ich würde gerne meine eigenen Gedanken dazu einbringen.“ Wenn wir den Köder schlucken, hängt die Organisation am Haken und wir landen als Abendessen auf dem Tisch des Gegners. Stattdessen sollte man antworten: „Derzeit sind wir bei Punkt Nr. 1. Danach fahren wir mit Punk Nr. 2 fort und wenn wir bei Punkt Nr. 3 angekommen sind, würden wir auch gerne Ihre Ideen dazu hören.“ So bleibt das Meeting geordnet und man folgt seinem eigenen Schlachtplan, nicht dem des Gegners.

—

Das Ziel von Verhandlungen ist es, so viel zu gewinnen, wie nur möglich. Das Ziel des Gegners ist es, so wenig Zugeständnisse zu machen, wie nur möglich. Also sollte man alles in seiner Macht tun, um die eigenen Chancen auf Erfolg zu maximieren und dabei die Chancen des Gegners minimieren.

Wir haben immer versucht, die Regel durchzusetzen, dass niemand, der nicht auch beim Vorbereitungsmeeting dabei war, an den echten Verhandlungen teilnehmen darf. Einfach weil er dann nicht auf dem gleichen Stand ist wie der Rest der Gruppe. Wenn es zu widersprüchlichen Aussagen kommt, ist er effektiv nicht einmal im gleichen Team. Man sollte sich auf Verhandlungen immer so vorbereiten, als wären sie das wichtigste Meeting der ganzen Organizing-Kampagne. DENN DAS SIND SIE AUCH!

Wie man sich eine Arena baut

Leaders ausbilden

Am Anfang meiner Karriere als Organizer habe ich einmal Seite an Seite mit einem Block Club für die Renovierung eines Slumgebäudes gekämpft. Einer der Vorschläge war, dass wir einfach zum Haus des Slumlord marschieren könnten, um so die nötigen Reparaturen persönlich zu erzwingen. Die Idee kam an wie warme Hundekacke in einer Bowle. Frustriert fragte ich die Gruppe, was wir stattdessen unternehmen sollten. Zu dieser Zeit lief bei einem lokalen Fernsehsender im Rahmen der Nachrichten ein wiederkehrendes Element namens „Five on Your Side"[121]. Die Leaders beschlossen, den Sender anzurufen und den Slumlord dort „anzuzeigen". Ich erwiderte: „Na gut, aber was werden wir tun, wenn das nichts bringt? Gehen wir dann zu seinem Haus?" Sie sagten: „Klar, Trapp", und verbrachten die nächsten Stunden damit, zu erörtern, wer anrufen würde und was man sagen sollte. Ich wusste von vorneherein, dass das nichts wird. Zwei Tage später bekam ich einen aufgeregten Anruf von einem der Leaders, der sich irre darüber freute, dass das Slumgebäude tatsächlich in den Nachrichten erwähnt wurde. Alle Achtung, das musste ich ihnen lassen. Aber dann vergingen drei weitere Wochen und die Situation hatte sich trotz des Fernsehbeitrags nicht verändert. Ich erinnerte die Gruppe an unsere Vereinbarung. Also statteten wir dem Slumlord noch am selben

<hr>

121 „Fünf an deiner Seite".

Abend einen Besuch ab und am nächsten Tag konnte man bereits die ersten Arbeiter beobachten, die Reparaturen am Slumgebäude vornahmen. Die Gruppe machte sich nie wieder die Mühe, bei einem Fernsehsender anzurufen - in Zukunft schritten sie einfach wieder sofort selbst zur Tat.

Hat der Organizer der Gruppe eingebläut, dass direkte Aktionen besser sind als der Weg über die Presse? Nein! Das haben sie von ganz alleine gelernt. Der Organizer war bereit, Fragen zu stellen und mit den Antworten zu arbeiten, statt den Menschen vorzuschreiben, was sie zu tun und zu lassen haben. Die Mitglieder des Block Club akzeptierten die Verantwortung für die Entscheidung, zur Presse zu gehen, um das Problem zu lösen. Wenn das geklappt hätte, bekäme ich heute vermutlich noch zu hören, wie falsch ich damals lag. Aber sie verloren und waren anschließend sofort zum nächsten Schritt bereit. Nicht weil ich es ihnen aufgedrängt hatte, sondern weil sie aus eigener Erfahrung gelernt haben, welche Taktiken effektiv sind - und welche nicht.

Organizers mischen sich per Berufsdefinition in die Leben von Menschen ein. Jedes Mal, wenn wir einen Anruf tätigen oder Flyer verteilen, teilen wir den Leuten mit: „Kommt zu diesem Meeting und euer Leben wird besser." Daher denke ich auch, dass man in der Welt des Organizing weit heiligere Bündnisse mit den Menschen eingeht, als in der Welt der Kirche, die ich hinter mir gelassen habe. Als Priester wurde lediglich von mir erwartet, dass ich regelmäßig einen Gottesdienst abhalte. Meine Zuhörer hatten dabei die freie Wahl, dem zu folgen, was ich ihnen sagte, und ich war fein raus. Wenn ich als Organizer dagegen nicht sorgfältig selbst dafür sorge, dass ich eine Arena baue, in der man einen Sieg erringen kann, habe ich das Vertrauen der Menschen missbraucht. Wenn ich Hoffnungen für Veränderungen schüre und diese dann ausbleiben, bin ich auch nicht besser als ein Politiker, der bei den Leuten um Stimmen buhlt, indem er ihnen das Blaue vom Himmel verspricht. Als Organizer lernt man schnell, dass die Tage des bloßen „Vertrauens" vorbei sind; die Zeit der Aktionen ist da. Diese Hoffnung, die Organizers in den Menschen wecken, sehe ich als ersten Schritt zur Entdeckung ihrer eigenen Würde. Der Organizer baut sich eine Arena, in der Leaders zusammenkommen und gemeinsam handeln können. Und im Handeln finden sie ihre Würde.

Diese Arena errichtet man, indem man die Menschen ermutigt, ihre eigenen Entscheidungen zu treffen und sicherstellt, dass sie diese auch verfolgen. Wir versuchen immer, Gruppen so früh wie möglich an die ersten Aktionen heranzuführen, nicht nur weil das der Weg ist, der zu echten Veränderungen führt, sondern auch weil jede Aktion die Arena weiterentwickelt, in der das Organizing stattfindet. Egal ob man mit einem Block Club oder einer nationalen Koalition arbeitet - es ist immer wichtig, dass die Gruppe schon beim ersten Treffen auch die erste Aktion beschließt, auch wenn es sich dabei nur um das Schreiben eines Briefes handelt. Sobald die Gruppe zur Tat schreitet, wird sie zu einer anderen Gruppe mit einer anderen Persönlichkeit - und einer eigenen Geschichte. Der Job des Organizer ist es sicherzustellen, dass diese nicht schon beim Brief endet. Man muss die Leute an einen Punkt bringen, an dem sie sich selbst motivieren und erkennen, dass es keinen anderen Weg vorwärts gibt als durch direkte Aktionen.

Das alles ist harte Arbeit aus vielerlei Gründen. Zunächst einmal muss man die Leute respektieren. Zweitens muss man sie dort abholen, wo sie sich gerade befinden. Das allein ist echt schwer. Man will sie alle in die Endzone für den Touchdown[122] bringen, am Anfang ist man aber schon froh, wenn man einen Yard[123] weit kommt. Das muss man akzeptieren und als Startpunkt hinnehmen. Immer weiter an den Ein-Yard-Schritten arbeiten, bis man doch noch zum Touchdown kommt.

Drittens, man braucht Zeit. Der Organizer weiß, dass es nichts bringt, einen Brief zu schreiben. Aber wenn es das ist, was die Gruppe tun will, wird das auch gemacht - aber erst nachdem man eine Antwort auf die Frage bekommen hat: „Was tun wir, wenn das nicht klappt?" Wenn der Brief nicht funktioniert (und in meinen 34 Jahren als Organizer hat er das nie), werden die Leute das akzeptieren und danach wirklich bereit sein für den nächsten Schritt in Richtung einer Aktion. Sich derart in die Leute hineinzuversetzen, sich hinter sie zu stellen und zu fragen: „Oh sicher, ich verstehe, was ihr vorhabt, aber wie wäre es, wenn wir stattdessen diese

---

122 Punktgewinn im American Football, indem der Ball in die gegnerische Endzone getragen oder dorthin geworfen und gefangen wird.
123 Längeneinheit in Großbritannien und den USA, 1 Yard = 91,44 cm.

Sache machen?", ist ein langwieriger Prozess. Als Organizer arbeitet man hinter den Kulissen, aber gleichzeitig muss man sich auf den tatsächlichen Fortschritt der Arbeit konzentrieren. Man ist ein Anführer in Verkleidung. Man muss gleichzeitig so geduldig und ungeduldig sein, wie es nur geht.

Der Job des Organizer ist es auch, dafür zu sorgen, dass die Gruppe Verantwortung für die getroffenen Entscheidungen übernimmt. Das macht man nicht durch Vorschriften, sondern durch Fragen wie: „Was wollt ihr tun?" Meist muss man dabei gleich ein paar Antwortmöglichkeiten mit vorausschicken, da sich viele Menschen aus den Communities diese Frage in ihrem Leben noch nie gestellt haben. Daraufhin gehen sie entweder auf einen der Vorschläge ein oder denken sich doch noch einen eigenen aus. Egal welches Szenario eintritt, ist das wichtigste bereits geschafft: Nun ist es ihre Entscheidung geworden. Sie sind für den Erfolg zuständig und werden auch viel härter dafür kämpfen. Sie werden weiter gehen, als sie es je zuvor getan haben - und das auch buchstäblich, beispielsweise in den Garten von jemanden oder in seine Kirche. Danach wird sich die Gruppe immer schlagkräftigere Aktionen zutrauen, da der Organizer eine Arena geschaffen hat, in der die Menschen zum ersten Mal ihre eigene Macht spüren können. Sie gewinnen nicht nur das Selbstbewusstsein dafür, dass sie das Richtige tun, sondern auch, dass sie gewinnen können.

Der Prozess ist dabei ganz ähnlich wie beim Kauf eines Hauses. Erst macht man eine Anzahlung, indem man zum ersten Meeting kommt. Dann besucht man viele weitere Meetings, was den monatlichen Zahlungen des Kredites gleichkommt. Mit der Zeit baut man sich so Eigenkapital auf, man besitzt jeden Monat ein bisschen mehr und ist stärker daran gebunden. Der erste Sieg ist dann wie das komplette Tilgen der Hypothek. Nach diesem Erfolgserlebnis fragt man sich dann „Wie kann ich mein Haus noch weiter verbessern?" Das Gleiche passiert auch im Organizing. Wenn man einen Sieg erringt, lautet die nächste Frage: „Wie kann ich meine Community noch weiter verbessern?"

Leute dazu zu bringen, ihren Hintern hochzubekommen und zur Tat zu schreiten, ist die schwierigste Aufgabe im Organizing. Der Mensch ist das wohl chaotischste Wesen, das je erschaffen wurde, aber gleichzeitig wollen wir alle glauben, dass wir stets logisch handeln. Daher ist es die Pflicht des Organizer, die Arena so zu bauen, dass jeder einzelne Schritt logisch erscheint. Im Falle eines Block Clubs heißt das für gewöhnlich, dass man mit dem Schreiben eines Briefes anfängt.

Grundsätzlich stimmen die Leute jeder Aktion zu, solange sie nur weit genug in der Zukunft liegt. Als Organizer sollte man das ausnutzen. Wenn der Brief nicht funktioniert, sagt man sich als nächstes: „Okay, das hat nichts gebracht, also lasst uns zu seinem Büro marschieren." Und auch hier fragt ein guter Organizer vor dem Bürobesuch schon: „Wenn auch das nicht klappt, was tun wir dann?" Man könnte den Vorschlag einbringen: „Nun ja, ich weiß, dass andere Gruppen sein Privatgrundstück belagert haben." Normalerweise sagt dann jemand aus der Gruppe: „Oh ja, das klingt gut. Das können wir machen." Und so gehen wir nun bereits mit einem Nachfolgeplan zu seinem Büro. Eine Aktion baut auf der vorherigen auf. Das ist auch der Grund, warum Organizing so langsam ist. Ich selbst weiß natürlich, dass wir nichts erreichen werden, solange wir unser Ziel nicht mit heruntergelassenen Hosen bei sich zuhause oder an einem anderen verwundbaren Ort erwischen. Aber das kann ich den Leuten so nicht sagen. Sie müssen erst ihre eigenen Ideen und Gedankengänge durcharbeiten, bis es ihnen genauso logisch erscheint wie mir. Sie müssen alle bequemeren Optionen schon durchgearbeitet haben, so lange, bis eine direkte Aktion die einzige ist, die noch bleibt. So wachsen die Menschen.

Niemand von uns geht gerne Risiken ein. Der Job des Organizer ist es, die Leute an der Hand zu nehmen und sie Schritt für Schritt soweit zu bringen, dass sie bereit sind, etwas zu tun, was ihnen Angst macht; etwas, was sie vorher noch nie getan haben; etwas, was nicht nett ist; etwas, was sie aus ihren Gewohnheiten ausbrechen lässt. Der letzte Punkt ist besonders wichtig. Nichts wird sich je verändern, wenn wir alle nur an unserem vorgeschriebenen Platz in der Gesellschaft bleiben. Menschen in Machtpositionen sehen keinen Grund, mit uns zu reden oder irgendetwas zu ändern, solange wir ihr Leben nicht unbequem machen. Und das tun wir jedes Mal, wenn wir einen Slumlord zuhause besuchen, einen Sitzprotest veranstalten und so weiter. Als Organizer muss man sich in die Haut der Gruppe versetzen und sich daran erinnern, wie schwierig das anfangs sein kann. Und man muss dafür sorgen, dass man die Arena so baut, dass Leaders sich das zutrauen. Organizers bringen die Menschen ununterbrochen an ihre Grenzen, während sie sich selbst ununterbrochen auch an die eigenen Grenzen bringen. Denn während man an der Arena arbeitet, hat man eine Scheißangst. Werden überhaupt Leute zum Meeting kommen? Werden sie dem Leader bis vor die Haustür des Slumlord folgen? Und wo zum Teufel endet das Ganze?

Der Mensch lernt nicht durch bloße Vorschriften. Man lernt durch Wiederholung und indem man sich unangenehmen Herausforderungen stellt und diese überlebt. Als Organizer baut man eine Arena, die anderen dabei hilft, die wichtigsten Lektionen selbst für sich zu entdecken. Als Jesse Jackson[124] 1984 Präsidentschaftskandidat war, sagte er einmal in einer Rede: „Du bist jemand." Das ist nett gesagt, hilft mir aber auch nicht dabei, ein besserer Leader zu werden oder die Abläufe der Welt besser zu verstehen. Erst wenn mir jemand dabei hilft, eine Arena zu bauen, in der man eigene Erfahrungen sammeln kann, kann ich entdecken, dass ich jemand bin - nicht, indem man es mir nur sagt.

Bei NCO waren wir bekannt für unsere Fähigkeit, Slumlords von unserer Sicht der Dinge zu überzeugen und Reparaturen an ihren Häusern in Gang zu bringen. Mindestens einmal im Monat bekamen wir Besuch von Anwohnern, die uns um Hilfe in ihrer Wohnsituation baten. Die Antwort lautete stets: „Nein, aber können Sie mit zehn Ihrer Mitmieter ein Meeting nächsten Dienstag organisieren?" Wenn die Antwort „Nein" lautete, gab es nichts weiter zu besprechen. Ich hätte bei der Baubehörde anrufen können mit einer Ansage wie: „Hier spricht Shel Trapp, der Direktor von NCO. Es gibt da ein Problemgebäude bei 1827 W. Erie, das Sie sich einmal anschauen sollten." Aber das tat ich nicht. Wenn die Anwohner nicht bereit waren, ein Risiko einzugehen, war ich das auch nicht. Der Organizer ist kein Patenonkel. Er arbeitet stattdessen mit den Anwohnern zusammen, damit diese ihre Probleme selbst lösen können. Unser Weg ist der langsamere, aber er lehrt, dass man durch Eigeninitiative und das Handeln als Gruppe gemeinsam Erfolge feiern kann - sein Leben lang. Das würden die Menschen mit einem bloßen Anruf nicht begreifen.

---

124 US-amerikanischer Politiker der Demokratischen Partei, Aktivist, Bürgerrechtler und Baptistenpastor (geb. 1946).

Anderen helfen zu wollen, ist eine ganz natürliche menschliche Reaktion. Wenn ich dir bei deinen Problemen unter die Arme greife, fühle ich mich auch gleich besser. Das macht mich zu einem guten Menschen, oder? Nicht im Organizing. Der Organizer fragt nicht: „Wie kann ich das Problem lösen?" Er fragt: „Wie kann ich die Leute dazu bringen, sich um das Problem zu kümmern?" Das Ziel des Organizer ist es nicht, sich froh und wohlig zu fühlen, sondern das Thema möglichst effektiv anzugehen, damit die Leute Aussicht auf einen dauerhaften Sieg haben und ihre Selbstachtung finden. Also stellt der Organizer die harten Fragen: „Findest du es okay, dass dein Kind jeden Tag an dem Drogenabstieg dort vorbeilaufen muss? Wenn nicht, was willst du dagegen tun? Denn wenn du nichts unternimmst, werde ich es ganz sicher auch nicht." Nett ist das nicht. Und es löst auch nicht sofort das Problem. Aber es geht darum, die Leute dazu zu bringen, ihre eigenen Konflikte lösen zu wollen. Und das ist nie bequem.

Ich war schon bei vielen Leader-Treffen, wo es mir innerlich fast schlecht wurde, weil ich so hart sein musste. Mein Vater war Priester, ich ging auf ein kleines christliches College und auf ein theologisches Seminar, gefolgt von sieben Jahren als Pastor. Mir wurde eingebläut, nett zu sein, die Leute nicht herumzustoßen und keine schwierigen Fragen zu stellen. Im Organizing habe ich gelernt, dass dieser Ansatz nicht funktioniert. Selbst wenn es in meiner Macht liegt, die Drogenhütte um die Ecke dicht zu machen, helfe ich den Leuten damit nur oberflächlich. Denn wenn die Drogen sich irgendwo anders einnisten und wiederkehren, stehen die Leute wieder vor meiner Tür. Was haben sie dabei gelernt? Nichts! Es braucht Geduld. Und es ist kein Organizing, wenn der Organizer den Leuten ihre Probleme abnimmt.

Bei NCO haben wir einmal eine richtig taffe Sozialhilfe-Organisation aufgebaut. Eine Sozialarbeiterin kam auf uns zu und berichtete davon, wie Sozialhilfeempfänger über den Tisch gezogen wurden, und dass man eine Organisation brauchte, die dagegen ankämpft. Die Sozialarbeiterin nahm an quasi allen Meetings teil und übernahm nur allzu gerne das Reden. Aus mysteriösen Gründen wurde die erste öffentliche Versammlung dann schließlich in ihrem Urlaub geplant. Sie war recht empört und sich sicher, dass diese ohne ihre Führung in einer Katastrophe enden würde. Als sie in den Urlaub ging, musste ich ihr versprechen, dass ich stattdessen die Versammlung leiten würde. Als es dann zum Treffen kam, erzählte ich den Leaders von der Abmachung. „Ich breche nie meine Versprechen, also werde ich die Versammlung von hinten leiten, während ihr es vom Vordertisch aus tut." Sie haben mich wissend angelächelt und zugestimmt.

Unser Gegner aus dem Sozialhilfeamt muss wohl gedacht haben, er wäre in einem Löwenkäfig gelandet. Als die Versammlung vorbei war, hatten wir alle Forderungen auf unserer Agenda gewonnen. Die Sozialarbeiterin kam aus dem Urlaub zurück und nahm wieder am nächsten Meeting teil. Sie war von den Erfolgen schwer beeindruckt und flüsterte mir zu: „Meine Güte, du musst die Versammlung ja großartig geleitet haben, Shel." Ich grinste der Frau zu, die tatsächlich die Leitung übernommen hatte. Sie sagte: „Von wegen. Der stand nur hinten an der Wand und hat geraucht." Es wurde klar, dass die Sozialarbeiterin nicht länger benötigt wurde und man sagte ihr, dass sie gerne weiter an den öffentlichen Versammlungen teilnehmen könnte, solange sie diesen nur passiv beiwohnte. Ab diesem Zeitpunkt gehörte die Organisation den Leaders.

Die Vorsitzende entwickelte sich zu einem wirklich starken, eloquenten Leader. Nach etwa vier Siegen verschwand sie dann. Ein paar Jahre später begegnete ich ihr auf der Straße. Wir unterhielten uns eine halbe Stunde lang. Sie erzählte mir, dass sie schon die dritte Generation in ihrer Familie war, die auf Sozialhilfe angewiesen ist. Und dass ihre Erfahrungen im Organizing sie erkennen haben lassen, dass sie diesen Scheiß nicht mehr brauche. „Ich habe immer geglaubt, dass ich schlau bin. Aber nach dem Organizing wusste ich es nun definitiv." Sie hat mir auch davon erzählt, dass sie nun in einem Büro mit einem Gehalt arbeitete, dass meines wie Taschengeld aussehen ließ. Durch das Organizing hatte sie sich selbst und ihr Potential entdeckt. Niemand hat ihr diese Erkenntnis verliehen; das hat sie ganz allein geschafft.

Wenn man sieht, wie sich Menschen derart weiterentwickeln, direkt vor den eigenen Augen, von unsicheren Anwohnern zu starken Leaders, indem sie die Arena des Community Organizing betreten - das ist, als ob man seinen eigenen Kindern beim Aufwachsen zusieht. Sie verändern sich nicht nur physisch, sondern auch mental. Sie realisieren, dass sie einen Wert besitzen und der Welt etwas zu bieten haben. Viele unserer Leaders wissen anfangs noch gar nicht, was in ihnen steckt, einfach weil sie noch nie von jemandem nach etwas gefragt wurden - außer vielleicht nach der Kollekte am Ende des Gottesdienstes am Sonntagmorgen. Und plötzlich, egal ob bei einem Block Club Meeting oder bei Verhandlungen, werden sie nach ihren Meinungen und Emotionen gefragt. Für viele ist dies das erste Mal. In diesem Moment entdecken gute Leaders, dass ihre Gedanken die Welt beeinflussen können. Und dann ändert sich alles - nicht nur für die Organisation, sondern auch für die Person, die jetzt versteht, dass sie etwas erreichen kann.

Organizing bedeutet für mich, dass jeder Mensch gleichberechtigt ist. Wir haben alle verschiedene Talente und Fähigkeiten. Und der Job des Organizer ist es, diese Talente und Fähigkeiten zu entdecken, zu entwickeln und in der Gruppe effektiv einzusetzen. Das kann man mit dem Trainieren eines Teams vergleichen. Der Job des Trainers ist es, die Talente der Spieler herauszufinden und ihnen eine Position auf dem Spielfeld zuzuteilen, die diesen Talenten entspricht. Beim Organizing könnte das ein Leader an der Front, ein Verhandlungspartner nach einer Aktion oder ein Mobilisierer sein, der die Leute für eine Aktion aus dem Raum und in die Busse bewegt. Das Wichtige ist, dass am Ende ein schlagkräftiges Team entsteht.

Im Laufe meiner Karriere erkannte ich nicht nur die Wichtigkeit von Siegen, sondern auch davon, die Menschen innerlich weiter zu entwickeln. Wenn eine Kampagne nicht zu einem Sieg führt, aber das Selbstbewusstsein der Teilnehmer merklich verbessert, dann könnte man dies auch als einen Sieg sehen. Ich habe keine Ahnung, wie man das quantitativ messen soll. Aber gute Organizers sehen das mit der Zeit immer und immer wieder, wenn sie eine effektive Arena aufbauen. Organizing ist einer der wenigen mir bekannten Berufe, bei dem das Entwickeln des Potentials von Mitmenschen derart im Fokus steht. Und genau deswegen ist die Verantwortung des Organizer für mich heilig.

Macht dich Vergewaltigung wütend?

Wut und Konfrontation

Macht dich Vergewaltigung wütend? Wie würdest du mit einem Vergewaltiger umgehen? Mit diesen Worten eröffne ich meine Trainingssessions für Anfänger zum Thema Wut und Konfrontation. Die meisten Leute reagieren sehr stark auf diese Frage - die Opfer von Vergewaltigungen werden zu Objekten degradiert, missbraucht und misshandelt. In einem Gruppensetting wie bei einem Training ist es oft erstaunlich, wozu sich die Leute bereit erklären: Alles, von Kastration bis hin zum Verteilen von Flyern in der Wohngegend oder Kirche des Vergewaltigers, wird in die Runde geworfen. Es gibt für gewöhnlich sehr wenig, was der Täter in ihren Augen nicht verdient hätte.

Wie unterscheidet sich ein Slumlord von einem Vergewaltiger? Auch ein Slumlord missbraucht die Menschen. Er dringt in ihre Familien ein und zerstört die Würde der Menschen. Wie unterscheiden sich all unsere anderen Gegner, die die Nachbarschaften zerstören, von einem Vergewaltiger? Warum setzen wir Grenzen bei dem, was wir bereit sind, ihnen anzutun? Sie verwandeln stabile Wohngegenden in gefährliche, verkommene und unmenschliche Slums, ungeachtet all der unschuldigen Männern, Frauen und Kindern, die dort leben.

Wenn ich Trainees mit diesem Vergleich konfrontiere, merken sie schnell, dass sie in eine Falle getappt sind. Jetzt müssen sie sich entweder eingestehen, dass sie vorhin gelogen haben, als es darum ging, was sie einem Vergewaltiger antun würden, oder sie müssen zugeben, dass sie sich beim Organizing zurückgehalten haben. Uns allen wird in unserer Kindheit beigebracht, dass Wut und Konfrontationen schlecht sind. Aber was ändert sich in der Welt jemals ohne beides? Nichts! Wut ist ein Teil davon, was einen Organizer ausmacht und motiviert. Wenn du dich nicht einmal selbst verstehst, wie willst du dann eine Gruppe von Menschen dazu bringen, sich selbst zu verstehen?

Ich wurde oft gefragt: „Warum bleibst du im Organizing?" Meine Antwort ist immer die gleiche: „Meine Wut." Als ich zwölf war, starb mein Vater an einem Herzinfarkt. Mein Bruder starb bei einem Autounfall ein paar Jahre später. Während der High School fiel mir all mein Kopfhaar aus. Das alles passierte in einem Zeitraum von drei Jahren und ich war frustriert, ängstlich und hatte eine gehörige Portion Selbstmitleid. Ich war wütend auf die Welt; dafür, dass sie mich so schlecht behandelte. Das war selbstzerstörerisch und steigerte meine innere Unsicherheit nur noch weiter.

Aber ich begann damit, meine Wut zu fokussieren, als ich mit Football im College anfing. Es war nicht die Welt, auf die ich sauer war, sondern der Typ da vorne hinter dem Gedränge, der unseren Runner[125] aufhalten sollte. Nach einem wirklich guten Spiel für uns saß ich in der Umkleide und ging die Abläufe noch einmal im Kopf durch. Ich kann mich noch erinnern, dass ich mir bei einem besonders heftigen Tackle[126] gedacht habe: „Mein Dad und mein Bruder haben mich so nie zu sehen bekommen." Ein andermal bemerkte ich, wie bei dem Typ vor mir ein bisschen blondes Haar unter dem Helm herausschaute, genau wie ich es früher hatte. Als ich ihn umgeworfen hatte, dachte ich mir: „Das ist für all die Typen, die mich ausgelacht haben und für all die Mädchen, die nicht mit mir ausgehen wollten, weil ich keine Haare hatte." Mit einem Lächeln auf dem Gesicht ging ich dann in die Dusche und hatte endlich den Grund für meine Wut gefunden. Und so begann auch der Prozess, diese abzubauen - erst auf dem Football-Feld und später im Leben.

Bei einem anderen Organizer, den ich kannte, kam die Wut daher, dass der Onkel sie vergewaltigt hatte, als sie noch klein war. Als ich zu ihr sagte: „Du musst sehr wütend gewesen sein", antwortete sie mir: „Nein, eine Weile lang war ich einfach verängstigt. Als mir klar wurde, was passiert

125 Auch: Runningback. Der primär für das Laufspiel verantwortliche Spieler.
126 Das Zu-Boden-Bringen eines gegnerischen Ballträgers durch eigenen Körpereinsatz.

war, konfrontierte ich meine Familie damit. Erst dann fing die Wut an." Ich sagte ihr, dass ihre Vergangenheit meine wie ein Kinderspiel aussehen ließ. Sie antwortete, dass ich den Sinn ihrer Aussage nicht verstanden habe. Es geht darum, dass die Wut bei jedem anders entsteht. Wichtig ist, dass jeder seinen persönlichen Ursprung ausfindig macht und sich damit konfrontiert. Erst dann kann man sich von der Angst befreien und zu Taten voranschreiten. Ich erkannte schnell, dass ihre Erfahrungen meinen sehr ähnlich waren: Erst kommt das Selbstmitleid, dann die Angst vor dem Handeln, die Auseinandersetzung mit der Wut und schließlich der Tatendrang.

Wenn sich die Wut nach innen richtet, ist das selbstzerstörerisch. Fokussierte Wut nach außen ist hingegen produktiv. Was man als Organizer entdeckt, ist, dass jeder eine solche Wut in sich trägt, aus der man Motivation schöpfen kann. Meine Freundin und ich entdeckten so, dass wir nicht alleine mit dem Leid waren, das uns das Leben beschert hatte. Ob der Schmerz nun von mangelnden Sozialen Diensten kommt, der Ablehnung eines Kredits, dem Verlust eines Familienmitglieds durch eine plötzliche Schießerei oder dadurch, dass man seine Kinder auf eine minderwertige Schule schicken muss - beim Organizing geht es darum, seine eigene Wut mit anderen zu teilen, die auch leiden mussten, und so gemeinsam einen Antrieb zu finden.

Wir führen ein Leben, das uns nah mit unserer Wut in Verbindung bringt, daher müssen wir aufpassen, dass sie uns nicht kontrolliert und untergräbt. Die Wut eines Organizer ist kein wahlloses Instrument, das jeder zu spüren bekommt, der sich ihm nähert. Es ist die glühend heiße Wut eines Propheten aus dem Alten Testament, die sich auf ein konkretes Ziel richtet. Im Alten Testament richtete Moses seine Wut auf diejenigen, die sein Volk in Sklaverei hielten. Er befreite die Menschen und führte sie dann vierzig Jahre lang durch die Wüste, bis sie im gelobten Land ankamen. Im neuen Testament warf Jesus die Geldwechsler aus dem Tempel. Das ist fokussierte und kontrollierte Wut.

Die letzte Mitarbeiterin, die ich während meiner Zeit bei NTIC gefeuert habe (und sie war nur eine von vielen, die den Anforderungen nicht gerecht wurden), verlor ihren Job, weil sie eines montagmorgens nicht an einer wichtigen Aktion gegen räuberische Kreditvergaben teilgenommen hat. Es war eine ziemlich große Aktion, daher bemerkte ich nicht, dass sie gar nicht in den Bus eingestiegen war, bis wir zurückkamen. Als ich sie später fragte, was los war, antwortete sie mir, dass sie müde war, weil sie den Tag zuvor von einer Beratung in einer anderen Stadt zurückgekommen war. Keine 30 Minuten später räumte sie ihren Schreibtisch aus. „Oh mein Gott, du bist müde und hier verlieren Menschen ihre Häuser. Du bist gefeuert!" Sie hatte den Quell ihrer Wut nicht gefunden, also war ihre Müdigkeit ihr wichtiger, als den Leuten eine Chance zu geben, ihre Häuser zu retten. Meiner Erfahrung nach ist es diese kontrollierte Wut, die uns an die Grenzen unserer Belastbarkeit treibt.

Eine der typischeren Situationen bei NTIC passierte mir einmal, als ich aus Alaska, wo ich eine Beratung machte, anrief. „Weißt du eigentlich, dass es hier fünf Uhr morgens ist?", fragte mich die Person am Apparat. Ich hatte die Zeitzonen ein wenig durcheinandergebracht. Als ich fragte, was zum Teufel sie dann im Büro machte, antwortete sie mir, dass sie die ganze Nacht aufgeblieben war, weil ein wichtiges Projekt unbedingt fertig werden musste. Ihre kontrollierte Wut hatte sie weit über die normalen Arbeitszeiten hinaus angetrieben.

Genauso, wie wir als kleine Kinder lernen, dass Wut schlecht ist, lernen wir schon als Baby, dass man Konflikte meiden sollte. Als Organizer gewöhnt man sich schnell daran, von anderen dafür beschuldigt zu werden, dass man „Konflikte verursacht". Eine gute Analogie ist eine Fabel, die viele von uns aus ihrer Kindheit kennen: Eine Menschenmenge applaudiert dem neuen Outfit des Kaisers, bis ein kleiner Junge „Der Kaiser trägt keine Kleider!" ruft und sich niemand mehr das Lachen verkneifen kann. Das Kind zieht dem Kaiser nicht die Hosen herunter - alles, was es tut, ist die Wahrheit auszusprechen. Genauso wie die Bemerkung des Jungen, sind auch die Fragen von Organizers darauf ausgelegt, die Wahrheit aufzudecken - und die ist selten verborgen. Normalerweise ist der Konflikt für jeden offensichtlich und wartet nur darauf, dass man mit dem Finger auf ihn zeigt. Natürlich führt ein Konflikt aber zu Wut: Genau die Emotion, die wir seit unserer Kindheit tunlichst vermeiden wollen. Dem Organizer die Schuld für den Konflikt in die Schuhe zu schieben, ist eine bequeme Ausrede, um sich nicht um das Problem kümmern zu müssen - und zwar jedes

Mal, wenn Gerechtigkeit auf Ungerechtigkeit trifft, Liebe auf Hass, Wahrheit auf Lügen und Menschlichkeit auf Unmenschlichkeit. Dr. King wurde auch dafür beschuldigt, Konflikte zu verursachen, als er in Cicero auftrat.

Direkt den echten Feind anzugreifen, heißt auch immer, den Konflikt ans Tageslicht zu zerren und ein Teil davon zu sein. Wegen unserer Erziehung wollen wir dies aber instinktiv nicht. Also dauert es nicht lange, bis stattdessen einfachere und gemütlichere Vorschläge kommen: „Lasst uns einen Brief schreiben", „Lasst uns einen Anruf machen", „Lasst uns eine Petition organisieren". Ich hatte sogar schon Gruppen, die „Lasst uns beten" vorschlugen. All diese Methoden sind nett und sittsam, aber leider funktionieren sie nicht! Sie gehen dem echten Konflikt aus dem Weg. Die Menschen sind bereit, riesige Umwege zu gehen, wenn sie dadurch einen Mittelsmann einschalten können - etwa eine Agentur oder das Rechtssystem - solange sie dadurch nicht selbst in den Konflikt hineingezogen werden. Im starken Kontrast dazu, versucht die Community Organization nicht Distanz aufzubauen, sondern den Machtstrukturen immer möglichst direkt zu begegnen, um sich sofort dem Herz der Sache zuzuwenden. Wenn meine Frau und ich irgendetwas am Haus umbauen wollen, fragen wir nicht zuerst die Kinder, die längst nicht mehr dort wohnen und eigene Familien haben. Wir klären die Sache direkt zwischen uns, weil wir beide die einzigen sind, die die Macht haben, etwas im Haus zu verändern.

Es gibt unzählige Geschichten von all den Konfrontationen, die wir mit unseren Gegnern hatten: Von Bürokraten über Abgeordnete und Bankangestellte bis hin zu CEOs von Firmen. Aber eine sticht für mich besonders heraus: Ich bin mit meiner Frau seit 45 Jahren verheiratet. Am Anfang kümmerte sie sich um die Kinder, erledigte die Einkäufe, kochte das Essen, räumte das Haus auf und machte die Wäsche - all das neben einem Teilzeitjob. Eines Nachts kam ich heim und fragte: „Was gibt's heute zum Essen?" Sie rammte mir das Kochbuch in den Magen und sagte: „Finde es doch selbst raus." Ich lernte schnell, mich besser in den Haushalt einzubringen. Indem meine Frau den Konflikt aufdeckte, der zwischen uns als Mann und Frau herrschte, schaffte sie es, die Abläufe im Haushalt zu ihren Gunsten umzukrempeln.

Die Ansage, die jeder Konfrontation zugrunde liegt, ist immer: „Die alte Tagesordnung ist vorbei. Jetzt laufen die Dinge anders. Heute ist ein neuer Tag, mit neuen Regeln und wir werden ein Mitspracherecht haben, wie wir ihn gestalten." Ohne Community Organizing und direkte Aktionen, um Konflikte offenzulegen, können wir nichts anderes tun, als beim alten Trott zu bleiben. Was ein Organizer tut, ist diesen alten Trott in „Ihr habt uns nicht zu sagen, wie die Dinge in unserer Nachbarschaft abzulaufen haben - wir sagen es euch!" zu verwandeln. Für mich ist es am wichtigsten, dass die Menschen ein Mitspracherecht haben. Nicht die Menschen in Machtpositionen, sondern einfach nur die Menschen. Im Laufe meiner Karriere haben mir Politiker, Bildungsausschussmitglieder und Reporter so oft die Frage „Wer sind Sie eigentlich?" gestellt. Ihrer Meinung nach waren sie die Experten. Wenn Menschen sich durch Organizing zusammentun, bedeutet die Anzahl deiner Abschlüsse, die Höhe deines Bankkontos oder die Farbe deiner Krawatte nichts mehr - denn wir haben einander. Und wenn du es mit einer organisierten Gruppe zu tun hast, dann hörst du besser zu oder zahlst den Preis für deine Arroganz. Unsere Methoden sind friedlich, aber unser Spielfeld hat keine Grenzen. Egal ob in deinem Vorgarten, deiner Kirchengemeinde, der Vorstandsetage oder jedem anderen Ort, an dem du dich gerade aufhältst - das ist alles unsere Arena und hier machen wir die Regeln.

Wo bleibt das Gehirn?

Aus dem Bauch heraus agieren

Einer unserer NCO-Praktikanten, der gleichzeitig Priester war, redete immerzu davon, wie sehr er doch die Menschen lieben würde. Er änderte seinen Ton, als wir ihn als Organizer das erste Mal mit den Menschen konfrontierten. Er erzählte uns, dass sich diese dummen Leute nur für Schlaglöcher interessierten. Ich erklärte ihm den Prozess erneut. „Das ist es nun mal, was sie beschäftigt. Dein Job ist es, ihren Horizont zu erweitern, aber das kannst du erst, nachdem du dich um die Schlaglöcher gekümmert hast." Bald darauf hat er gekündigt. Ein anderer Praktikant aus der gleichen Gegend erzählte mir einmal von seinem Plan, in der Nachbarschaft Geld zu sammeln, damit eine Firma beauftragt werden konnte, die Straßen zu reparieren. Ich rastete aus. „Was glaubst du, wem die Straße gehört?", fragte ich ihn. „Der Stadt! Bringe die Leute dazu, Aktionen gegen den Bürgermeister, den Stadtrat oder das Straßen- und Stadtreinigungsamt zu organisieren. Es ist völlig egal was, aber bringe sie nicht dazu, Geld für eine Straße zu sammeln, deren Wartung sie längst durch ihre Steuern finanzieren!" Er blieb bei seiner Idee und brachte nicht eine einzige Aktion innerhalb eines ganzen Jahres zustande. Danach packte auch er seine Sachen. Keiner der beiden Praktikanten verstand aus dem Bauch heraus, dass den Anwohnern die fundamentalsten Dienste verwehrt blieben. Wenn sie auf ihren Bauch statt auf ihren Kopf gehört hätten, wäre vielleicht etwas passiert. Sie hätten Siege errungen und den Horizont der Menschen erweitert.

Schon früh in meiner Karriere als Organizer riet mir Tom Gaudette, nicht so viel zu denken und mehr auf meinen Bauch zu hören. Er sagte: „Jedes Mal, wenn du ein mulmiges Gefühl im Bauch bekommst, höre auch darauf. Das funktioniert oft besser, als der Logik zu folgen." Es hat eine lange Zeit gedauert, das Denken mit dem Kopf wieder zu verlernen (das ich mein ganzes Leben lang durch meine Eltern und während der High School eingebläut bekommen habe) und stattdessen meinem Bauchgefühl zu vertrauen.

Wir denken gerne von uns, dass wir stets logisch handeln und jede Entscheidung durchdacht ist. Aber das stimmt überhaupt nicht. Wenn wir heiraten wollen, setzen wir uns zuerst mit einem Stück Papier hin und vergleichen akribisch die Pro- und Contra-Punkte? Natürlich nicht! Man bekommt ein kribbliges Gefühl im Magen, das einem sagt, dass man den anderen mag und noch einen Schritt weiter gehen will - so wie es auch mir damals mit meiner zukünftigen Frau Anne erging, die über jeden meiner armseligen Witze gelacht hat, mir zugehört hat, als ich mir etwas von der Seele reden musste und keine Probleme damit hatte, mit einem glatzköpfigen Mann in der Öffentlichkeit gesehen zu werden. Also stellte ich die Frage aller Fragen. Die großen Entscheidungen im Leben finden über unseren Bauch statt - genauso wie die großen Entscheidungen im Organizing. Aus dem Bauch heraus zu agieren heißt, auf seine Instinkte zu hören, in Situationen zu geraten, bei denen man nicht weiß, ob man Recht oder Unrecht hat, und einfach das zu tun, was sich richtig anfühlt.

Seinen Instinkten zu folgen, bedeutet aber nicht einfach, blindlings seinen Gefühlen zu folgen. Mit Instinkten oder dem Bauchgefühl meinen wir etwas, das den Verstand und die Gefühle vereint. Vielleicht ist die beste Analogie die Kreativität. Unsere Tochter Kathy, eine professionelle Künstlerin, brachte mich eines Halloweenabends bei uns auf diesen Gedanken. Sie sagte, dass Kreativität kein Geschenk sei, das einem in die Wiege gelegt wird, sondern etwas, das man erlernt und an dem man Tag für Tag arbeiten muss. „Man fängt damit an, auf Details in der Umgebung zu achten", sagte mir Kathy. „Zum Beispiel wie der Rauch deiner Zigarette kleine Ringe über dem Halloweenkürbis bildet und die Formen, die dabei entstehen. Das Bild habe ich jetzt im Kopf, falls ich es später für ein Kunstwerk verwenden will. Sogar wenn ich nur mit dem Hund Gassi gehe, versuche ich, aktiv die Blätter unter meinen Füßen knistern zu hören. Ich versuche, zu fühlen, wie sich meine Kleidung auf der Haut bewegt und wie die Sonne meinen Rücken wärmt. Ich versuche einfach, für alles offen zu sein, was das Bewusstsein wahrnehmen kann. Wenn man dies täglich übt, wird der Prozess irgendwann ganz natürlich - und dann reagiert man automatisch instinktiv, nicht mit dem Verstand. Es ist wie bei einem Sportler, der jeden Tag trainiert und im Spiel dann nur noch seinen Instinkten folgen muss." Was sie mir sagen wollte, war, dass man seinem Bauch folgen sollte, nicht seinem Gehirn. Denn wenn man sich so vielen Dingen wie möglich bewusst bleibt, hat das Gehirn die Arbeit schon im Vorfeld erledigt. Im Gespräch über Kreativität mit zwei Freunden, die beide Profimusiker und Leaders von Community Organizations in Kansas waren, sagten diese mir: „Wenn du auf einen Geistesblitz der Kreativität wartest, wirst du vorher an Altersschwäche sterben." Und: „Kreativ zu sein ist das Schwierigste, was man nur machen kann." Die zwei Kommentare erinnerten mich an die vielen Mitarbeitermeetings, die ich im Laufe meiner Zeit als Organizer erlebt habe - die, in denen man nur herumsitzt und wartet, und die, bei denen man sich auf die Materie stürzt, hart arbeitet und am Ende mit kreativen Ideen Siege feiert.

Wie bei der Kreativität, ist auch auf das Bauchgefühl zu hören etwas, das man erst erlernen muss. Zum Beispiel muss man erst das nötige Selbstvertrauen aufbauen, das einem erlaubt, auf seine Instinkte zu hören und an sich zu glauben. Jeder hat dieses Selbstvertrauen in sich, aber es kann nur dadurch entwickelt werden, indem man die Dinge auch wagt, statt nur darüber nachzudenken. Ein chinesisches Sprichwort lautet: „Reden kocht keinen Reis." Sie können versuchen, die Ideen, die ich hier beschreibe, zu verstehen und so oft darüber nachdenken, wie Sie wollen - aber das macht Sie noch nicht zu einem Organizer und hilft Ihnen auch nicht dabei, besser auf Ihr Bauchgefühl zu hören. Nur indem man auf die Straße geht, den Menschen zuhört, ihre Probleme kennenlernt, Fragen stellt und solange an ihrer Seite bleibt, bis man Erfolge erzielt, wird man zum Organizer. Das weckt das Selbstvertrauen und bringt es zum Wachsen.

Denke im Voraus und wenn es zum großen Ereignis kommt, dann schalte das Denken ab. Als ich Teil des Football-Teams im College war, trainierten wir jeden Nachmittag von 15.30 Uhr bis 17.45 Uhr. Wir hatten eine Routine und wiederholten diese immer und immer wieder. Als es dann zum Spiel kam, dachten wir nicht mehr groß nach. Wir handelten instinktiv. Das ist es auch, was ein Organizer mit den Leaders macht. Gute Leaders stolpern nicht einfach auf die Bühne. Sie haben Block Club Meetings, Straßenmeetings, öffentliche Meetings und noch vieles mehr durchlaufen. Wenn sie dann in eine neue Situation kommen, erstarren sie nicht wie ein Reh im Scheinwerferlicht, sondern handeln instinktiv. Sie müssen sich nicht erst selbst oder den Organizer fragen, was zu tun ist. Sie handeln einfach aus dem Bauch heraus. Sie fühlen, was als Nächstes getan werden muss.

Zu Lernen, seinen Instinkten statt seinem Gehirn zu trauen, war für mich eine der schwierigsten Lektionen im Organizing. Als ich jung war, hatte ich keinerlei Selbstvertrauen. Das erste bisschen erlangte ich auf dem Football-Spielfeld im North Central College. In diesen drei Jahren entdeckte ich meinen Mut. Ich erkannte, dass es sogar mit bescheidenen körperlichen Fertigkeiten möglich ist, bei einem lausigen Team anzufangen, Personen niederzuringen, die größer sind als man selbst, und seine Position zu verteidigen - auch wenn es ein paar Zähne kostet. All das hat mir später im Organizing geholfen. Oft nimmt man es mit einer Institution auf, die mehr Geld, Mitarbeiter und Forschungsressourcen hat, als man selbst. Die Community Organization ist ein kleineres Team, das vermutlich schlechter vorbereitet ist als der Gegner. Aber wenn man ihm das Bein wegzieht, dann fallen die Spieler genauso um wie alle anderen und man gewinnt - hoffentlich öfter als zweimal im Jahr!

Ich musste trotzdem noch viel über Selbstvertrauen lernen. An dem Sonntag, an dem ich meinen ersten Gottesdienst in einer Kirche im ländlichen Minnesota[127] abhalten sollte, bin ich aufgewacht, habe Frühstück gegessen und mich dann prompt auf der Toilette übergeben - nicht gerade ein Zeichen des Selbstvertrauens. Das änderte sich jedoch etwa ein halbes Jahr später: Eines Abends besuchte ich im Rahmen meines Pastorenamts ein Ehepaar und die Frau erzählte mir, dass ihr Mann gerade in der Scheune einer Kuh dabei half, ein Kalb zu gebären. Als ich die Scheune betrat, fand ich den Mann völlig durchgeschwitzt vor. Das Kalb hing fest. Ich eilte hinzu und tat alles, was mir der Mann auftrug. Ich hatte eine solche Geburt zuvor noch nie erlebt, also hatte ich Angst vor all dem Blut und dem Brüllen der Kuh. Aber die Geburt war ein Erfolg. Wir brachten das

---

127 US-Bundesstaat im mittleren Westen der USA mit Grenze zu Kanada.

Kalb auf die Welt und retteten die Kuh, indem wir das Kalb eine halbe Stunde lang mithilfe eines improvisierten Flaschenzugs Stück für Stück herausgezogen haben. Wir kehrten beide von oben bis unten mit Blut beschmiert zum Haus zurück. Die Frau des Bauern war sehr unglücklich darüber, dass ihr Mann den neuen Pastor derart schmutzig gemacht hatte. Als ich diese Nacht aber nach Hause fuhr, dachte ich mir: „Hey, ich kann Dinge tun, die ich mir nie vorgestellt hätte."

Nach einer sieben Monate langen Kampagne zum Thema Nahverkehr fragte mich jemand: „Wie hast du das geschafft?" Ich dachte darüber nach und erkannte, dass es eine Kombination aus harter Arbeit, Beharrlichkeit, dem Drang zum Sieg und einer inneren Gewissheit war, dass mir die Niederlage niemals „schmecken" würde. Jeden Tag gab es neue Entwicklungen, um die man sich kümmern musste. Wir organisierten eine Aktion nach der anderen, nahmen Risiken in Kauf und machten Fehler - immer weiter, bis wir letztlich den Sieg errungen hatten. Und dieser Sieg war schon immer da. Er wartete nur darauf, von mutigen Leaders und Organizers entdeckt zu werden.

Sobald die Saat des Selbstvertrauens erblüht ist, ist es wichtig, diese mit immer neuen Aktionen zu wässern, bis sie schließlich zu einem standfesten Eichenbaum im Bauch des Organizer herangewachsen ist. Dag Hammerskjöld[128] schrieb in seinem 1964 postum veröffentlichten Buch „Markings"[129]: „In unserer Ära verläuft die Straße zur Heiligkeit zwangsläufig durch die Welt der Taten." Genauso wie auch die Straße zum Selbstvertrauen. Aus meiner Sicht war Denken immer komfortabler als das Handeln aus dem Bauch heraus. Beim Denken kann man lange darüber tagträumen, was man vielleicht tun würde und wie die Zukunft aussehen könnte. Die Straße zu Taten ist aber eine völlig andere. In meinen 34 Jahren des Organizing kann ich mich an keine einzige Aktion entsinnen, die genau nach Plan verlaufen ist. Die Straße zu Taten ist eben unvorhersehbar. Dieses Risiko in Kauf zu nehmen, fördert das

128 Dag Hammerskjöld (1905 - 1961) war von 1953 - 1961 der zweite Generalsekretär der Vereinten Nationen. Er starb bei einem Flugzeugabsturz im Kongo unter noch heute ungeklärten Umständen.
129 Deutscher Titel: „Zeichen am Weg".

Selbstvertrauen auf eine Art, die das Denken allein niemals kann. Und je mehr solcher Aktionen man im Laufe seines Lebens unternimmt, desto natürlicher wird auch das Vertrauen in sein eigenes Bauchgefühl.

Alle Tiere, darunter auch der Mensch, besitzen sehr starke Überlebensinstinkte. Die Menschen unterscheiden sich vom Rest insofern, als dass wir eine Erziehung erhalten, die versucht, uns von diesen Instinkten abzukapseln. Ich will nicht sagen, dass Bildung schlecht ist, aber Bildung will uns stets davon überzeugen, dass Wissen hilfreicher ist als der Instinkt. Als ich Vorstand bei NTIC war, konnte ich beobachten, wie viele junge und hochintelligente Leute direkt von der Universität zu uns kamen, die einfach nicht auf ihren Bauch hören konnten. Eine akademische Ausbildung bringt einen dazu, die Welt rational wahrzunehmen. Beim Organizing sehen wir die Welt aber nicht rational. Wir sehen die Welt mit Wut auf Ungerechtigkeit und mit Neugierde auf alles andere. Das fällt vielen Leuten schwer und ist einer der Gründe, warum sie nicht lange im Organizing durchhalten. Wer als Organizer kein Selbstvertrauen hat, kann es anderen auch nicht vermitteln. Jesus hat einmal gesagt „Du kannst deinen Nächsten erst dann lieben, wenn du dich selbst liebst." Ich bin mir nicht sicher, ob ich unbedingt das Wort Liebe verwenden würde, aber man muss sich selbst respektieren, egal was andere denken.

Es kam oft vor, dass ich in Meetings ein Bauchgefühl im Sinne von „Das fühlt sich nicht richtig an" bekam, während mir mein Gehirn aber versicherte: „Das ist der nächste logische Schritt." Wenn ich in solchen Situationen auf mein Gehirn hörte, verloren wir für gewöhnlich, während wir mit meinem Bauchgefühl meist gewannen.

Man könnte denken, dass die Angst verschwindet, sobald das Selbstvertrauen wächst und man sich daran gewöhnt hat, auf seinen Bauch zu hören. Aber dem ist nicht so. Ich habe die Angst, die ich ganz am Anfang meiner Karriere empfand, nie ganz verloren. Ehrlich gesagt sollte man sich eher fragen, wie gut ein Organizer überhaupt sein kann, wenn er keinerlei Angst zeigt. Ohne Angst und Ungewissheit verfällt man leicht in Arroganz oder Dummheit, was schnell zum Versagen führt. Ich bin davon überzeugt, dass es nur einen Weg vorwärts gibt: Man muss auf sein Bauchgefühl hören, die damit einhergehende Angst anerkennen, ohne davon gelähmt zu werden, und das Risiko von instinktivem Handeln eingehen. Denn ohne den Mut zu diesen Schritten sieht man bald der Niederlage ins Auge.

Herauszufinden, wie man routiniert aus dem Bauch heraus handelt, ist eine der Fähigkeiten, die man durch das Organizing für sein ganzes Leben erlernt. Das gleicht die langen Stunden und die harte Arbeit zumindest etwas wieder aus. Man interagiert mit den Anwohnern auf völlig ehrlicher Ebene. Hier ist nichts vorgetäuscht oder geschwindelt. Man knüpft Bande des Vertrauens von Mensch zu Mensch. Als ich noch Pastor war, hatte ich immer das Gefühl, dass ich aufgrund meiner Position anders behandelt wurde. Außer bei vielleicht zwei oder drei Familien in meiner Gemeinde, hatte ich nie den Eindruck, echte zwischenmenschliche Beziehungen aufzubauen. Da war immer diese kulturelle Barriere im Weg. Im Organizing gibt es diese Barriere nicht, denn in unserem Kampf sind wir alle gleichberechtigt. Das hat Spaß gemacht und war innerlich sehr befreiend. Es half mir dabei, die tägliche Hürde meiner eigenen Angst zu überspringen, mehr Selbstvertrauen aufzubauen, und gab mir die nötige Kraft, um zuversichtlich aus dem Bauch heraus entscheiden zu können.

Zum entscheidenden Schlag ausholen

Issue Organizing[130]

Saul Alinsky hat einmal gesagt, dass ein Thema für eine Organizing-Kampagne immer aus drei Komponenten besteht. Erstens muss es konkret sein. Solange etwas abstrakt und ungreifbar ist, ist es auch erträglich. Man kann den ganzen Tag über die schlimmen Folgen von Drogen in der Nachbarschaft reden. Aber sobald wir über das Problemhaus bei 1520 N. State Street reden, wird es konkret und die Gruppe muss sich entscheiden, ob wir nun etwas dagegen unternehmen oder den Mund halten. Es gibt immer eine Tendenz, Diskussionen über das Übel in der Welt möglichst allgemein zu halten. So braucht man den Hintern nie wirklich hochzubekommen - wie auch bei den „Drogen in der Nachbarschaft". Man muss weder etwas tun noch sich davon distanzieren. Man kann einfach in der bequemen Welt des Redens bleiben. Der Job des Organizer ist es daher, die Diskussion mit etwas Konkretem zu verbinden. Wenn es um die „Drogen in der Nachbarschaft" geht, sagt der Organizer: „Gebt mir ein Beispiel." Wenn die Antwort 1520 N. State Street lautet, dann erwidert er: „Und was werden wir dagegen unternehmen?" Wenn die Gruppe sich weigert, über konkrete Aktionen zu reden, dann kann man genauso gut darüber reden, wie sich das örtliche Football-Team dieses Jahr wohl schlagen wird.

Zweitens sagte Alinsky, dass man dann ein Thema hat, wenn sich Leute dafür mobilisieren lassen. Das leuchtet ein. Schließlich besteht unsere Macht nur aus der Kraft der Gemeinschaft. Das heißt, wenn die ganze

130 Issue: Thema, Problem, Streitfrage.

Nachbarschaft gerade niederbrennt, aber sich niemand mobilisieren lässt, um das Feuer zu bekämpfen, kann man sich genauso gut ein paar Hot Dogs zum Grillen schnappen, um so das Beste aus der Situation zu machen.

Oftmals hapert es beim Mobilisieren mit der Kommunikation. In anderen Worten: Präsentieren wir das Thema verständlich und so, dass es für die Community einen Sinn ergibt?

Die dritte Voraussetzung für ein Thema ist, dass man damit etwas gewinnen oder verändern kann. Dieser Punkt führt zu einigen Problemen. Wie kann man wissen, ob man einen Kampf überhaupt gewinnen kann? Das können wir nicht. Als wir es mit der ersten Bank aufnahmen, um gegen unfaire Kreditvergaben zu kämpfen, hatten wir keine Ahnung, ob wir damit etwas erreichen würden. Aber wir hatten Forderungen und wir hatten Leute, also haben wir es einfach einmal darauf ankommen lassen und erreichten damit einen Sieg, der zum Startschuss für den nationalen Kampf um faire Reinvestitionen in die Nachbarschaften wurde. Am Ende führte dies dazu, dass mehrere Milliarden Dollar als Reinvestitionen in kredit-ausgehungerte Quartiere flossen. Ich denke also, dass Alinsky den dritten Punkt eher als Warnung gedacht hat, nicht unnötig auf Prinzipien zu reiten und Zeit mit aussichtslosen Kämpfen zu verschwenden.

Die Bürgerrechtsbewegung der 1950er und 1960er Jahre verfügte über all diese Komponenten. Der Begriff „Bürgerrecht" an sich bedeutet noch nichts. Er ist furchtbar allgemein und jeder denkt dabei an etwas anderes. Die Interpretationen wurden damals jedoch sehr spezifisch. An manchen Orten dachte man dabei an das Recht, sich in einem Bus auf jeden freien Platz setzen zu können. Anderswo ging es darum, aus jedem Trinkbrunnen trinken oder sich überall im Restaurant hinsetzen zu dürfen, um das Recht zu wählen oder das Recht auf Bildung.

Für diese konkreten Themen setzten sich die Menschen ein. Hat bei dem Vorhaben jeder mitgemacht? Natürlich nicht. War die Mehrheit dabei? Absolut nicht! Aber es gab genug Leute, um die Dinge ins Rollen zu bringen. Die Sache wurde größer und die örtlichen Kämpfe wurden zu einer nationalen Bewegung, die den Lauf der Geschichte veränderte.

Hat Dr. King gewusst, was er damit erreichen konnte? Das will ich bezweifeln. Ging es hier um Prinzipien? Ja. Aber der Unterschied war, dass Dr. King, als er über seine moralische Position gesprochen hat, diese greifbar werden ließ, und mehrere Hundert, wenn nicht Tausende seiner Anhänger da waren, um ihn dabei zu unterstützen.

Meine persönliche Daumenregel lautete folgendermaßen: Wenn wir ein konkretes Problem hatten und Leute, die dagegen kämpfen würden, dann zogen wir auch in den Krieg und überlegten uns unterwegs, was man gewinnen oder verändern konnte. Wenn man einem Kampf aus dem Weg geht, nur weil man sich nicht sicher ist, wie er wohl endet, dann sucht man sich nur Ausreden, um nicht handeln zu müssen. Das, was mir am meisten Angst gemacht hat, war fast immer auch das, was getan werden musste. Das heißt nicht, mit dem Kopf durch die Wand zu rennen. Aber es heißt, einen Weg zu finden, der über die Wand, daran vorbei oder darunter durch führt. Oder aber die Wand einfach niederzureißen.

Wenn wir ein Thema haben, ist die nächste Herausforderung, sich zu überlegen, wie man es der Community verkauft, um noch mehr People Power[131] zu schaffen. Erstens: Immer Worte wählen, die emotional gewichtet sind. Ich habe einmal mit ein paar Leuten gegen den Bau einer Verbrennungsanlage gekämpft, die in der Nachbarschaft errichtet werden sollte, um Giftmüll und biologische Abfälle zu verbrennen. Die Gruppe traf sich, um zu beraten, wie man die Nachbarschaft mobilisieren könnte. Eine Person hatte viel Recherche betrieben und kannte den Namen jeder Chemikalie, die durch die Verbrennung in die Luft gelangen würde. Während sie all diese furchtbar klingenden Dinge mit langen, komplizierten Namen aufzählte, schliefen die ersten Gruppenmitglieder förmlich ein. Sie konnten nicht verstehen, was überhaupt gesagt wurde. Endlich fragte jemand: „Verursacht irgendeiner der Stoffe, die du gerade aufgezählt hast, Krebs?" Sie antwortete: „Natürlich! Es ist wichtig, dass die Leute wissen, was da aus den Schornsteinen kommt und dass die Wahrscheinlichkeit an Krebs zu erkranken, dann 15 bis 20 Prozent höher sein wird als normal."

131 Gemeinsame Macht durch das Zusammenwirken von Menschen; Gegenpol zur Macht des Geldes oder der Macht über andere.

Das war alles, was ich hören musste. Ich schlug vor, dass man in der Nachbarschaft einen Flyer verteilt, auf dem steht: „Das Risiko, dass Sie an Krebs erkranken, ist momentan eins zu einhundert. Wenn die Verbrennungsanlage gebaut wird, liegt das Risiko bei zwanzig zu einhundert. Wollen Sie einer der 19 Menschen sein, die von dieser Anlage Krebs bekommen? Wenn nicht, kommen Sie zu unserem Meeting."

Die Anwohner mussten nicht die ganzen komplizierten Namen der Chemikalien wissen. Sie mussten nur wissen, dass ihre Chance auf Krebs (ein emotional sehr geladenes Wort) dramatisch in die Höhe schnellt, wenn die Anlage gebaut würde. Die Taktik zeigte Wirkung und kurz darauf fingen die Leute an, Schilder an der Baustelle anzubringen, auf denen „Cancer Center USA"[132] stand. Zum Stadtrat, der dafür war, dass die Anlage gebaut wurde, brachten sie Schilder, auf denen „Cancer Council" zu lesen war. Gleichzeitig forderten sie, dass dieser „Krebs-Stadtrat" einen stadtweiten Fonds mit 20 Millionen Dollar zur Behandlung von all den Krebspatienten einrichten sollte, die nach dem Bau erkranken würden. Die Verbrennungsanlage wurde nie errichtet - nicht, weil wir das Thema mit technischen Einzelheiten überladen, sondern weil wir an Emotionen appelliert haben.

Ein zweites Element bei der Aufbereitung eines Themas besteht darin, es so zu formulieren, dass die Bedrohung für das Wohlergehen meiner Familie oder von mir selbst deutlich wird. Also verteilten wir Flyer für Versammlungen und Kundgebungen, auf denen stand: „Kommen Sie nicht zu diesem Treffen, wenn Sie wollen, dass Ihr Kind an Krebs erkrankt." Unnötig zu sagen, dass es daraufhin kaum ein Elternpaar gab, das dem Aufruf nicht folgte.

Ein dritter Aspekt ist zu vermitteln, wie die Thematik die eigene Würde und das Selbstwertgefühl angreift - so als wäre jemand anders besser als man selbst. Also verteilten wir eine Petition in den wohlhabenden Gebieten der Stadt, auf der stand: „Ja, ich möchte, dass eine krebsverursachende Verbrennungsanlage in unserer Nachbarschaft gebaut wird." Es ist die einzige Petition, die ich kenne, zu der niemals auch nur eine Unterschrift ge-

132 „Krebszentrum USA".

leistet wurde. Das haben wir dann als Munition für unsere eigenen Schlachtrufe verwendet: „Wenn es nicht gut genug ist für die Reichen, dann ist es auch nicht gut genug für uns." Die Botschaft war: „Bloß, weil wir nicht reich oder weiß sind, könnt ihr uns nicht wie Dreck behandeln."

Der vierte Aspekt im Umgang mit den Problemen der Nachbarschaft besteht darin, die finanzielle Seite ins Rampenlicht zu rücken. Der Stadtrat hat in einer der Sitzungen tatsächlich darüber nachgedacht, den oben erwähnten Unterstützungsfonds einzurichten, um die Behandlungskosten für Krebspatienten zu reduzieren. Kurz darauf wurden Flyer in der ganzen Stadt verteilt, auf denen stand: „Der Krebs-Stadtrat will die Grundsteuern um 2000 Dollar pro Jahr anheben und eine Verkaufssteuer von 2 Cent pro Dollar auf jede Handelsware erheben. Kommen Sie zum nächsten Ratstreffen und stoppen Sie den Bau der Verbrennungsanlage." Plötzlich ging es nicht mehr nur um die Anwohner in der Nähe der Anlage, sondern es betraf auch den eigenen Geldbeutel.

Die Kampagne hatte Erfolg, weil die Gruppe das Thema so meisterhaft aufbereitet hat, dass es auf einmal zu jedermanns Problem wurde.

Wenn eine Organisation nicht an den Themen arbeitet, die die Bewohner des Quartiers direkt betreffen, dann betreibt sie auch kein Organizing. Und wenn sie dies nicht tut, dann gibt es keinen Grund für sie zu existieren. Nur durch das Verfolgen konkreter Ziele und Themen kann eine Organisation wachsen, Siege erringen und das Selbstbewusstsein finden, zum nächsten Thema überzugehen und weiterzumachen. Ich glaube nicht an moralische Siege. Wie General Patton[133] einmal gesagt hat: „Nur ein Idiot stirbt für sein Land. Sie sind hier, um für Ihr Land zu töten." Im Organizing könnte man das so übersetzen: „Nur eine idiotische Organisation kämpft aus Prinzip. Wir sind hier, um echte Siege zu erringen."

Zum Schluss noch eine amüsante Anmerkung: Es passiert häufig, dass Themen, die anfangs als verrückte, schlecht durchdachte Hirngespinste von einzelnen, radikalen Bewohnern abgestempelt werden, schon bald in-

---

133 General der US-Armee im Zweiten Weltkrieg.

stitutionalisiert werden - und dass genau diejenigen Institutionen, die vorher Gegner der Community Organization und deren Forderungen waren, sich deren Errungenschaften jetzt auf die eigene Fahne schreiben.

So zum Beispiel in einer unserer Kampagnen, in der wir dafür gekämpft haben, spanischsprachiges Personal in der Notaufnahme eines Krankenhauses einzustellen. Nachdem wir dies erreicht hatten, dauerte es nicht lange, bis das Krankenhaus einen eigenen Flyer herausgegeben hat - in Spanisch wohlgemerkt - in dem behauptet wurde, dass sie aufgrund ihrer langjährigen Förderung der Community jetzt auch spanischsprachige Helfer im OP anstellen würden, um sich besser um alle Patienten kümmern zu können. Von unserer Organisation war natürlich nirgends die Rede.

Manche Organizers und Leaders ärgern sich darüber, dass hier die Mächtigen die Lorbeeren für einen Sieg ernten, den eigentlich die Community errungen hat. Aber ich finde dies im Großen und Ganzen nur lustig. Denn die Leute, die bei dem Kampf dabei waren, wissen genau, wer wirklich für den Erfolg verantwortlich ist. Und auch, warum man gewonnen hat: Weil man zum entscheidenden Schlag ausgeholt hat. Außerdem wird damit das Thema gewissermaßen abgehakt, sodass sich die Organisation nun dem nächsten Kampf zuwenden kann.

Nett sein lohnt sich nicht

Macht

Bei einem Training für eine Behindertenrechtsgruppe in einer kleinen Stadt verkündete einer der Teilnehmer einmal stolz, dass er in den vergangenen zwei Jahren bei jeder einzelnen Stadtratssitzung anwesend war. Direkt an einer Sitzung teilgenommen hatte er jedoch noch nie, da die Konferenzräume alle im zweiten Stock waren und er dort mit dem Rollstuhl nicht hingelangen konnte. Also saß er am Fuß der Treppe in seinem Rollstuhl und zwang so die Ratsmitglieder dazu, ihn jedes Mal anzusehen, während sie hinaufliefen, um dort Entscheidungen zu fällen. Als ich ihn fragte, was sich aufgrund seines Handelns geändert hatte, antwortete er mir: „Gar nichts. Aber sie wissen, dass ich da bin." Es ist ja schön und gut, wenn man den Gegner auf sich aufmerksam macht, aber wenn man damit die Machtstrukturen nicht verändert, was bringt das Ganze dann?

Während des Trainings hatte dann jemand eine andere Idee. Unsere ganze Gruppe mit ungefähr zwanzig Rollstuhlfahrern würde eine Stunde vor der nächsten Stadtratssitzung in die Haupthalle fahren, die Treppe blockieren und dabei verlangen, dass der Stadtrat die Sitzung in der Halle einfach mit uns abhalten sollte. Denn wenn wir die Treppen nicht hochkommen konnten, würden sie das auch nicht. Die Gruppe stimmte dem Vorschlag zu. Sie entschied außerdem, dem Stadtrat folgende Forderung zu präsentieren: Die Stadt solle dem Bau eines Aufzugs für einen behindertengerechten Zugang zu den Konferenzräumen zustimmen. Als die Ratsmitglieder beim nächsten Treffen dann vor einer Blockade aus Rollstühlen standen, wuselten sie etwas ratlos in der Haupthalle herum und versuchten, eine Lösung für ihr Problem zu finden. Schließlich sagte der

Bürgermeister die Sitzung ab. Als im nächsten Monat das Gleiche wieder passierte, einigte sich der Stadtrat schließlich darauf, den Bau eines Aufzugs in den zweiten Stock zu finanzieren - und das vor unseren Augen mitten in der Haupthalle. Die Gruppe hatte gewonnen, weil sie ihre Macht eingesetzt und damit agiert hatte. Sie hatte gewonnen, weil sie eben nicht nett war. Wenn man gewinnen will, darf man nicht nett sein.

Menschen in Machtpositionen fühlen sich dem gemeinen Volk überlegen. Sie denken, sie können alles kontrollieren, wohingegen wir nur Bauern in ihrem Schachspiel sind - nützlich, aber letztlich entbehrlich. Beim Organizing werden wir aber zur Königin, der stärksten Figur. Die Kehrseite davon gilt natürlich auch: Wenn die Königin fällt, ist das Spiel für gewöhnlich verloren. Wenn die Menschen also unorganisiert bleiben oder ihre eigene Macht nicht realisieren, werden sie verlieren - und zwar nicht das Spiel, sondern ihre Nachbarschaft.

Wenn man sich organisiert, wird man zur Königin, mit der es der Stadtrat, der Bildungsausschuss, ein Slumlord, ein Drogendealer oder wer auch immer nun zu tun bekommt. Das Blatt hat sich gewendet. Kein Gegner wird dich jemals als ebenbürtige Figur auf dem Schachbrett ansehen, wenn du ihn nicht mit Situationen konfrontierst, die außerhalb seiner Komfortzone liegen - wie etwa ein Besuch seines Privathauses oder seines Büros. Wenn man so etwas tut, ist das so, als ob man die Königin mitten zwischen die Schachfiguren des Gegners schiebt. Jetzt muss der Gegner von jeder Seite auf die Königin aufpassen. Und genau so funktioniert auch die Macht, die wir besitzen. Wir packen unsere Nachbarschaft und bewegen sie genau dorthin, wo der Gegner sich sicher und unangreifbar fühlt. Plötzlich stehen wir vor der Tür und greifen doch an. Das ist nicht nett, dafür ist es aber ein riesiger Spaß.

Webster[134] definiert Macht als „die Fähigkeit zu handeln." Ob wir dies nun mögen oder nicht, Macht bestimmt den Lauf der Dinge in der Welt - eine Tatsache, die Politiker und Menschen mit viel Vermögen (ihr eigenes oder das ihrer Firma) oft gut verstehen. Sie machen ihre Handlungsfähigkeit vor allem an Stimmen und Geld fest. Aber normale Menschen verste-

---

134 Webster ist das meist benutzte Lexikon in den USA. Im Original: "Ability to act"

hen die Natur von Macht normalerweise nicht - bis sie sich organisieren, Aktionen unternehmen und ihren ersten Sieg erringen. Dann wird klar, dass unsere "Fähigkeit zu handeln", unsere Macht, durch das gemeinsame Tun entsteht.

Ich habe oft beobachtet, wie die Leute allein schon vor dem Wort „Macht" zurückschrecken. Das passiert meiner Meinung nach aus drei Gründen. Erstens bedeutet der Gebrauch von Macht auch die Übernahme von Verantwortung für das Handeln. Zweitens bedeutet es, dass man mit dem Gebrauch von Macht das Risiko eingeht, sich unbeliebt zu machen. Und drittens haben viele Organizers Angst davor, dass die Leute nicht mehr auf sie hören, wenn man ihnen Macht verleiht. In Wahrheit sind alle drei Gründe nur armselige Ausreden dafür, nicht handeln zu müssen.

Wenn ich zur Tat schreite, übernehme ich auch die Verantwortung für meine Aktionen. Und wenn wir gewinnen, haben wir die Verantwortung, mit anderen Kämpfen weiterzumachen. Wenn ich nicht zur Tat schreite, habe ich das nicht. Allerdings wird sich dann auch nichts in der Welt ändern. Das ist einer der Klassiker unter den 1001 Gründen, die Leute sich ausdenken, um ihre Apathie zu rechtfertigen - oder dafür, alles Mögliche zu tun, solange es sich dabei nicht um direkte Aktionen handelt. Viele Gruppen haben vorgeschlagen, die Medien einzuladen, einen Brief zu schreiben, sogar zu beten, nur um nicht selbst machtvoll aktiv werden zu müssen. Mit den Aktionen kommt auch die Verantwortung - und das ist vielen Leuten zu anstrengend.

Ein weiterer Grund, warum die Menschen Macht aus dem Weg gehen, ist, dass sie von allen gemocht werden wollen. Sie sind lieber nett, lächeln und sagen „Danke schön" während sie über den Tisch gezogen werden. Bei gutem Organizing bricht man mit der Nettigkeit. Wir haben alle in unserer Kindheit gelernt, nett zu sein. Aber nett sein heißt hier nichts anderes als: „Sei ruhig und kenne deinen Platz." Oder anders gesagt: „Ich habe dir einen Platz zugewiesen, der für mich bequem ist. Und solange, du an diesem Platz bleibst, habe ich es komfortabel. Wenn du stattdessen den Platz mit einer Gruppe von Leuten verlässt, dann wird es für mich unbequem und ich werde dich nicht länger mögen. Aber ich werde auch etwas unternehmen müssen." Im Organizing geht es nicht darum, gemocht zu werden. Wir wollen, dass wir respektiert werden und gewinnen! Nicht zu handeln und darauf zu verzichten, seine Macht einzusetzen, wird der Community Organization sicher Sympathien einbringen, dafür aber weder Respekt noch einen Sieg. Wenn du unbedingt gemocht werden willst, dann verabschiede dich besser vom Organizing. Denn hier nutzen wir unsere Macht, um unserem Gegner an die Kehle zu springen - oder alternativ an einen anderen Ort ca. einen Meter tiefer.

Ein paar Jahre nachdem ich in Rente gegangen bin, sagte mir jemand von NTIC, dass einige andere Community Organizing Stiftungen in Chicago NTIC als „eine Gruppe von Gangstern" betrachteten. Für mich war dies das größtmögliche Kompliment. Was kann sich eine Organisation mehr wünschen, als in Sachen Macht mit der Mafia verglichen zu werden? NTIC kennt seine Macht und scheut nicht davor zurück, diese auch einzusetzen.

In Austin hielt ein Mitglied des Stadtrats immer montagabends eine Sprechstunde für die Anwohner ab. Man saß dabei wie in einem Klassenzimmer auf Stühlen, während der Stadtrat einen nach dem anderen zu sich an einen imposanten Schreibtisch bat, um Gefälligkeiten zu verteilen wie ein Pate[135]. Die meisten Versprechen wurden nie Realität. Einer der ersten Block Clubs, mit denen OBA organisierte, hatte ein Problem mit Ratten in seinen Gassen. Mehrere Personen gingen zu den Montagstreffen mit dem Stadtrat und baten darum, dass das Problem beseitigt werde. Ihnen wurde versprochen, dass die Kammerjäger am nächsten Tag anrücken würden. Dazu kam es aber nie.

Also gingen an einem Montag siebzehn von uns gemeinsam zur Sprechstunde. Wir setzten uns nicht auf die Stühle, sondern marschierten direkt zum Schreibtisch des Stadtrats und umzingelten ihn. „Setzen Sie sich dort auf die Stühle und warten Sie, bis Sie an der Reihe sind", sagte er. Genau wie wir vorher geprobt hatten, antworteten unsere Leute, dass die Tage des Sitzens und Wartens vorbei waren. „Jetzt werden Sie uns zuhören und liefern, was Sie versprochen haben - oder wir kommen nächsten Montag mit der doppelten Menge an Leuten zurück." Das war nicht nett. Wir weigerten uns, auf dem Platz zu bleiben, der uns vom Stadtrat zugewiesen

---

135 Mafiaboss.

worden war, und das machte ihn sehr nervös. Wir haben bekommen, was wir wollten. Am nächsten Tag waren die ersten Kammerjäger in den Gassen zu sehen. Und je mehr Block Clubs von unserem Erfolg erfuhren, desto mehr von ihnen übernahmen die „Nicht-Nett-Sein“-Taktik und feierten ihre eigenen Siege damit.

Das Ganze ging so weit, dass der Stadtrat es sofort bemerkte, wenn eine Gruppe von 15-20 Leuten herein marschierte, und diese ganz von selbst nach vorne winkte, um sich ihre Forderungen anzuhören. Normalerweise gingen sie raus als Gewinner und mit Selbstachtung. Die Rollen waren getauscht. Die Bewohner hatten den ihnen zugewiesenen Platz verlassen. Jetzt waren sie es, die dem Stadtrat seinen Platz zuwiesen. Und das ist der Grund, warum wir organisieren: Um die Machtverhältnisse zu verändern. Unsere Nachricht an den Stadtrat war: „Jetzt haben wir hier die Macht, nicht du. Find dich damit ab oder du wirst es bereuen.“ Ein anderer Stadtrat hat es in der Tat bereut, als er eines Morgens eine tote Ratte an seine Tür genagelt vorfand. Nicht nett, aber es hat funktioniert. Wen zum Teufel interessiert es, ob man gemocht wird, wenn man so gewinnen kann?

Ein weiterer Grund, warum viele vor People Power zurückschrecken, ist ihre Furcht vor großen Menschengruppen. Trainees fragen oft: „Aber wie soll man all diese Leute kontrollieren?“ Diese Frage zeigt mir zweierlei Dinge: Erstens, dass der Fragende Angst vor Macht hat, und zweitens, dass er den Menschen nicht vertraut. Bei einer Frühstückspause während eines unserer Trainings erzählte mir einmal ein Teilnehmer von seinem Vorhaben, ein Programm für afroamerikanische Studien bei seiner High School einzuführen. Er hatte mehrere hundert Unterschriften dafür über eine Petition gesammelt, die er dem Schuldirektor überreicht hatte. „Weißt du auch, was der Direktor danach mit deiner Petition gemacht hat?“, fragte ich ihn. „In den Mülleimer geworfen!“ Das ist nun einmal das, was mit Petitionen und Briefen passiert (das heißt nicht, dass Petitionen völlig sinnlos sind; sie haben auch ihren Zweck, beispielsweise, um eine Liste der Namen und Adressen von Unterstützern zu bekommen). Ich sagte ihm noch: „Es ist jedoch viel schwerer, Menschen in den Mülleimer zu werfen.“

Ich fragte ihn, ob er zwanzig seiner Schulkameraden zusammentrommeln könne, um gemeinsam mit ihm in das Büro des Direktors zu gehen und dieses Programm zu fordern. Seine Antwort war „Ja", aber er befürchtete, sie nicht unter Kontrolle halten zu können. „Es ist nicht dein Job, sie zu kontrollieren, sondern sie auf das Gespräch mit dem Direktor vorzubereiten. Schaffst du das?" Er sagte wieder: „Ja" und wir bereiteten gemeinsam seinen Angriff vor. Zwei Wochen später erhielt ich einen Anruf von ihm, bei dem er mir mitteilte, dass es bereits im nächsten Semester ein Programm für afroamerikanische Studien geben würde. Weil er die Gruppe gut vorbereitet hatte, hat sich jeder an seine Rolle gehalten und die Gruppe kontrollierte sich von selbst. Diese Sorge über Kontrollverlust ist übrigens nicht nur ein Anfängerproblem. Kontrollwahn ist auch oft ein Problem für führende Mitarbeiter, die denken, sie müssten die Gruppe mit Befehlen und Vorschriften kontrollieren, anstatt sie mit Vorschlägen zu leiten.

Während einige Menschen die Macht fürchten, berauschen sich andere wiederum an ihr. Im Organizing gibt es reichlich Geschichten über Organizers und Leaders, denen die Macht zu Kopf gestiegen ist und die vergessen haben, dass sie nicht ihnen gehört, sondern der Community, von der sie nur ein kleiner Teil sind. An einen besonderen Fall aus unserer Buskampagne erinnere ich mich heute noch. Neben Gale Cincotta gab es noch einen weiteren Elternteil, der ein Organizer an der Spencer School war - einer Schule in der Nähe der May School, die ähnlich überfüllt gewesen ist. Sie war charismatisch und hatte ein Talent dafür, Menschenmengen richtig anzuheizen. Neben Cincotta war sie unser stärkster Organizer in der Organisation.

Indem sie ihre Beziehungen nutzte, die sie im Laufe unserer Zusammenarbeit geknüpft hatte, und indem sie sich weiterhin als Mitglied von OBA ausgab (obwohl sie uns längst verlassen hatte), schloss sie einen Deal zum Bau einer völlig neuen Schule - auf einem Gelände im Herzen von Austin, das eigentlich bereits mit über einhundert Wohnungen belegt war und obwohl dem Ausschuss keine Meile entfernt leere Grundstücke zur Verfügung standen.

Was für einen glorreichen Kampf uns ihr Machthunger bescherte. Die große Mehrheit der Wohnungen, die abgerissen werden sollten, war solide aus Stein gebaut und gerade erst von vielen schwarzen Familien gekauft worden. Wir verteilten in den betroffenen Häusern Flyer, auf denen ein Kran mit Abrissbirne zu sehen war. Darunter der Text: „Der Bildungsausschuss will Ihr Haus zum Bau einer Schule abreißen, die Ihre Kinder nie besuchen werden, weil sie dann nicht mehr hier leben." Die Flyer, die wir bei den Häusern rund um das betroffene Gebiet verteilten, waren nur wenig anders. Dort schrieben wir: „Der Bildungsausschuss wird all diese Häuser in Ihrer Nachbarschaft abreißen, um eine Schule zu bauen. Ist Ihr Heim für den dazugehörigen Park- oder Spielplatz als nächstes an der Reihe?" Wenig überraschend wurde der Ausschuss von einer großen, wütenden Menge von Anwohnern begrüßt, als er zu diesem Thema eine öffentliche Versammlung abhielt.

Immer noch nicht davon überzeugt, dass diese Frau die Nachbarschaft nicht repräsentierte, verlangte der Bildungsausschuss von allen lokalen Organisationen eine Abstimmung per Brief, anstatt „nur" einer aufgewühlten Menge zuzuhören. Diese Briefe sollten sich entweder für die Verwendung des unbebauten Geländes aussprechen, das dem Ausschuss zur Verfügung stand, oder für die Verwendung des Landes, auf dem bereits Wohnhäuser standen. In drei Wochen würden sie sich dann zu einer weiteren Sitzung treffen, um die Stimmen auszuzählen. Alle Kirchen, Geschäftsverbände, Block Clubs und die Mitglieder des Stadtrats schrieben entsprechende Briefe und stimmten für das unbebaute Gelände. Mysteriöserweise wurden zu dieser Zeit in den betroffenen Nachbarschaften viele neue Jugendclubs, Nähclubs, Frauenclubs, Männerclubs, Seniorenclubs, Studienclubs usw. gegründet. Die Liste der Briefeschreiber nahm quasi kein Ende. Jeder der neugebildeten Clubs hatte sich mit einem eigenen offiziellen Briefkopf (das war vor der Verfügbarkeit von Computern noch recht aufwändig) an der Aktion beteiligt. Das Endresultat sah folgendermaßen aus: 152 Briefe, die für den Bau der Schule auf dem freien Gelände stimmten. Null Briefe, die dem Abriss der Häuser zustimmten. Der abtrünnige Organizer hatte seine Rolle falsch eingeschätzt. Dadurch, dass sie geholfen hatte, die Community bei Aktionen anzuführen, dachte sie, sie hätte auch das Sagen über die Community. Doch so funktioniert die Sache nicht.

Was ist People Power und warum ist sie notwendig? Walter Payton, der große Runningback der Chicago Bears[136], war eine regelrechte Ein-Mann-Armee, sogar wenn es niemanden gab, der die Gegner für ihn blockte. Wir hatten zuhause ein Sprichwort: „Die Offensive der Bears in den frühen Jahren bestand aus Payton links, Payton rechts und Payton in der Mitte." Aber so stark er allein auch war, gab er doch einmal den Kommentar ab: „Gemeinsam sind wir stärker als allein." Kein schlechtes Motto für eine Community Organization, um es an die Wand ihres Büros zu hängen. Die People Power gehört uns zusammen und wir brauchen diese, um damit die Macht des Gegners zu überwältigen.

Diejenigen, die das verstehen, wissen auch, dass man im Alleingang nichts für die Nachbarschaft erreichen kann. Und die, die das doch glauben, sind Idioten. Das System ist darauf ausgelegt, mit uns als Einzelnen fertigzuwerden. Die Machtperson sitzt hinter ihrem großen Schreibtisch, einem Symbol der Macht, während ich allein auf einem Klappstuhl hocke. Wer wird da wohl gewinnen? Aber wenn wir dreißig Leute in dem Raum haben, ist der Tisch umzingelt und nicht länger ein Symbol der Macht, sondern unser Altar, und der Gegner unser Schlachtlamm. Wem diese Analogie nicht gefällt, der hat Angst vor Macht. Denn das Ziel des Organizer ist es gewissermaßen, den Gegner zu schlachten. Organizing ist eine Form der Kriegsführung, um die Zustände in den Nachbarschaften zu verbessern. Und jeder, der das nicht sieht, gehört in die Sonntagsschule. Organizing ist nichts für Schwache und Verweichlichte - es ist für diejenigen, die wirklich gewinnen wollen! Das mag eine harte Lektion sein, aber ich denke dabei oft an einen Songtext von Malvina Reynolds[137]:

Es ist nicht nett, die Tür zu blockieren.
Es ist nicht nett, ins Gefängnis zu gehen.
Es gibt nettere Wege zu agieren.
Doch die netten Wege schlagen immer fehl.

---

136 Football-Team von Chicago.
137 US-Sängerin, Komponistin und Sozialaktivistin. Berühmt durch das Lied „Little Boxes".

Oder wie es Clint Eastwood[138] in einem seiner Filme gesagt hat: „Jeder will die Welt ändern, aber niemand ist bereit, sich dafür die Hände schmutzig zu machen." Wenn man weiterhin nett bleiben will, damit die Hände sauber bleiben, dann ist das okay. Aber gute Community Organizations wissen, dass man nur mit schmutzigen Händen die Chance auf einen echten Sieg hat - und man auch nur so die Selbstachtung findet, die durch den Sieg entsteht.

138 US-amerikanischer Filmschauspieler, Regisseur, Produzent, Komponist und Politiker der Republikanischen Partei (geb. 1930).

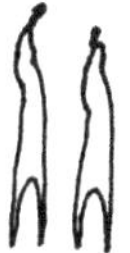

Würdest du einen Gebrauchtwagen von einem Organizer kaufen?

Eigeninteresse versus Manipulation

Eines Nachts im Januar, während meiner Zeit bei NCO, fiel uns die Heizung in genau dem Kirchenkeller aus, wo wir unsere öffentliche Versammlung planten. Pater Tony, der örtliche Priester, schlug uns freundlicherweise vor, dass wir die Versammlung einfach in den Kirchensaal verlegen könnten. Die Kirchenfenster, der Altar und das Kruzifix waren zusammen so einschüchternd, dass wir dem Gegner kaum Paroli bieten konnten - und dies obwohl wir eine Gruppe von Veteranen waren, die sich sonst nichts gefallen ließ. Nach etwa 30 Minuten schaute Pater Tony vorbei und fragte mich, wie es lief. Ich erklärte ihm, dass wir wegen der erdrückenden Umgebung völlig auseinandergenommen wurden.

Nachdem er zehn Minuten lang dabei zugesehen hatte, wie unser Gegner jeden Aspekt der Versammlung dominierte, begann Pater Tony - ein höflicher und freundlicher Mann, der aber groß genug war, um in einem Footballteam die Rolle des Tight End[139] übernehmen zu können - durch den mittleren Gang zum Altar zu gehen. Jeder Schritt schallte dabei so laut durch den Raum, dass die Leute anfingen, den Kopf umzudrehen. Als er beim vorderen Tisch am Altar ankam, stoppte er - genauso wie das Meeting selbst. Im Raum herrschte absolute Stille. Plötzlich brüllte Pater Tony unseren Gegner an: „Ich habe mir genug von deinem Schwachsinn ange-

---

139 Aufgabe des Tight End ist es, zusammen mit anderen Spielern dem Runningback den Weg frei zu blocken.

hört!", riss sich den Priesterkragen vom Hals und warf ihn auf den Boden. „Entweder bekommen wir klare Antworten oder du und ich, wir beide, gehen vor die Tür und regeln das von Mann zu Mann!" Völlig ungeachtet der Kirchenfenster, des Altars und des Kruzifixes brachen wir aus unserer Starre aus, rannten alle vor und umzingelten den Gegner. Innerhalb von fünf Minuten hatten wir alle unsere Forderungen gewonnen.

Pater Tony half uns dabei zu gewinnen, indem er die Rolle eines Chamäleons annahm: In der selben Kapelle, in der er sonntags über Liebe, Zärtlichkeit und Brüderlichkeit predigte, wurde er zum wütenden Bullen, der schimpfte, der sich seinen Priesterkragen vom Hals riss und jemanden zu einem Straßenkampf herausforderte. Er sah, dass es das war, was die Menschen in diesem Moment brauchten, also gab er es ihnen. Hat Pater Tony die Menschen also hinters Licht geführt - darüber, wer er war und wofür er stand? Meine Antwort lautet, „Nein". Meine Gruppe hatte bereits in der Vergangenheit gezeigt, wie wütend sie sein konnte, aber durch die Umgebung waren wir alle wie gelähmt. Pater Tony hatte nur das Eis gebrochen, damit unsere wahren Gefühle über Slumlords ans Tageslicht gelangen konnten.

Ein Organizer muss also auch ein Chamäleon sein. Der Apostel Paulus, der als einer der größten Organizers der Menschheitsgeschichte gelten sollte, sagte einmal: „Ich bin allen alles geworden, damit ich einen gewinne." Auf den ersten Blick wirkt das Handeln von Paulus und von Pater Tony heuchlerisch. Beide veränderten ihr Verhalten beliebig, je nach Situation und Publikum. Man könnte bei der Beschreibung denken, es handle sich um Gebrauchtwagenverkäufer. Aber auch der Organizer verkauft etwas. Jahrelang hing neben meinem Schreibtisch an der Wand ein Bild von einem Graffiti aus den 1968er Studentenprotesten in Paris: „Ich verkaufe die Hefe, nicht das Brot." Nicht das, was wir täglich zum Überleben brauchen, sondern das schäumende Zeug, das die Kettenreaktion anstößt, durch die wir am Ende noch mehr Brot bekommen.

Der Organizer verkauft Aktionen, die, wie bereits gesagt, Risiken erfordern. Nicht gerade das, was Menschen gerne tun. Was braucht man also, um den Menschen Aktionen zu verkaufen? Das Gleiche, was man braucht, um irgendetwas anderes zu verkaufen: Man muss den Menschen zeigen, dass der Kauf in ihrem Interesse liegt. Indem man ihnen klarmacht, dass sie von Veränderungen profitieren, zeigt der Organizer ihnen auch, dass diese Veränderungen die harte Arbeit, die fehlenden Stunden vor dem Fernseher und die ganzen sonstigen Komforteinschränkungen wert sind. Es ist eine der fundamentalsten Erkenntnisse des Lebens, dass Eigeninteresse der mächtigste Motivator ist, den es gibt. Wenn ein Baby schreit, heißt das für gewöhnlich, dass es Hunger hat oder die Windeln gewechselt werden müssen - egal, ob die Eltern gerade schlafen oder nicht. Es will jetzt versorgt werden. Eigeninteresse ist ein Überlebensinstinkt. Wäre dem nicht so, gäbe es das menschliche Wesen nicht mehr.

Trotzdem macht es viele Leute nervös, dies zuzugeben. Es macht den Organizer angreifbar für den Vorwurf der Manipulation - typischerweise von Menschen, die den Luxus haben, nicht von den Problemen betroffen zu sein, für die wir Community Organizing machen. Dass viele Leute unsere Aufklärungsversuche mit Sprüchen wie „Organizers manipulieren die Menschen doch nur!" kontern (und ich könnte mir mittlerweile ein Strandhaus in Florida leisten, wenn ich für jedes Mal, als dieser Satz fiel einen Dollar bekommen hätte), zeigt mir wie unsicher und arrogant viele über ihre eigene Position im Leben denken.

Einmal ist ein Baum auf unser Haus gefallen. Er war schon seit Jahren tot und da er auf einem öffentlichen Grundstück stand, versuchte ich die Stadt dazu zu bringen, ihn zu fällen. Da ich mit dem Problem alleine dastand, schrieb ich Briefe und tätigte Anrufe, aber natürlich passierte rein gar nichts - bis der Baum schließlich umfiel. Wir hatten Glück, dass niemand zuhause war, als es passierte, und dass dabei auch nur ein kleines Stück von unserem Dach beschädigt wurde. Zu dieser Zeit waren tote Bäume das geringste Problem in unserer Nachbarschaft. Stattdessen gab es überfüllte Grundschulen, aber das war mir egal, weil meine Kinder schon in der High School waren. Es gab eine Schießerei an der Ecke durch Banden, aber das war mir egal, weil ich zuhause eine Schrotflinte hatte, die nur darauf wartete, genutzt zu werden, falls jemand von denen uns jemals zu nahegekommen wäre. Der Baum auf dem Nachbargrundstück aber war mir nicht egal. Ja, mein Blickwinkel war damals sehr begrenzt, aber darum geht es beim Eigeninteresse. Ich machte mir Sorgen über unsere Sicherheit und den Wert unseres Hauses, wenn der Baum umfallen würde. Leider gab es in der Gegend aber keine Organizing-Gruppe, die sich um den Baum kümmern konnte. Wenn jedoch ein guter Organizer vorbeigekommen wäre, um die Leute gegen die überfüllten Schulen und die Schießereien zu organisieren, dann hätte dieser zu mir gesagt: „Wir haben da diese Versammlung. Warum kommen Sie nicht auch vorbei? Dort werden Sie die Chance haben, Ihr Baumproblem vorzutragen."

Dann würde der Organizer sicherstellen, dass ich in der Versammlung die Chance zum Reden bekommen würde. Andere Nachbarn hätten vielleicht meine Sorge geteilt, dass der Baum auf ihr Haus fällt oder gar auf Kinder, die gerade von der Schule nach Hause kommen. Zusammen hätten wir uns eine Strategie überlegt, um die Stadt dazu zu bringen, den Baum zu fällen. Hätte der Organizer mich in diesem Fall manipuliert? Nein, verdammt nochmal! Der Baum machte mich verrückt, aber ich hatte nicht die Mittel oder das Wissen, durch das ich die Gefahr beseitigen konnte. Der Organizer hätte mir nur eine Werkzeugkiste hingestellt, mit der ich an die Arbeit hätte gehen können, um am Ende meinen eigenen Sieg zu feiern.

Was hätte der Organizer damit erreicht? Erstens hätte er mich schon einmal dazu gebracht, zu der Versammlung zu gehen. Zweitens hätte ich so eine Organisation kennengelernt, für die ich wichtig bin. Drittens hätte ich die Chance bekommen, über meine Probleme und Erfahrungen zu erzählen. Und viertens hätte mir das alles hoffentlich derart gefallen, dass ich mit der Organisation in Kontakt geblieben wäre. Wenn dann mein Baum mithilfe der Organisation gefällt wird, werde ich dann der Community Organization auch bei künftigen Projekten helfen? Oftmals verlassen die Menschen die Organisation, sobald ihr Eigeninteresse befriedigt ist. Die Aufgabe des Organizer ist es daher, mein Eigeninteresse von einem toten Baum auf alle anderen Themen und Probleme auszuweiten, die die Nachbarschaft plagen. So bleibe ich auch nach meinem persönlichen Projekt involviert und helfe weiter mit. Das ist das Ziel des Organizer - mein kleinliches Eigeninteresse zu nutzen, um mich zur Teilnahme an Aktionen und Versammlungen zu bewegen, sodass mein Eigeninteresse am Ende synonym mit den Interessen der Organisation wird.

Sobald dieser Punkt erreicht ist, ist es mir egal, um welches Thema es gerade geht - ich werde daran arbeiten, weil die Organisation daran arbeitet. Das ist das Ziel: Das Interesse von meinen eigenen Dingen auf die der Organisation auszuweiten. Wie macht man das? Ein Trick, den ich oft angewandt habe, war, nach dem Erringen eines Sieges durch einen Block Club (selbst wenn es dabei nur um Schlaglöcher ging) deren Leaders darum zu bitten, mit mir zu einem Meeting eines anderen Block Clubs zu kommen. Dort konnten sie dann die Geschichte ihres Triumphs erzählen. Das scheint wie eine unbedeutende Geste, aber den Menschen tut es gut, als Experte angesehen zu werden. So haben sie nicht nur ihrer Gruppe dabei geholfen zu gewinnen, sondern können auch einer anderen Gruppe darüber berichten, wie sie dies geschafft haben. Sie erhalten dadurch ein Stück Selbstwertgefühl, weil sie die Experten sind und die Leute ihnen zuhören.

Wenn ich jedes Mal, als ich an eine Tür geklopft habe, gesagt hätte: „Wir würden uns freuen, wenn Sie zu unserem Meeting kommen könnten. Wir bauen gerade eine Organisation auf, die die Nachbarschaft verbessern soll", hätte ich mittlerweile wohl eine recht kurze Nase von all den Türen, die man mir ins Gesicht geschlagen hätte. Stattdessen fragte ich: „Was würde das Quartier verbessern?" Erst nachdem mir die Leute von den Schlaglöchern und den Drogenproblemen erzählt haben, haben wir darüber geredet, eine Organisation ins Leben zu rufen. Worte wie „Eigeninteresse" fielen dabei nie direkt. Stattdessen fragten wir: „Wenn Sie einen magischen Knopf drücken könnten, was sollte dann passieren?" Was den Bewohnern wichtig war, hatte Bedeutung - auch wenn es nicht immer das war, was ich hören wollte.

Wenn ich meine Tür einem Organizer öffne, der sich über den Weltfrieden ergießt, während Banden die Nachbarschaft zusammenschießen, dann werde ich die Tür wieder zuschlagen. Erst einmal will ich Frieden in meiner Straße, bevor ich im größeren Rahmen denken kann. Der Organizer sollte sich daher besser zuerst um die Banden kümmern oder ich werde nie für Größeres bereit sein. Nach einer Weile bindet mich das an die Organisation, weil der Organizer dort mein Selbstvertrauen aufgebaut hat und dies ein Ort ist, an dem ich anderen davon erzählen kann, was wir erreicht haben.

Letztlich kann natürlich niemand jemanden dazu zwingen, etwas zu tun. Wir sind alle Erwachsene. Wir treffen unsere eigenen Entscheidungen aus unseren eigenen Gründen. Wenn wir zu einer Aktion fahren, treffen die Menschen selbst die Entscheidung, in den Bus zu steigen. Ob sie jetzt verstanden haben, warum sie in den Bus gestiegen sind, ist mir dabei egal. Aber hoffentlich sind ein paar Leaders dabei, die im Bus noch Nachhilfe geben können, so wie wir es auch bei NPA machen. Viele Leute wissen gar nicht, um welches Problem es gerade geht. Die Leaders aber schon. Einige sind deshalb in den Bus gestiegen, weil sie wussten, um was es ging und sie ein Teil des Kampfes sein wollten. Einige sind eingestiegen, weil ihre Freunde dabei waren. Und einige, weil sie den Spaß nicht verpassen wollten. Egal, welcher Grund es ist - niemand hat sie manipuliert, damit sie in den Bus steigen.

Es wird oft behauptet, dass Organizers nur „Manipulatoren" wären. In Wirklichkeit gibt jeder, der so etwas sagt, nur seine eigene Arroganz und Unsicherheit preis. Sie denken innerlich: „Ich bin so schlau; diese Nachbarschaftsgruppen könnten niemals schlauer sein als ich. Also müssen sie manipuliert worden sein. Wie sonst hätten sie all das erreicht? Ansonsten müsste ich zugeben, dass sie genauso schlau oder sogar schlauer sind als ich, und damit kann ich nicht leben. Also untergrabe ich all ihre Erfolge, indem ich diese der Manipulation zuschreibe."

Saul Alinsky hat angeblich einmal gesagt: „Wenn der Zweck die Mittel nicht heiligt, was zur Hölle tut das sonst?" Er schrieb in „Rules for Radicals"[140], dass Organizers und Leaders nicht im Sinne von „Mitteln und Zwecken" denken sollten, sondern im Rahmen der Aktionen, die einfach nötig sind, um ein bestimmtes Ziel zu erreichen - ob dies jetzt eine bessere städtische Versorgung ist oder ein landesweites Anti-Redlining-Gesetz. Nach Mitteln und Zwecken zu fragen, ist ein Luxus, den man sich als betroffener Anwohner für gewöhnlich nicht leisten kann. Es sagt bereits viel, dass die Kritiker unserer Vorgehensweisen auch nie ein alternatives Mit-

140 Saul D. Alinsky (1971): Rules for Radicals. Random House: New York. In Deutsch: Saul D. Alinsky (1974): Die Stunde der Radikalen. Burckhardthaus Verlag: Gelnhausen.

tel vorschlagen konnten, das das Ziel ebenso erreicht hätte. Eine Dimension der Kritik hat Alinsky allerdings übersehen: Die Arroganz und Unsicherheit derer, die uns in Frage stellen.

Am Tag nach einer großen, rauen, aber doch erfolgreichen Verhandlung zwischen NPA und dem damaligen HUD-Vorsitzenden, Pat Harris, im Jahr 1978 schrieb die Chicago Tribune ein Editorial über uns. „Wir befürworten ihre Ziele, nicht aber ihre Methoden", stand darin. Der Kommentator schrieb, dass unsere Ziele angemessen waren und den Quartieren in Chicago helfen würden, aber dass es falsch sei, diese mit direkten Aktionen durchzusetzen und unsere Gegner in der Verhandlung mit einer Liste von Forderungen zu konfrontieren. Laut der Tribune hätten wir einfach höflicher fragen sollen. Er schrieb den feindseligen Ton unserer Verhandlungen der Manipulation der Leute durch die Organizers zu. Die Redaktion konnte einfach nicht begreifen, dass sich die Menschen die Forderungen und Taktiken selbst ausgedacht hatten. Aus ihrer eigenen Arroganz und Unsicherheit darüber, dass die Anwohner über die Situation besser Bescheid wussten als sie, schrieben sie stattdessen, dass alle von den Organizers manipuliert worden seien.

Die Kritiker, die suggerieren, dass wir alle nur Manipulatoren sind, können es nicht akzeptieren, dass die Anwohner aus eigener Kraft handlungsfähig werden. Es sind dieselben, die nur zu gerne auf der Siegesfeier tanzen, aber mit den Dutzenden an Stunden für Versammlungen, Planungen und Organizing, die für den Sieg nötig sind, nichts zu tun haben wollen. Typischerweise kommt diese Art der Kritik von Menschen, die ich zusammengefasst als weiß-liberal bezeichnen würde. Ich habe diese Menschen schon immer gehasst. Solange ein Kampf ein Gedankenspiel bleibt, sind sie sofort zur Stelle und debattieren mit dir bis die Hölle zufriert. Sobald aber ein Schuss fällt, rennen sie als erstes zurück in die Gräben und ducken sich. Ich nenne diese Leute auch Wohnzimmer-Löwen, weil sie nur zu gerne bei sich im Wohnzimmer brüllen, aber auf den Straßen dann nur noch schnurren. Ich hätte im Kampf lieber einen rassistischen Redneck[141]

---

141 Abwertender Begriff für Weiße; meist Männer, mit rassistischer, rechter politischer Gesinnung, die viel im Freien arbeiten und daher einen roten Nacken (red neck) haben.

an meiner Seite, denn ich wüsste, dass ich durch den Aufbau einer Organizing-Arena einen Schwarzen direkt neben ihn stellen könnte und er sich daran nicht stören würde.

Es waren weiß-liberale Menschen, die damals in Austin vorgeschlagen haben, dass sie erst einmal selbst die Versammlungen leiten sollten, bis die schwarzen Mitglieder der Organisation gelernt hatten, wie das geht. Sie sahen sich offenbar als Lehrer, die der schwarzen Community die Antworten vorgeben mussten, anstatt zu begreifen, dass diese die Antworten auch ohne Probleme selbst finden konnte (wir warfen den Haufen anschließend raus). Mir scheint es so, als dass die Weiß-Liberalen der ganzen Welt sagen wollen, wie sie zu funktionieren hat. Die Kehrseite der Medaille ist natürlich, dass dies der rassistische Redneck genauso will: Ich werde dir als Schwarzen, Latino oder Sozialhilfeempfänger sagen, wie die Show abläuft. Die Liberalen und die Rassisten sind zwei Seiten derselben Medaille - und keine hat Recht. Der Organizer nimmt also eine Kreissäge und schneidet die Medaille in der Mitte durch, um die Wahrheit im Inneren zu offenbaren: Dass die Menschen selbst herausfinden müssen, was sie unternehmen wollen - nicht durch Manipulation, sondern durch das eigene Verständnis ihrer Community.

Der Organizer ist auch ein Liberaler - aber von einer anderen Gattung. Organizers verstehen, dass derjenige, mit dem man arbeitet, die Antworten auf seine Fragen selbst finden muss. Ein Freund, der als Therapeut arbeitet, hat mir einmal gesagt, dass er seinen Patienten nicht einmal ihre Probleme abgenommen hat. „Ich kann ihnen die Tür zeigen", sagte er mir, „durchgehen müssen sie aber selbst." Der Organizer geht einen ähnlichen Weg, indem er eine Arena baut, die den Leaders verständlich macht, dass sie ihre Community durch eine Tür hindurchführen können, die ihnen ein besseres Leben ermöglicht. Dies geschieht nicht durch Manipulation und das Einprägen von Ideen, die eigentlich aus dem Kopf des Organizer kommen, sondern indem man Fragen stellt, die die Leaders für sich selbst beantworten müssen. Es gibt eine ziemlich klare Linie zwischen den beiden Ansätzen.

Der Unterschied beginnt dort, wo man die Leute in ihrer eigenen Umgebung kennenlernt und begreift, dass sie verdammt schlau sind. Man fängt an, Respekt für sie und ihre Fähigkeiten zu entwickeln und versteht, dass sie ihre Nachbarschaft selbst analysieren und in die richtige Richtung lenken können. Dieser Respekt wächst soweit, bis du realisierst, dass du diesen Leuten keine Antworten geben kannst. Man erlangt eine Art Erkenntnis für sich selbst als Organizer und auch in Bezug auf das Selbstverständnis der Menschen: Nämlich, dass man kein Recht hat, den Menschen zu predigen, was sie zu tun hätten. Damit diese ganze Sache funktioniert, müssen die Antworten aus ihnen selbst kommen und ihnen selbst gehören, sodass sie auch selbst dafür kämpfen.

Manipuliert der Organizer die Leute, indem er sie fragt, wie sie ihre Nachbarschaft verbessern würden? Indem er die Idee in den Raum wirft, eine Versammlung zu planen, um beispielsweise die Ratten aus den Straßen zu vertreiben? Und wenn man einem Bewohner vorschlägt, dass er oder sie selbst die Versammlung leitet, bei dem man einem Repräsentanten der Stadt zur Rattenbeseitigung befragt? Ist es Manipulation, wenn man mit der Person ausarbeitet, was passiert, wenn der Repräsentant nicht zur Versammlung erscheint - oder doch erscheint, sich aber weigert, die städtischen Dienste für das Viertel zu verbessern? Der Organizer bietet der Person verschiedene Möglichkeiten an, er sagt ihr aber nicht, was sie zu tun hat. Fragen zu stellen, ist keine Manipulation. Ein Organizer geht sicherlich mit einigen Hoffnungen und Ideen darüber, was die Gruppe tun wird, in die Versammlung. Aber kein guter Organizer sagt jemals: „Das ist es, was wir tun werden.“ Stattdessen zeigt er Optionen auf. Die Community entscheidet dann, was sie unternehmen möchte.

Wenn ich zum Metzger gehe und sage: „Ich muss sechs Leute satt machen, welches Stück Fleisch würden Sie empfehlen?“, gibt er mir für gewöhnlich eine kleine Auswahl. Hat mich der Metzger jetzt manipuliert? Ich denke nicht; er hat mir nur ein paar Vorschläge gemacht, auf die ich allein nicht gekommen wäre. Das Gleiche trifft auch auf den Organizer zu. Er zeigt die verfügbaren Optionen auf. Auf einige davon sind die Leute schon selbst gekommen, andere sind ihnen neu. Aber es sind letztlich die Menschen, die entscheiden, welche sie wahrnehmen wollen - genauso wie ich entscheide, welches Stück ich beim Metzger mit nach Hause nehme.

Nicht der Metzger entscheidet, sondern ich. Der Organizer macht sich oft schon weit im Voraus viel Mühe damit, zweckdienliche Ansätze für Aktionen zu recherchieren, aber auch wenn die Leute dann jeden einzelnen Vorschlag verwerfen, unterstützt der Organizer sie bei ihrem Plan.

Ein Thema, das wir bei OBA einmal hatten, war Prostitution. Ende der 1960er Jahre bedeutete die Fahrt oder das Spazieren durch die Cicero Avenue am Abend, dass man unweigerlich auch durch einen Rotlichtdistrikt kam. Eine unserer Community Organizations wollte dagegen vorgehen und vor den Prostituierten demonstrieren. Der Vorsitzende der Gruppe argumentierte (mit meiner Unterstützung) dagegen und sagte, dass diese Taktik nicht funktionieren würde, weil die Freier der eigentliche Gegner waren, nicht die Frauen. Aber die Leute waren dickköpfig und irgendwann wurde klar, dass wir es auf ihre Art machen würden.

Es war eine der jämmerlichsten Nächte meines Lebens. Sie umzingelten eine Frau mit Schildern und sangen „Hey ho, Prostitution's got to go[142]." Rein gar nichts wurde mit dieser Aktion erreicht. Aber die Leute hatten sich so entschieden und der Organizer unterstützte sie dabei. Später trat jemand unserer Gruppe bei, der für das Außenministerium arbeitete und Nummernschilder von Autos zurückverfolgen konnte. Dadurch konnten wir den Freiern dann Briefe schreiben, in denen etwa stand: „Sehr geehrte Mrs. X, Ihr Mann wurde dabei beobachtet, wie er zu dieser Uhrzeit eine Frau an der Straße Y abgeholt hat." Was das Problem erst einmal für eine Weile beseitigt hat. Der Punkt ist, wenn die Leute entscheiden, dass sie nach links statt nach rechts gehen wollen, dann geht der Organizer mit nach links. Sie sind es, die in der Nachbarschaft leben müssen, nicht ich. Sie wissen für gewöhnlich besser darüber Bescheid, was getan werden muss. Im Grunde besteht der Job des Organizer also aus Fragen, nicht aus Antworten.

Jetzt denken manche Klugscheißer, dass der Organizer damit in die Falle getappt ist. Sie sagen: „Dann heißt das ja, dass Sie dabei helfen würden, wenn die Bewohner entscheiden, dass sie alle Schwarzen aus der Nachbarschaft verbannen wollen." Meine Güte, Klugscheißer, du bist noch düm-

<hr>

142 „Hey ho, Prostitution muss weg"

mer, als ich dachte. Jeder Organizer, der auch nur ein halbes Gehirn hat, wird sich die Nachbarschaft im Voraus anschauen und schon an der ethnischen Zusammensetzung erkennen, ob dies die Haltung der Community sein wird. Und wenn dies ihre Haltung ist, dann werde ich dort natürlich nicht als Organizer tätig sein. Als wir damals in Austin mit dem Organizing anfingen, waren Schwarze dort längst ein fester Teil der Nachbarschaft, der nirgendwo anders hingehen würde. Selbst wenn ein paar Leute also fordern würden, dass die Schwarzen die Nachbarschaft verlassen sollten, wäre dies physisch einfach unmöglich gewesen. Stattdessen schafften wir es, Schwarze und Weiße zum Zusammenarbeiten zu bewegen, indem wir ihnen ihre gemeinsamen Interessen aufzeigten. So konnten sie gemeinsam gegen die wahren Gegner kämpfen.

Dann kommt die nächste Frage. „Du würdest das vielleicht nicht tun. Aber jemand anders könnte dieselben Strategien und Taktiken verwenden, um die Schwarzen aus der Nachbarschaft zu vertreiben. Wie soll man das rechtfertigen?" Nun ja, ein Skalpell kann in den Händen eines Chirurgen Heilung bringen, in den Händen eines Wahnsinnigen aber töten. Sollen Chirurgen dann also aufhören, Skalpelle zu benutzen und stattdessen zu Handgranaten greifen?

Wir haben alle unterschiedliche Fähigkeiten und Talente. Der Job des Organizer ist es, diese Fähigkeiten und Talente in den Menschen zu entdecken und sinnvoll einzusetzen. In dieser Hinsicht ist der Organizer wie ein Trainer. Ist ein Trainer manipulativ, indem er einem 140 kg schweren Jugendlichen, der einen 40-Yard-Dash[143] in zehn Sekunden läuft, sagt, dass Quarterback[144] vielleicht nicht die richtige Position für ihn ist und er als Tackle[145] besser geeignet wäre? Der Trainer versucht ein Gewinnerteam zusammenzustellen, also sucht er nach der besten Kombination, um die verfügbaren Talente einzusetzen. Der Organizer macht das Gleiche, aber mit einem Unterschied: Der Trainer hat die Macht, den Spielern zu sagen, wie und wo sie zu spielen haben, aber als Organizer beschränkt man sich eher auf Vorschläge. Wenn man zum Beispiel jemanden in der Organisa-

---

143 Gängiger physischer Test im American Football zur Ermittlung der Beschleunigung und Geschwindigkeit eines Spielers.
144 Spielgestalter, Kopf der Offensive.
145 Der Tackle hat die Aufgabe, den gegnerischen Spieler zu Fall zu bringen.

tion hat, der seine Wut nicht recht fokussieren kann, könnte der Organizer vorschlagen: „Wir könnten deinen Zorn gut im Publikum gebrauchen. Du würdest der Organisation mehr dadurch helfen, wenn du dich unter die Leute mischst und explodierst, wenn wir es brauchen, anstatt mit am Verhandlungstisch zu sitzen." Die Entscheidung, ob auf den Vorschlag eingegangen wird oder nicht, liegt am Ende aber immer bei der Person und der Gruppe.

Harry Kone war genau so ein Fall aus dem echten Leben. Er war ein College-Professor, der in unser Büro bei OBA kam und mir erzählte, dass er zwar alles befürwortete, was wir taten, aber Konfrontationen selbst einfach nicht verkraftete. „Kann ich stattdessen Anträge ausarbeiten oder so?", fragte er. Also wurde Harry zu unserem Antragssteller. Harry hatte das Herz am rechten Fleck, er kam einfach nicht mit der raueren Seite des Lebens klar, die den Großteil unserer Arbeit ausmachte: den Konfrontationen. Aber er glaubte so fest an unsere Ziele, dass er stattdessen für uns Anträge bei Stiftungen schrieb, von denen uns durch seine Hilfe auch viele Zuschüsse zukamen.

Kurz nachdem er mit der Arbeit bei uns anfing, machte er eine Spendenanfrage bei genau der Bank, die wir erst fünf Tage zuvor aufs Korn genommen hatten (was uns sogar in die Nachrichten gebracht hatte). Die Banker sagten, dass sie kein Interesse daran hätten, eine Organisation zu sponsern, die nur protestieren würde. Irgendwie schaffte es Harry trotzdem, mit einem 1000 Dollar-Scheck aus der Bank zu spazieren, einem wirklich beachtlichen Ergebnis zu der damaligen Zeit. Ich habe keine Ahnung, wie er das geschafft hat, aber ich weiß, dass er sich als Harry Kone, College-Professor, dort vorgestellt hatte. Dies stellte ihn auf eine Ebene mit all den Bankern und Finanziers. Er konnte unsere Organisation auf eine Weise verkaufen, wie es niemand sonst konnte. Haben wir Harry dazu manipuliert? Hat Harry die Banker manipuliert? Diese Frage kann jeder für sich selbst beantworten.

OBA hat einmal einen Sieg im Bereich der Schultransporte errungen, durch den rund 500 schwarze Kinder in die komplett weiße Northwest Side gebracht werden konnten (das war das erste Mal, dass der Bildungsausschuss von Chicago von einer schwarzen Community geschlagen worden war). Danach wurden die Leaders der Kampagne von anderen Organisationen dazu eingeladen zu erzählen, wie sie das gemacht hatten. Meine Rolle bei dem Ganzen war die des Organizer bzw. des Fahrers. Am Ende jeder Präsentation kam stets die Frage, was unser Geheimnis sei und wer uns geholfen habe. Die Antwort war immer die Gleiche: „Wir haben es selbst geschafft, mit niemandes Hilfe." Das ist ein Satz, den man im Organizing oft im Zusammenhang mit den besten Siegen hört: „Wir haben es selbst geschafft."

Durch den langen Kampf haben die Menschen selbst herausgefunden, dass überfüllte Schulen das Problem waren und Busfahrten in andere Stadtteile die Antwort darauf. Sie haben selbst entschieden, all diese Aktionen zu unternehmen, haben selbst an allen Versammlungen teilgenommen. Der Sieg und die daraus resultierende Selbstachtung gehören ihnen ganz allein.

Eigene Antworten finden

Training

Ich wurde mit den folgenden Worten zum Organizer ausgebildet: „Dort ist die Straße. Gehe sie entlang, klopfe an alle Türen und komme zurück, um zu berichten, was du herausgefunden hast." Als ich später selbst Mitarbeiter von OBA geschult habe, erzählte ich ihnen das Gleiche - genauso wie ich es Organizers auch heute noch weitergebe. Mein minimalistischer Stil wurde vor allem durch Tom Gaudette geprägt, der mich und die anderen Organizers bei OBA auf diese Art unterrichtete. Damals bestand fast das gesamte Team aus Neulingen, die in Sachen Organizing alle noch grün hinter den Ohren waren. Wir wurden durch nächtelange Mitarbeitermeetings trainiert, ohne dass wir es bewusst gemerkt haben. Damals waren mir die vielen Besprechungen unangenehm, aber heute ist mir klar, dass ich es ohne diese nie zum Direktor geschafft hätte.

Am Anfang bestanden die Meetings hauptsächlich aus langen Monologen von Gaudette, der seine Kriegsgeschichten erzählte. Er war ein guter Geschichtenerzähler. Als wir mit der Zeit immer mehr dazu lernten und irgendwann eigene Meetings abhielten, griff er uns bei jeder Gelegenheit an: „Du warst in einer Versammlung und dies und das ist passiert. Warum jenes nicht auch noch?" Oder wenn man an einer Aktion teilgenommen hatte: „Und was wirst du nächste Woche unternehmen? Was sind die Forderungen? Das sind die dümmsten Forderungen, die ich je gehört habe!" Dann gab er uns Ratschläge. In die Besprechungen mit Gaudette zu gehen war, wie in einen Löwenkäfig zu laufen. Nach zwei Jahren verriet er mir endlich seine Hintergedanken zu den Spätnacht-Meetings, die bis in den frühen Morgen andauern konnten: Wenn man müde ist, wird man unachtsam. Man ist ehrlicher und gibt mehr von sich preis. Bei NCO behielt ich diese Methode bei. Mir ist dabei oft aufgefallen, dass viele eine Idee um elf Uhr abends vielleicht noch mit den Worten: „Das wird doch nie klappen" abtun, dieselbe Idee jedoch um zwei oder drei Uhr nachts plötzlich für einen fantastischen Vorschlag halten.

Es gibt vielerlei Gründe, warum man Organizers und Leaders nicht auf „normale" Weise unterrichten kann. Erstens geht es darum, viele der Lektionen wieder zu verlernen, die man im Leben beigebracht bekommen hat. Zweitens lernt kaum ein Erwachsener etwas Neues allein dadurch, dass man es ihm sagt. Und drittens ist das Training ähnlich wie das Organizing selbst - nämlich den Menschen dabei zu helfen, ihre eigenen Antworten auf große Fragen zu finden: Wie sehr sie sich auf ihr Bauchgefühl verlassen können, wie sie zur Macht stehen, ob sie es schaffen, auch einmal nicht nett zu sein usw. Trainees können diese Fragen nur beantworten, indem sie eigene Erfahrungen sammeln. Und erst wenn sie ihre eigenen Antworten gefunden haben, können sie darauf basierend auch handeln.

Ich kann mich an kein einziges Beispiel aus der High School erinnern, bei dem ich etwas wirklich Bedeutendes nur dadurch erlernt habe, dass man es mir erzählt hat. Ich rede dabei nicht von simplen Fakten, sondern über etwas viel Fundamentaleres: Darüber, wie die Welt funktioniert. Vielleicht gibt es irgendwo Menschen, die diese Dinge aus einem Buch oder von einem Lehrer lernen können, aber ich bezweifle es. Erkenntnisse wie diese erhält man nur durch eigene Erfahrung. Wenn man Organizers und Leaders trainiert, dann tut man dies nicht durch Erzählen. Man tut es durch Fragen. Man zwingt die Menschen dazu, auf eine Weise in sich selbst zu blicken, wie sie es noch nie zuvor getan haben. Ein 50- bis 60-jähriger Mitarbeiter lässt sich nichts mehr erzählen - schon gar nicht von einem jungen Organizer. Also muss man als Trainer Fragen stellen, die sie dazu zwingen, sich selbst zu hinterfragen - auch und gerade, wenn das für sie unangenehm ist.

Es gibt zwei Ansätze, um Organizers zu trainieren: Einige lernen besser auf die harte Tour, während man anderen lieber die Hand hält. Zu welcher Gruppe jemand gehört, erkennt man oft schon instinktiv. Ein Mitarbeiter, den ich wirklich schlimm behandelt habe, hieß Ollie - ein deutscher Praktikant bei NCO. Er leistete wirklich gute Arbeit da draußen, aber nach einigen Monaten im Organizing teilte er uns bei einem der nächtlichen Drei-Uhr-Meetings mit, dass er nach Deutschland zurückkehren würde, weil er Heimweh hatte. „Oh weh, wann fliegst du denn?", fragte ich. Er erzählte mir, dass sein Ticket für morgen gebucht war. „Kann ich es sehen?" Er griff in seine Tasche und reichte es mir. Ich zerriss es in der Luft. Der ganze Raum war geschockt. „Das kannst du nicht tun!", sagte Ollie. „Wie es aussieht doch!", rief ich ihm entgegen und schnappte mir die Schnipsel, bevor er sie auflesen konnte. Ich war so hart zu Ollie, wie ich es nur sein konnte, aber mein Bauchgefühl behielt Recht. Das Heimweh ging vorüber, er blieb im Land und organisiert noch heute. Bei anderen Kandidaten wiederum setzt man sich daneben und fragt: „Wo ist das Problem? Was liegt dir auf der Seele? Was glaubst du, wo du hinmusst?" und hilft ihnen dabei, durch das Labyrinth des Organizing zu navigieren.

Denn es gibt keine gerade Linie, es ist wirklich ein Labyrinth. Der Job des Trainers, genauso wie auch der Job des Organizer, ist es nicht, den Leuten zu sagen, in welche Richtung sie zu gehen haben. Der Job des Trainers ist es zu fragen: „Welchen Weg willst du einschlagen?" und „Warum gerade diesen?" Wenn die Antworten keinen Sinn ergeben, sagt man als Trainer: „Hm, ich bin mir da nicht so sicher. Was würde passieren, wenn du nach rechts statt links gehst?" und bringt die Trainees so dazu, alle verfügbaren Optionen gründlich auszuloten. Denn nur so lernt man als Erwachsener: Nicht durch dröge Ansagen, sondern indem man Fragen gestellt bekommt und so dazu gezwungen wird, über die Konsequenzen des eigenen Handelns nachzudenken. In vielerlei Hinsicht trainiert man Organizers und Leaders, indem man versucht, sie als Personen wachsen zu lassen - und dieses Wachstum kommt von innen.

Bei NTIC veranstalteten wir zweimal im Jahr Organizer-Trainings, die sich normalerweise über eine ganze Woche intensiver Seminare hinzogen. Sie halfen Organizers, die schon etwas Erfahrung hatten, dabei zu überprüfen, ob sie auf dem richtigen Weg waren und so mit ihren Methoden weitermachen konnten - dies war ein wichtiges Feedback. Eine andere Funktion der Trainingssessions war die Gelegenheit, herausgefordert zu werden und harte Fragen beantworten zu müssen, die niemand gestellt bekommen möchte. Nicht ohne Grund verließen viele Leute gleich am Anfang der Trainings den Raum.

Jeder Trainer muss zunächst seinen persönlichen Stil entwickeln - einen Stil, mit dem man selbst zufrieden ist und der die Trainees auch erreicht. Mein eigener Stil wird durch vier Komponenten geprägt: Wut, Konfrontation, dem Erzählen von Geschichten und dem Offenbaren meiner Schwächen. Während einer Trainingssession wurde ich so blind vor Wut, dass ich meine Brille gegen eine Wand geworfen und dabei zerstört habe. Die Trainees hatten diesen fassungslosen Blick, der mir verriet, dass sie innerlich zum ersten Mal „Hey, das hier ist eine ernste Sache" gedacht haben. Meine Brille zu zerschmettern, war ein Akt der reinen Wut - und vermutlich auch der Dummheit. Aber diese Wut darf nicht vorgetäuscht sein, sie muss wirklich tief aus dem Bauch heraus kommen. Trainees sind nicht blöd. Sie würden ein dramatisches Schauspiel sofort erkennen.

Wenn der Trainer eine Frage stellt, darf er niemanden mit 08/15-Antworten wie „Ich halte das für gut" oder „Ich stimme Marie zu" davonkommen lassen. Jemand, der so antwortet, versucht, seine wahren Gefühle und Gedanken zu unterdrücken. Sich so zu verhalten, ist sehr bequem - man muss sich nicht entblößen oder das Risiko eingehen, dass die eigene Meinung schlecht ankommt. Natürlich lernt man so auch rein gar nichts. Die Menschen lernen nicht durch Bequemlichkeit! Eine weitere wichtige Trainingsmethode ist das Erzählen von Geschichten. Meiner Erfahrung nach erinnern sich die Menschen auch Jahre später noch an die Geschichten, mit denen ich einen bestimmten Punkt illustrieren wollte. Sie fügten oft hinzu, dass sie durch die Geschichte einen Aspekt ihres Berufs oder ihrer Persönlichkeit verstanden haben, der ihnen vorher nicht klar war.

Letztlich ist es als Trainer auch wichtig, ab und an seine eigenen Schwächen zu enthüllen. Das ist nur fair - schließlich zwingt der Trainer die Trainees auch dazu, ihre Schwächen preiszugeben. Also sollte er selbst den Mumm besitzen, den anderen zu demonstrieren, wie das aussieht. Eine Geschichte, die ich zum Beispiel oft erzählt habe, war, dass ich mich kurz vor neuen NPA-Konferenzen aus Nervosität immer noch übergebe - und das, obwohl ich schon mehr dieser Konferenzen abgehalten habe, als ich

Finger und Zehen besitze. Ich werde danach oft dadurch belohnt, dass ich förmlich sehe, wie den Organizer-Trainees ein Licht aufgeht - nämlich, dass ich genauso bin wie sie.

Das Training ist ein Ort, an dem Trainees ihre eigenen Antworten auf Fragen finden. Wenn es zwanzig Trainees sind, dann gibt es auch zwanzig verschiedene Antworten - und jeder Trainee wird seine ganz eigene Version haben. Es sind keine Antworten, die ihnen gesagt werden - es sind Antworten, die sie sich selbst erarbeitet haben. Es ist überraschend, wie viele Trainees wir treffen, die ihre Wut nur vortäuschen - gegenüber sich selbst genauso wie gegenüber dem Rest der Welt. Ganz zu schweigen von der Zahl derer, die Angst vor den gefundenen Antworten haben und die diese lieber leugnen wollen. Wenn man als Trainer in einer Gruppe von zwanzig Trainees fünf bis sieben dazu bringt, sich wirklich mit sich selbst auseinanderzusetzen, dann hat man einen verdammt guten Job gemacht. Denn diese fünf bis sieben Menschen werden ihre Erkenntnisse dazu nutzen, in die Welt hinauszugehen und ein besserer Organizer zu werden.

Wenn ich ein Training über Machtstrukturen abhalte, mache ich gerne von den folgenden drei Worten Gebrauch: „Hund", „Unfall" und „Macht". Die Trainees werden gebeten, auf jedes Wort mit dem ersten Gedanken zu antworten, der ihnen dazu in den Sinn kommt. Man bekommt die üblichen Antworten zu „Hund" und „Unfall" zu hören. Hund: schlecht, gut, Angst, Liebe; Unfall: schlecht, furchterregend. Ich versuche damit, sie ein wenig in Sicherheit zu wiegen und so auf das dritte Wort „Macht" vorzubereiten. Denn wir wollen gerade dabei eine ehrliche Antwort hervorlocken. Hoffentlich klappt die Taktik und wir können anschließend auf die geäußerten Empfindungen eingehen und nachhaken. Wenn die Antwort „Angst" ist, frage ich: „Warum hast du Angst?" Wenn die Antwort „Ich liebe Macht" ist, frage ich: „Warum liebst du Macht?" So bringt man die Menschen dazu, auch über die Dinge nachzudenken, die sie gerade von sich gegeben haben. Erst dann wird es wirklich zu ihrer Antwort.

Ein guter Trainer verlässt sich auf sein Gefühl dafür, welche Erfahrungen die Trainees vorweisen können, bevor er seine Agenda plant. Je mehr man als Trainer mit den Trainees gemeinsam hat und je mehr Erfahrung man selbst hat, umso mehr kann man vorhersehen, welche Themen und

Probleme im späteren Dialog auftreten werden. Aber der Trainer muss auch selbst leidenschaftlich beim Thema dabei sein. Denn wenn der Trainer selbst keine Leidenschaft hat, wie zum Teufel sollen die Trainees diese in sich selbst entdecken?

Im Jahr 1994 reiste ich nach Samara in Russland, um dort auf Wunsch des National Democratic Institute ein dreitägiges Organizer-Training abzuhalten. Ich hatte bescheidene Erwartungen darüber, was man in so einer kurzen Zeit überhaupt erreichen konnte, da ein echtes Training meiner Erfahrung nach beinhaltet, dass man sich mit den jungen Organizers mehrmals die Woche, wenn nicht sogar täglich trifft und sie ausbildet. Es gab auch andere Schwierigkeiten - etwa, dass für die gesamte Veranstaltung ein Übersetzer notwendig war. Mein größtes Handicap war allerdings, dass ich nicht wusste, wie ich die Idee des Organizing jemandem nahebringen sollte, über den ich rein gar nichts wusste. Ich ließ mir zwei Vorgehensweisen für das Training einfallen. Eine war ein totaler Reinfall, aber die andere übertraf alle meine Erwartungen. Der erste Ansatz - wie man Koalitionen aufbaut, indem man an das gemeinsame Eigeninteresse appelliert - basierte auf meiner Annahme, dass jeder in Russland Raucher war. Ich teilte die Trainees in drei Gruppen und gab jeder davon eine Zigarette. Ich selbst übernahm die Rolle des Stadtrats und übertrug jeder Gruppe eine bestimmte Forderung. Eine war sauberere Straßen, eine andere die Reparatur des Flughafens und die letzte war mehr Jobs in der Schokoladenfabrik. Allen Gruppen wurde gesagt, dass der Stadtrat derjenigen Gruppe den Zuschlag erteilen würde, die ihm als erste drei Zigaretten vorlegen konnte, und dass er mit niemanden reden würde, der weniger hatte.

Ähnliche Übungen in den USA zwangen die Menschen normalerweise dazu, ihren inneren Widerstand gegenüber Kompromissen zu überwinden, um zu gewinnen. Aber in Samara hat mir von Anfang an niemand vertraut. Anfangs haben die Teilnehmer versucht, die anderen Gruppen von ihrer Sache zu überzeugen, aber dann kamen einige direkt auf mich zu und haben versucht, unter dem Tisch Deals auszuhandeln. Als ich das Spiel zum zweiten Mal startete, sagten die Teilnehmer einfach, dass sie Zigaretten nichts abgewinnen konnten, und weigerten sich zu spielen. Der Ansatz scheiterte, weil wir nicht auf einer Wellenlänge lagen.

Der andere Ansatz hingegen funktionierte prächtig. Ich hatte Schwierigkeiten damit, Menschen das Organizing zu erklären, die bislang allein schon für eine Beschwerde verhaftet werden konnten - ganz zu schweigen von einem Protest. Also dachte ich mir eine Metapher aus, die ich fortan die „Bulldoggen-Theorie" nannte: Im Organizing muss man selbst zur Bulldogge werden und sich tief in der Wade von Machtpersonen verbeißen. Da es ziemlich schwierig ist, mit einer Bulldogge am Bein zu laufen, können sie dich nicht ignorieren. Als ich das sagte, leuchteten die Augen der Teilnehmer auf und die ersten Köpfe begannen zu nicken.

Als wir uns am letzten Tag des Trainings voneinander verabschiedeten, sagte einer der Teilnehmer zu mir: „Man wird sich stets an Sie erinnern - als den Mann, der die Bulldogge nach Samara gebracht hat." Hunde wurden zu einer Methode, um Organizing verständlich zu machen. Es war ein simples Konzept und kam instinktiv bei den Menschen an, weil man in Russland viel Erfahrung mit Hunden hatte. Dieser Eindruck wurde mir in Moskau erneut bestätigt, als wir dort für einen Zwischenstopp anhielten und ich Dutzende Menschen sah, die Welpen und Kätzchen an einer Treppe am Roten Platz verkauften. An anderer Stelle hätte ein Trainer auch das Kochen, Kinder oder Krieg als Metapher nutzen können - Hauptsache, es trifft bei den Menschen einen Nerv.

Man entwickelt solche Ansätze für Trainings immer dann, wenn es notwendig wird. Einmal habe ich in Kanada einer Gruppe von Ureinwohnern dabei geholfen, eine Kindertagesstätte zu bekommen, für die sie schon seit zwei Jahren kämpften. Ihre Anstrengungen trugen einfach keine Früchte. Ich machte einen Vorschlag nach dem anderen, doch die Antwort war immer dieselbe: Entweder war es schon versucht worden oder es war nicht praktikabel. Aus Frustration schlug ich vor, dass wir erst einmal eine Stunde lang Pause machen sollten.

Während der Pause ließ ich mir fünf Fragen einfallen, die die Entwicklung von Kampagnen besser strukturieren:

1. Wie verkauft man das Thema der Community?

2. Welche Informationen brauchen wir vor unserer ersten Versammlung?

3. Wie stehen die Bewohner zum Thema? (Wer ist stark dafür, etwas dafür, neutral, dagegen?)

4. Wer ist der Feind (primär und sekundär)?

5. Entwickle einen Schlachtplan für die nächsten zwei Monate.

Eine Stunde später kamen wir wieder zusammen und nutzten das neue Design. Sechs Wochen später erhielt ich von der Gruppe einen Anruf, bei dem sie mir mitteilten, dass sie ihre Kindertagesstätte bekommen hatten. Ich nutze diesen Fünf-Stufen-Plan noch heute.

Ein passendes Vorgehen für ein Training fällt nur selten vom Himmel. Gute Ansätze erschließen sich aus dem, was die Menschen gerade benötigen, und werden über mehrere Monate hinweg entwickelt - gefolgt von einigen weiteren Monaten, in denen man die Schwächen ausbessert. Das Trainingskonzept über Machtstrukturen hat über ein Jahr der Entwicklung in Anspruch genommen und wird auch heute noch umgeschrieben und verbessert. Die Belohnung für ein gutes Training ist dabei dieselbe, die auch ein Lehrer erfährt, wenn er sieht, wie den Schülern ein Licht aufgeht.

Die Trainingskonzepte müssen dabei auf die Person zugeschnitten sein, die diese anwendet. Man hat mich schon oft nach Kopien von meinen Trainingsinhalten gefragt, von denen ungefähr 50 Versionen in einem fetten Ordner abgeheftet sind. Wenn ich sie aber verschickt habe, bekam ich oft die Rückmeldung, dass sie anderswo nicht funktioniert haben. Sie passten einfach nicht zur Person des Trainers. Viele der Trainings basieren auf den persönlichen Erfahrungen des Organizer. Beim Training muss man seine Persönlichkeit und seinen Mut mit in den Raum bringen - als Modell dafür, was man vermitteln will. Das hilft den Trainees dabei, selbst ebenfalls etwas Persönliches preiszugeben und ihre Lebenserfahrungen nicht nur mit dem Trainer zu teilen, sondern auch untereinander.

Es gibt noch eine weitere Art des Trainings, die ein wenig anders funktioniert: Trainings zu spezifischen Themen, bei denen man auch spezifisches Wissen vermitteln will. Fast vom ersten Tag an waren diese Trainings ein wesentlicher Bestandteil davon, wie NTIC im gesamten Land auf Probleme aufmerksam machte. Die Nachfrage danach schoss durch die

Decke, einfach weil die Leute von unserem Erfolg gehört hatten. Das Ganze fing mit Redlining an, bevor wir überhaupt offiziell Trainings dazu angeboten haben.

Nachdem wir unsere erste Auseinandersetzung mit der National Security Bank gewonnen hatten, fragte uns jemand von einer anderen Community Organization bei NCO: „Wir haben von der Sache mit National Security gehört. Könnte dies auch bei Liberty Savings, bei North and Milwaukee[146] klappen?" Danach rief jemand außerhalb von NCO's Einflussbereich an und fragte: „Seid ihr diejenigen, die diese „Bank-in"-Sachen gemacht haben?" Als nächstes kam ein Anruf aus einer völlig anderen Stadt, bei dem eine Frau sagte: „Meine Schwester hat mir erzählt, dass Sie Banken zu Reinvestitionen bringen können." Das Thema war wie eine Lawine, die umso heftiger und größer wurde, je länger sie andauerte. Letztlich haben wir so dabei geholfen, 80 Milliarden Dollar an Reinvestitionen im ganzen Land möglich zu machen. Diese Art der Nachfrage nach Trainings war einer der Gründe, warum wir NTIC überhaupt ins Leben gerufen haben.

Wir hielten Trainings zu vielen Problemen ab, etwa zum Community Reinvestment Act, zu Community Development Block Grants (CDBG), zu Zwangsversteigerungen durch die Federal Housing Administration, zum Organizing gegen Verbrechen und Drogen, zum Organizing gegen mangelnde Dienstleistungen, Kredithaie und noch vieles mehr. Diese themenspezifischen Trainings waren vor allem für Organisationen hilfreich, die zwar wussten, dass sie ein Problem hatten und auch entschlossen waren, es anzugehen, aber keinen richtigen Namen oder eine Strategie dafür besaßen. Wir haben unsere Besuche auch nicht immer „Trainingssessions" genannt. Manchmal liefen die Treffen auch unter dem Namen „Strategiemeetings" oder einfach nur „Beratung". Egal wie wir es nannten: Wir haben immer versucht, Bewegung in die Kampagne der Gruppe zu bekommen, und nebenbei versucht, die Trainer und Organizers als Menschen wachsen zu lassen.

146 Regionale Banken in den Bundesstaaten Ohio bzw. Wisconsin.

In den 1970er und 1980er Jahren war ein Großteil von NTIC's Mitarbeitern damit beschäftigt, anderen Organizers im ganzen Land beizubringen, wie man an Geldmittel über Community Development (heute Community Development Block Grant) herankommt. Die Trainings waren sich alle recht ähnlich. Vor jeder Reise rechneten wir aus, wie viele Dollar die jeweilige Stadt bereits über CDBG erhielt. Wir zogen diese Zahl am Anfang des Trainings heran und fragten die Teilnehmer, wie sie das Geld ausgeben wollten. Danach hielten wir einen Dollarschein in die Luft und baten darum, dass uns jemand aus der Gruppe einen weiteren Dollar gibt, um das Budget zu verdoppeln. Nach ein oder zwei Minuten tat das dann auch jemand und der Trainer steckte sich den Dollar mit den Worten „Das ist jetzt mein Dollar" sofort in die Tasche. Darauf gab es Empörung und die Leute wollten wissen, was der Trainer mit ihrem Dollar anstellen würde. „Das Gleiche, was auch die Stadt mit eurem Geld anstellt: Es für sich selbst ausgeben. Wenn ihr euren Dollar zurückwollt, fangt ihr besser an, euch zu organisieren."

Mit simplen Trainings wie diesem haben wir in vielen Städten das Organizing in Gang gebracht. Wir gaben den Dollar immer zurück, weil die Leute ziemlich wütend wurden, wenn sie dachten, dass NTIC ihr Geld stahl. Vor dem Training empfanden sie dieselbe Wut aber nicht, als die Stadt im Rahmen von CDBG ihr Geld genauso stahl. Die Übung half ihnen dabei, diese Wut von einem Fremden, der ihr Geld nahm, auf die Stadtverwaltung zu übertragen, die Millionen ihrer Dollar in den Ausbau von Downtown statt in ihre Nachbarschaften steckte.

Auch bei Trainings zum Community Reinvestment Act waren die Menschen anfangs oft vom Thema eingeschüchtert und verwirrt. Das konnte man ihnen direkt ansehen. Sie dachten: „Was weiß ich schon vom Finanzwesen? Wir geben unser Geld bei der Bank ab und da enden unsere Erfahrungen." Wir bereiteten uns auf diese Trainings vor, indem wir den Jahresabschlussbericht der örtlichen Bank durchlasen und herausfanden, wie viel Geld die Bank durch Problemkredite verloren hatte. Das führten wir dann beim nächsten Training vor und sagten: „Letztes Jahr hat diese Bank 30 Millionen Dollar Verlust gemacht. Könnte es sich eure Familie leisten, nächsten Monat 300 Dollar Verlust zu machen?" Für die meisten Trainees lautete die Antwort auf diese Frage: „Absolut nicht." - „Dann scheint es mir so, dass ihr bessere Banker als die in der Bank seid." Plötzlich wirkten die Banken gar nicht mehr so schlau. Die Trainees wussten besser, wie man mit einem engen Budget umgeht, als es die Banken taten. Das ist ein Weg, wie wir das Thema entmystifiziert haben.

Ein anderer Weg, wie man den Menschen die Angst vor einem Thema nehmen kann, ist, indem man es in seine Bestandteile zerlegt und jeden davon einzeln betrachtet. Erst reden wir darüber, wie wir ein verlassenes Gebäude wieder auf Vordermann bringen. Wenn das geschafft ist, kommt das nächste Haus um die Ecke dran. Dabei entdecken die Leaders, dass beide Gebäude dem U.S. Department of Housing and Urban Development gehören und aufgrund gescheiterter Federal Housing Administration Kredite leer stehen.

Indem die Menschen die Ursachen für die verlassenen Gebäude herausfinden, entwickeln sie oft automatisch den Drang, das Problem an der Wurzel zu bekämpfen. Wenn sie von Anfang an versucht hätten, das Problem stadtweit zu bekämpfen, hätte ihnen das Verständnis und die Erfahrung aus erster Hand gefehlt, um gewinnen zu können. Schlimmer noch: Sie wären auf die Stadt nie so wütend geworden wie auf die verlassenen Häuser in ihrer Nachbarschaft, weil das stadtweite Problem auf dieser Ebene abstrakter ist und weil sie noch nicht über das Selbstbewusstsein verfügten, um sich zu sagen: „Ja, ich bin schlauer als die Machtperson, die mir gegenübersteht." Eine der typischsten Fallen, in die die Menschen tappen, ist, alles auf einmal lösen zu wollen. So funktioniert das Leben aber nicht. Es funktioniert jedoch, wenn man die Probleme in ihre Einzelteile zerlegt.

Es gibt noch eine weitere Komponente, die dabei hilft, Themen zu entmystifizieren: Vereinfachung. Die meisten von uns wissen irgendwann viel zu viel über jedes Thema, das wir uns vorknöpfen. 1998 entdeckte NTIC zum ersten Mal den Zusammenhang zwischen Zwangsversteigerungen und hoch verzinsten Sub-Prime-Krediten[147]. Diese Kredite wurden scheinbar vor allem an Leute verteilt, die ohnehin schon finanzielle Schwierigkeiten hatten. Als wir das Thema zum ersten Mal im Organizing angingen,

---

147 Amerikanische Bezeichnung für „faule" Kredite, die an Schuldner mit geringer Bonität vergeben werden.

haben wir den recherchierenden Mitarbeitern immer gesagt: „Du weißt zu viel. Konzentriere dich aufs Wesentliche." Einfachheit bedeutete für mich: „Du wurdest von einem Kredithai hereingelegt. Was wirst du also dagegen tun? Bist du wütend genug, um in sein Büro zu marschieren und ihn zu einer öffentlichen Versammlung einzuladen?" Das ist ein einfacher erster Schritt - einer, den du verstehen kannst und der dich zu einem besseren Verständnis der Komplexität des Themas führen wird.

Wir haben nie gesagt, dass wir hoffen, eines Tages ein Gesetz verabschieden zu können, das die Zinsraten und Gebühren von Sub-Prime-Krediten staatlich regulieren wird, oder einmal eine Stadtverordnung zu erleben, die die Industrie in ihre Schranken weist. Der erste Schritt war: „Jemand hat dich abgezockt, lasst uns sein Büro stürmen und ihn dafür zur Rechenschaft ziehen." Nach dieser Erfahrung verstanden die Menschen, was ihnen angetan wurde und dass es nicht ihre Schuld war, an einen Bankenvertreter geraten zu sein, der ihr Vertrauen und ihre Not missbraucht hatte. Nach einer Weile machte es dann für alle Sinn, ein Gesetz oder eine Verordnung anzustreben.

Eines der schönsten Dinge, die mir mein Sohn jemals geschrieben hat, war: „Du hast uns einen Lebensstil beigebracht." Im Organizing findet viel sachliches Training statt, aber man bringt den Menschen auch seine Art zu leben bei, seine Wut, seine Leidenschaft und seinen Widerwillen, Ungerechtigkeit zu akzeptieren - genauso wie man seinen Kindern, ohne zu predigen, seinen Lebensstil vorlebt. Indem man andere trainiert, projiziert man seine eigenen Gedanken und seine eigene Weltansicht in den Raum. Man kann als Organizer nur hoffen, dass davon zumindest etwas auf die Trainees abfärbt, egal ob die Gruppe aus Organizers oder aus Leaders besteht. Was werden die Trainees wohl aus den Stunden mitnehmen, wenn man als Trainer unsicher, ängstlich oder feige wirkt? Als Trainer steht man Modell für Selbstbewusstsein, Stärke und Aggressivität und gibt den Trainees so die Möglichkeit zu sehen, wie diese Qualitäten auch in ihrem Leben aussehen könnten.

Lokales Personal respektieren und herausfordern

Beratung

Zu meiner Zeit bei NCO kam einmal ein Typ auf uns zu, der einem „Think-Tank" aus Washington D.C. angehörte. Wir waren alle ziemlich beeindruckt, dass er unsere kleine Organisation besuchte. Zu dieser Zeit glaubten wir noch an den Mythos, dass jeder, der aus Washington kam, auch sehr schlau sein musste. Es dauerte ungefähr 20 Minuten bis uns klar wurde, dass er ein Arschloch erster Klasse war. Schlimmer noch, er hatte vom Organizing keine Ahnung. Er zeigte weder Respekt für uns oder unsere Leaders noch für unsere Errungenschaften. Er erzählte uns all diese Sachen, die wir tun sollten, um NCO in eine großartige Organisation zu verwandeln. Nach etwa anderthalb Stunden von dem Quatsch sagten wir ihm, er könne nach Washington zurückfahren. Er war sehr verärgert, dass wir all seine tollen Ideen nicht zu würdigen wussten. Ich sagte ihm: „Sie wollen Respekt, dann zeigen Sie auch Respekt. Jetzt raus hier, bevor ich Sie rauswerfe!"

Die Art wie er uns behandelt hat, ist eine Erinnerung, die sich fest in meinem Gedächtnis verankert hat. Also habe ich das Erlebnis anschließend dazu genutzt, um unser eigenes Verhalten gegenüber Nachbarschaftsgruppen zu verbessern. Der Berater muss die lokale Organisation - das, was sie darstellt, was sie weiß und was sie getan hat - stets respektieren. Lokales Personal hat oft Jahre in der Nachbarschaft gearbeitet und kennt diese besser als es der Berater jemals tun wird. Wenn man will, dass Ratschläge und Ideen ernst genommen werden, dann sollte man besser etwas Respekt für das aufbringen, was vor der eigenen Ankunft passiert ist. Ansonsten wird man schnell aus dem Büro geworfen.

Berater kommen und gehen, aber die Bewohner müssen dann immer noch mit ihrer Situation und den Konsequenzen leben. Diese Tatsache wurde mir im Laufe der Jahre bei NTIC immer wieder klar. Man kann jede erdenkliche Straßenaktion machen und die wildesten Ideen vorschlagen - aber es sind letztlich die ansässigen Menschen, die das Ergebnis ausbaden müssen. Das ist recht demütigend und eine Warnung dafür, dass man vorsichtig sein sollte, für was man sich eigentlich einsetzt. Mit diesem Gedanken im Hinterkopf sollte der Berater trotzdem versuchen, die Vorstellungskraft der örtlichen Organisation zu fördern und Neues auszuprobieren.

In Cleveland hat eine Organisation einmal versucht, aufgrund der steigenden Kriminalität mehr Polizeipatrouillen auf den Straßen durchzusetzen - ohne Erfolg. Ich schlug der Organisation damals vor, dass sie doch den Kommandeur der ansässigen Armeekaserne fragen könnte, ob er das Training für seine Truppen nicht in den Straßen der Nachbarschaft abhalten wollte. Noch während ich die Worte sprach, kam mir der Gedanke: „Das ist das Bekloppteste, was ich je gesagt habe." Aber die Gruppe mochte den Vorschlag und wie sich herausstellte, fand die Idee auch beim Kommandeur großen Anklang. Als er ankündigte, dass er seinen Reservisten befehlen würde, ihre Wochenendmanöver mitten in der Nachbarschaft abzuhalten, war das der Polizei so peinlich, dass der Streifendienst sofort aufgestockt wurde.

Dienstreisen gehörten fast 28 Jahre lang zu meinem Alltag bei NTIC. Manchmal bis zu fünfmal im Monat. Anfang der 1970er Jahre besuchte ich dabei viele Gruppen, die Teil des nationalen katholischen Wohlfahrtsnetzwerkes waren. Später knüpften wir auch Kontakte zu anderen nationalen Netzwerken im Bereich von Community Organizing, von Recht auf Wohnen und so weiter. Darunter war auch das „National Center on Urban Ethnic Affairs"[148] von Monsignor Geno Baroni[149] (ich betrachtete jede Aktion, die ich mit Baronis Gruppen gegen seinen Rat unternahm, als ganz eigenen Sieg).

Um 1980 herum fing die „Charles Stewart Mott Foundation"[150] damit an, NTIC für die Unterstützung und den Aufbau neuer Graswurzel-Organisationen finanziell unter die Arme zu greifen. Die Mott Foundation überreichte uns jedes Jahr einen Scheck, von dem wir den größten Teil direkt an vielversprechende Gruppen im Aufbau weiterreichten. Viele der großen Organisationen, die es heute gibt, verdanken ihren Start der Mott Foundation. Und während nicht jede Gruppe, in die wir investierten, auch Erfolg hatte, gehörten andere später zu den stärksten Graswurzel-Organisationen im ganzen Land. Im Rahmen dieses Programms waren wir Mitbegründer von „Waterloo Citizens for Community Improvement", welches später zu Iowa CCI wurde. NTIC war auch Mitbegründer des „Michigan Organization Project", der „Sunflower Community Action" in Wichita, Kansas, und des „East Side Organizing Project" in Cleveland, Ohio. All diese Gruppen entwickelten sich später zu starken und aggressiven Organisationen, weil wir ihnen mit dem Geld der Mott Foundation und mit Beratung zur Seite gestanden haben. Die Weisheit der Mott Foundation lag darin, dass sie ihre Zuschüsse an Trainingsstunden durch uns gekoppelt haben. Wir nahmen diese Aufgabe sehr ernst. Es machte aber auch Spaß, in die Welt zu ziehen und neue Gruppen zu treffen, die sich teilweise mit altbekannten Problemen herumschlugen, sich aber oft auch ganz neuen Herausforderungen stellen mussten, die wir dann gemeinsam bewältigen konnten.

148 Nationale gemeinnützige Organisation, die der Katholischen Konferenz der Vereinigten Staaten angeschlossen ist und das Ziel verfolgt, die städtische Arbeiterschaft sowie ethnische Gruppen bei der Bewältigung von Problemen in der Nachbarschaft zu unterstützen
149 US-amerikanischer, römisch-katholischer Priester und Sozialaktivist (1936 - 1984); Gründer und erster Präsident der National Italian American Foundation, einer gemeinnützigen, parteiunabhängigen Bildungsstiftung zur Wahrung und zum Schutz der italienisch-amerikanischen Kultur sowie deren Erbes.
150 1926 in Flint, Michigan, gegründete, heute weltweit agierende Stiftung zur Förderung einer gerechten, auf Gleichheit beruhenden sowie nachhaltigen Gesellschaft.

Manchmal wurden diese Besuche „Trainings" genannt, manchmal „Beratung" und manchmal auch „Strategiemeetings". In allen Fällen fingen sie normalerweise mit einem Treffen des örtlichen Direktors an, gefolgt vom Personal und den Leaders. Oft genug dauerten diese Treffen den ganzen Tag, teilweise bis Mitternacht. Wir gingen einfach die Probleme jedes einzelnen Mitarbeiters durch und überlegten uns gemeinsam für jedes Thema einen Plan, der die höchste Wahrscheinlichkeit auf Erfolg hatte. Einer der Gründe, warum wir so viel Zeit mit Reisen verbrachten, lag im obersten Prinzip von NTIC: Respektiere lokales Organizing.

Wir bemühten uns immer um enge Verbindungen zu den Gruppen in Chicago und den umliegenden Gebieten. Wir wollten diese Beziehungen pflegen, weil wir wussten, dass wir so bodenständig blieben - auch wenn das ein paar Kopfschmerzen mit sich brachte. Wir versuchten stets unser Bestes, nie zu einer abgehobenen „Think-Tank-Fabrik" zu werden. Denn wenn man das Gefühl für den Graswurzel-Aspekt verliert, kann man genauso gut nach Harvard gehen und dort im Klassenzimmer unterrichten. Da bekommt man zwar ein gutes Gehalt, aber erreicht gar nichts für die Communities. Und obwohl es oft vorkam, dass wir die Vorhaben eines örtlichen Direktors missbilligten, haben wir diese immer respektiert und versucht, sie mit konstruktiven Vorschlägen stärker und effektiver zu machen.

Es ist manchmal schwer, den Respekt für lokales Organizing zu wahren. In Fargo, North Dakota, bin ich einmal einer Gruppe begegnet, die für jede Entscheidung einen totalen Konsens wollte. Es gab keine Abstimmungen; sie haben solange geredet, bis jeder Einzelne dem Vorhaben zugestimmt hatte. Ich hielt das für das Dümmste, was ich je gehört hatte. Ich habe schon genug Probleme, nur mit meiner Frau einen Konsens zu finden. Dies mit zwölf Leuten zu schaffen, ist ein Wunder. Aber ich wartete das siebenstündige Meeting geduldig ab, ohne auch nur einmal zu sagen: „Was ihr da tut, ist idiotisch. Wir hätten hier in einer Stunde fertig sein können." Aber diese Organisation existiert auch heute noch und arbeitet sich mühsam durch ihr Konsenskonzept; das ist es, was zählt.

Etwas ähnliches passierte, als „Iowa Citizens for Community Improvement" Mitte der 1990er Jahre zu einem Mitgliedschafts- und Chapter[151]-System für ihre Organisation überging. Sie fingen gerade mit dem Umbau an, als ich im Rahmen einer meiner regulären Besuche dort vorbeischaute. Und während ein Mitgliedschaftsmodell immerhin schneller als kirchen-basiertes Organizing arbeitet, dauerte die Planung der ersten öffentlichen Versammlung allein schon drei Monate. Mein üblicher Schlachtplan war es aber, die erste Versammlung innerhalb von ein paar Wochen zu organi-sieren. Also saß ich dort im Konferenzraum und wurde innerlich langsam verrückt. Als ich schließlich versuchte, die Gruppe für einen schnelleren Ablauf zu begeistern, wurde ich schnell abgewürgt. Sie sagten: „Naja, so machen wir das hier aber nicht. Wir haben unseren eigenen Weg und der funktioniert gut." Also hielt ich fortan den Mund und passte mich stattdes-sen ihren Rahmenbedingungen an. Andernfalls hätte ich den Eindruck ei-nes Predigers gemacht oder von jemandem, der glaubt, alle Antworten zu kennen. So oder so wäre ich also zu einem völlig ineffektiven Berater ge-worden. Iowa CCI ist der Umstieg auf das Mitgliedschaftsmodell aber gut geglückt. Mit der ersten Millionen Dollar, die sie gesammelt hatten, kauf-ten sie sich ein eigenes Büro in Des Moines[152] und halfen im Jahr 2003 Landwirten dabei, viele weitere Millionen Dollar zu sparen, indem sie un-faire Gebühren für Schweinefleischproduzenten bekämpften.

Den Respekt vor den lokalen Gepflogenheiten von Organisationen zu bewahren, heißt aber nicht, dass man sie mit Samthandschuhen anfassen muss. Mein Maßstab für effektive und erfolgreiche Beratung war immer, ob wir es gemeinsam geschafft haben, eine Aktion zu planen und durchzu-führen. Das konnte meinetwegen auch eine Aktion gegen den örtlichen Hundefänger sein. Hauptsache, man schaffte es, die Leute in Bewegung zu versetzen. Ich wusste aus Erfahrung, dass Aktionen der einzige Weg wa-ren, wie sich Leaders und Mitarbeiter weiterentwickeln konnten. Ich kann mich an Besuche erinnern, bei denen wir ausschließlich Hundekot als Thema hatten. NTIC's Agenda war zu dieser Zeit der Kampf gegen die FHA und Redlining. Aber eine lokale Gruppe hatte ein Problem mit Hundekot,

---

151 Orts-/Untergruppe.
152 Hauptstadt des US-Bundesstaates Iowa mit ca. 215.000 Einwohnern.

also hatte das nun oberste Priorität. Ich bin gar nicht dazu gekommen, die FHA oder Redlining überhaupt zu erwähnen, dafür gab es aber eine Wahnsinnsaktion zu ihrem Thema.

Bei einer meiner Reisen antwortete mir ein Organizer auf all meine Vorschläge für mögliche Aktionen mit: „Unsere Leute sind dafür nicht taff genug." Ich blieb ruhig, obwohl ich innerlich völlig frustriert war. Denn mir wurde schnell klar, dass nur die Person vor mir nicht taff genug für die Aktionen war. Beim nächsten Meeting wurde klar, dass viele der Leaders ein Problem mit einer Müllhalde innerhalb der Nachbarschaft hatten. Ich stand auf und sagte: „Okay, da es ja bald Weihnachten ist, wie wäre es mit einer kleinen Weihnachtsfeier für den Stadtrat? Kann hier jemand Jingle Bells[153] umdichten, damit wir es ihnen vorsingen können?" Plötzlich war der Damm gebrochen. Eine Frau sagte: „Klar kann ich das." Ein Mann sagte: „Ich habe ein Weihnachtsmann-Kostüm zuhause, das kann ich anziehen!" Ein älterer Herr sagte: „Ich backe die weltbesten Weihnachtskekse, aber diesmal mit Salz statt Zucker. Welcher Politiker lehnt schon Kekse von einem alten Mann ab?" Eine andere Person sagte: „Lasst uns Socken mit Kohle mitbringen. Jedes Ratsmitglied bekommt eine." Der Organizer konnte seinen Ohren nicht trauen. Die Ideen, die hier von den Leuten vorgeschlagen wurden, waren viel besser und härter als alles, was ich mir überlegt hatte. Sie führten die Aktion in der nächsten Woche durch und errangen ihren Sieg.

Manchmal treibt man es als Berater zu weit. Aber wie erkennt man die Grenze? Wie immer, nur durch reines Bauchgefühl. Bei unseren vielen Treffen mit Organisationen eröffneten wir das Gespräch mit dem Direktor stets mit den Worten: „Was wollen Sie mit den Personal- und den Leader-Besprechungen erreichen?" Sie beschrieben die Art von Aktion, die sie sich erhofften und wir erarbeiteten dann einen Schlachtplan, wie wir die Leute dafür mobilisieren konnten. Als es dann zur Versammlung kam, hatten wir gemeinsam mit dem Direktor einen Plan entwickelt, der den Vorstellungen der Organisation gerecht wurde. Ich wusste, dass ich am nächsten Morgen wieder zurück nach Chicago fahren würde, während der

---

153 Etwa: „Klimpert (ihr) Schellen" (gemeint sind die Schellen am Pferdegeschirr). Winterlied des amerikanischen Komponisten James Lord Pierpont (1822 - 1893).

Direktor aber mit den Entscheidungen leben musste, die wir beide getroffen hatten. Es war eine schwierige Balance. Oft sagte ich dem Direktor gleich vorweg, dass sie mich stoppen sollten, wenn sie das Gefühl hatten, dass ich Grenzen überschritt und sie damit nicht einverstanden wären.

Es kam auch ein paar Mal vor, dass ich Personal gefeuert habe - einfach weil sie eindeutig nicht für den Job geschaffen waren und sich der Direktor selbst nicht die Hände schmutzig machen wollte oder konnte. Zweimal habe ich jemandem dabei vor all seinen Kollegen ins Gesicht gesagt: „Du bist gefeuert, verdammt nochmal!" In beiden Fällen dankten mir die Direktoren und sagten auch noch, das hätte schon vor Monaten passieren sollen. Also geht es bei den Beratungsbesuchen auf der einen Seite darum, innerhalb der Rahmenbedingen zu arbeiten, die die Gruppe vorgibt, aber auf der anderen Seite die Leute auch dazu zu ermutigen, zur Tat zu schreiten und Entscheidungen zu fällen, die längst überfällig sind.

Ich habe dem örtlichen Personal immer gesagt: „Ich mag euer Berater sein, aber ich bin nicht euer Boss oder Gründer. Ich arbeite für euch." Dadurch, dass ich die Organisationen respektieren wollte, wurde mein Handlungsspielraum für Vorschläge etwas eingeschränkt. Daher muss man sich einen guten Überblick verschaffen, womit man arbeiten kann. Im Idealfall hat man Personal mit wirklich hohem Potential, das man immer weiter nach vorne pushen kann - über die Grenzen hinaus, die die Person oder man selbst für möglich hält - und so Ziele erreichen, die über allen Erwartungen liegen.

Die besten Beispiele wie gut das funktionieren kann, sind Joe Mariano (mein Nachfolger bei NTIC und späterer Executive Director, nachdem Gale Cincotta im Jahr 2000 von uns gegangen war) und Karen Nielsen, die beide bei der Buckeye Woodland Community Coalition in Cleveland in den 1970er Jahren gearbeitet haben. Zusammen haben sie damals Weiße wie Schwarze für FHA- und CDBG-Themen mobilisiert. Ich besuchte sie jeden Monat in Cleveland, um ihnen beim Planen zu helfen, und stellte sie immer wieder vor neue Herausforderungen, denen sie meiner Meinung nach unmöglich gewachsen waren. Als wir 1976 unsere erste NPA-Konferenz in

Washington D.C. abhielten, forderte ich Nielsen heraus, vier Busse voll mit Buckeye Woodland Leaders zu organisieren. Sie kam mit acht. Ich hatte ihr eine unmögliche Herausforderung gestellt und sie hat verdoppelt.

Manchmal kommt es auch vor, dass man merkt, dass die Fähigkeiten der Menschen, mit denen man arbeitet, einfach begrenzt sind. Also rettet man, was möglich ist, und schaut, dass man wegkommt. Ich kann mich an mindestens einen Fall erinnern, im Buffalo, New York, der frühen 1970er Jahre. Dort kündigten wir einen gutbezahlten Vertrag für regelmäßige Beratungen, weil uns klar wurde, dass die Gruppe einfach nie zur Tat schreiten würde. Wir besuchten die Gruppe über mehrere Monate hinweg und arbeiteten jedes Mal einen neuen Schlachtplan für den nächsten Monat aus. Die Pläne waren auch nicht kompliziert. Einige davon forderten einfach nur, dass Block Club Meetings abgehalten werden sollten. Doch jedes Mal als wir zurückkamen, war nichts davon passiert. Nach drei Monaten sagte ich ihnen, dass sie ihr Geld und meine Zeit vergeudeten. Ich gehe bis vor die Tore der Hölle und zurück für jemanden, der es mit dem Organizing ernst meint. Aber ich verschwende keine Mühe für jemanden, der das nicht tut!

Der NTIC-Ansatz, lokale Organisationen zu respektieren, steht im starken Kontrast zu vielen anderen nationalen Organizing-Netzwerken, die es heutzutage gibt. Viele dieser Netzwerke senden Personal zu den örtlichen Organisationen, um ihnen vorzuschreiben, was sie zu tun haben. Damit habe ich ein Problem, weil es den Menschen indirekt sagt, dass sie selbst zu blöd sind, um zu wissen, was in ihrer Nachbarschaft getan werden muss. Wenn ich dort ein Bewohner wäre, würde ich auch nicht wollen, dass ein Fremder mit dem Fallschirm in meine Nachbarschaft gesprungen kommt, um mir zu sagen, was hier falsch läuft. Vielleicht ist Redlining das Problem, aber wenn mir Schlaglöcher, Hundekot oder kaputte Straßenlampen mehr zu schaffen machen, dann will ich zunächst diese Dinge in Angriff nehmen.

Nachdem wir ein kleineres lokales Problem ernst genommen und gewonnen hatten, passierte es oft, dass die Organisation von selbst etwas sagte wie: „Hey, was ist mit Redlining, der FHA, der Kriminalität und den Drogen?" Nachdem die ersten Anliegen erledigt waren, waren sie kaum noch aufzuhalten. Aber wenn man über die Organisation hereinbricht und ihnen von oben herab sagt, was zu tun ist, dann ist dies kein Organizing. Das ist genau der falsche Weg. Man sollte stattdessen bescheiden zuhören, die Sorgen der Leute aufgreifen, analysieren und ihnen die Werkzeuge in die Hand geben, um den nächsten Schritt zu gehen. Wenn man das nächste Mal zurückkommt, werden sie sagen: „So eine Schweinerei, einem unserer Mitglieder wurde ein Bankkredit verwehrt." Das ist der Moment, in dem man einschreitet und sagt: „Erinnert ihr euch, wie wir das mit dem Hundekot geregelt haben? Jetzt machen wir das Gleiche mit der Bank".

Macht aufbauen durch die Entfaltung des menschlichen Geistes

Epilog

Warum lautet der Titel dieses Buches „Building Power by Developing the Human Spirit"[154]? Weil ich während des Schreibens bemerkt habe, dass alle Kapitel durch zwei grundlegende Themen miteinander verflochten sind: Durch Macht und den menschlichen Geist.

Ohne die Macht der Menschen würde keine der hier vorgestellten Ideen funktionieren. Der Organizer versucht immerzu, diese Macht zu entwickeln und zu mobilisieren, um die Menschen zu einem Sieg zu führen. Alle guten Organizers, die ich kenne, lieben diese Art der Macht. Sie begehren sie, sie suchen sie, sie träumen von ihr und scheuen nicht davor zurück, sie auch einzusetzen, um zu gewinnen. Die meisten Organizers (mich eingeschlossen) können es kaum lassen, anderen von dieser oder jener Aktion zu erzählen, bei der uns Macht zum Erfolg geführt hat. Macht ist unser Lebensblut; sie hält uns auf den Beinen und führt uns von Sieg zu Sieg.

Auf der anderen Seite reden aber nur wenige über den menschlichen Geist und wie er durch Organizing entfaltet wird. Stattdessen kommt der menschliche Geist in unserer Sprache nur in Form von Codewörtern vor: „Es war unfassbar, wie taff die Leute heute waren!", „Ich habe noch nie eine Gruppe gesehen, die das gemacht hat.", „Ich hätte nicht gedacht, dass die Idee gut ankommen würde, aber die Leaders haben sich darauf gestürzt

154 Wörtlich: „Macht aufbauen durch die Entwicklung des menschlichen Geistes".

wie ein Löwe auf ein Stück Fleisch.", „Du hättest die Leute sehen sollen, als wir gewonnen hatten - sie wirkten wie Kinder mit einem neuen Spielzeug.", „Worte können nicht beschreiben, wie wir uns nach dem Meeting gefühlt haben. Es war fantastisch!", „Der Leader hat sich unglaublich weiterentwickelt - er ist so eloquent, clever und taff. Sie war eine ganz andere Person, als wir mit der Kampagne vor drei Monaten angefangen haben." Warum benutzen wir diese Codes, wenn wir über den menschlichen Geist reden? Ich denke, dies hat zweierlei Gründe.

Erstens klingt es irgendwie kitschig, weich und warm, wenn man über den „menschlichen Geist" redet. Wir sind doch die härtesten, gemeinsten Hurensöhne der Stadt - flauschige Begriffe kommen uns nicht ins Haus. Also reden Organizers in Codewörtern, wenn es über den menschlichen Geist geht, um nach außen und innen das Image von Härte und kalter Wut zu wahren. Zweitens kann man den menschlichen Geist nur schlecht abwiegen. Es ist nicht wie eine Abmachung mit einer Bank, deren Wert man in Dollars messen kann, oder ein ehemals heruntergekommener Park voller Drogendealer, in dem jetzt Familien und Kinder spielen. Diese Dinge können wir sehen und messen. Es gibt aber keine Regeln oder Maßstäbe für den menschlichen Geist. Die beste Analogie für mich kommt daher aus dem Sport - wenn Trainer über einen Spieler reden, der mit „dem Herzen spielt". Das stellt den Spieler auf eine Ebene mit jemand anderem, der größer, schneller oder stärker ist. Wer mit dem Herzen spielt, leistet mehr als der Körper eigentlich hergibt - angespornt durch den menschlichen Geist. In uns allen schlummert eine Dosis dieser Willenskraft. Es hängt von uns selbst, anderen und den Umständen ab, wie diese sich individuell entfaltet und ausdrückt.

Wir alle bewundern Helen Keller[155] dafür, dass sie die Tatsache überwunden hat, dass sie blind, taub und stumm war, und mehr erreicht hat, als es für einen Menschen möglich schien. Aber wer erinnert sich noch an den Namen von Helen Kellers Lehrerin? Diejenige, die Jahre damit verbracht hat, ihr neue Dinge beizubringen, und ihr dabei geholfen hat, die Angst, das Selbstmitleid, die Wut und die Unsicherheit abzulegen, die mit

155 Taubblinde amerikanische Schriftstellerin (1880 - 1968), die sich für die Rechte von Menschen mit Behinderungen, Schwarzen und Frauen einsetzte.

ihrer Konstitution einhergingen? Wer hat ihren Geist angeregt, derart zu wachsen, dass sie ihre Behinderungen überwinden konnte? Der Organizer nimmt eine ähnliche Rolle ein wie Helens Lehrerin - jemand, der das Potential einer Person sieht, anstatt ihrer Grenzen.

Ich erwähne hier Helen Keller, weil sie mich an einen Leader erinnert, mit dem ich einmal zusammengearbeitet habe. Sie konnte nicht lesen. Ich wusste am Anfang nichts davon und fand es erst nach einigen Monaten der Zusammenarbeit heraus - dann aber schlagartig. Eines Nachts während einer Versammlung steckte ich ihr eine Notiz zu, auf der stand, wie die Versammlung am besten weitergeführt werden sollte. Sie würdigte die Notiz keines Blicks und lenkte das Meeting in eine völlig andere Richtung. Danach zog ich sie zur Seite, warf ihr vor, die Versammlung versaut zu haben und fragte sie, warum sie meine Notiz nicht gelesen hatte. Sie antwortete: „Wenn du auch nur ein halbes Gehirn hättest, hättest du mittlerweile gemerkt, dass ich nicht lesen kann! Ich schätze, es ist für die Organisation das Beste, wenn ich einfach gehe. Ein Leader, der nicht lesen kann, sollte kein Leader sein."

Weil ich sie nicht als Leader verlieren wollte - und weil ich ein schlechtes Gewissen hatte, nicht bemerkt zu haben, dass sie nicht lesen konnte - antwortete ich: „Nein, wir lassen uns schon etwas einfallen." Künftig las ich ihr daher alle Tagesordnungen für die Versammlungen vor, die wir ausarbeiteten. Sie wiederholte das Gesagte bis wir sicher waren, dass sie es verinnerlicht hatte. Da sich die meisten Tagesordnungen ziemlich ähneln, war das nicht so schwierig, wie es sich vielleicht anhört. Wir dachten uns außerdem eine Reihe von Handzeichen aus, die wir während der Versammlungen nutzten. Ich musste mir dabei aufschreiben, welches Zeichen was bedeutete, aber sie hat alles auswendig gewusst.

Das ging mehrere Monate lang so, bis sie mich eines Tages beim Vortragen der Agenda stoppte und mir die Agenda stattdessen zögerlich vorlas. Sie hatte mit Hilfe ihres zwölf Jahre alten Sohnes angefangen, das Lesen zu lernen. Sie erklärte, dass sich der Wunsch und die Motivation dazu aus ihrem Engagement in der Organisation entwickelt habe. Durch das Organizing hat ihr Geist ihre Grenzen überwunden und durch harte Arbeit hat sie mehr erreicht, als sie je von sich erwartet hatte.

Jeder Organizer hat einige solcher Geschichten zu erzählen - über Menschen, die ihre Fähigkeiten und Kapazitäten durch das Mitwirken im Community Organizing weit übertroffen haben; Geschichten davon, wie der menschliche Geist befreit wird und wie gewöhnliche Menschen Außergewöhnliches leisten. Diese Geschichten bilden das Herz des Organizing. Das ist auch der Grund, warum ich Organizing als einen Bund des heiligen Vertrauens bezeichne - denn was ist heiliger als der menschliche Geist? Thomas McGrath[156] sagt es in seinem Gedicht „Brief an einen imaginären Freund" am besten:

Blessed the agitator: whose touch makes the dead walk.
Blessed the organizer: who discovers the strength of wounds.[157]

156 Berühmter US-amerikanischer Dichter und Drehbuchautor von Dokumentarfilmen (1916 - 1990).
157 In etwa: „Gesegnet sei der Unruhestifter: Seine Berührung lässt die Toten gehen. Gesegnet sei der Organizer: Er entdeckt die Kraft der Verwundungen."